대한불교천태종 창종조

상월원각

세운

일러두기

본서는 필자가 2016년에 발표한 박사학위 논문 「상월 원각의 연구-천태종 중창과 새 불교운동을 중심으로」를 재편집한 것으로, 호칭과 시의성은 발표 당시 논문의 내용을 따르고 있다.

대한불교천태종 창종조

상월원각

- 천태종 중창과 새 불교운동 -

세 운

담앤북스

　한 분야에서 일가一家를 이룬다는 것은 비범한 재능과 각고의 노력을
필요로 하는 일이다. 같은 목표를 향해 달려가도 모두가 결승선에 도
달하는 것은 아니다. 자신이 가는 길에 대한 확신과 반드시 관철하겠
다는 스스로에 대한 믿음이 동반되지 않으면 결승선을 통과하기란 좀
처럼 쉬운 일이 아닌데, 다른 누구도 아닌 자기 자신을 확고히 믿을 수
있는 사람은 그리 많지 않다. 때문에 이 녹록하지 않은 길을 다 걸어
내어 일가를 이루었다 말할 수 있는 이들에게는 그 때문에 존경과 신망
이 모이는 법이다.

　그런데 그렇게 한 분야에서 깃발을 드높인 이들은 곧잘 성공신화에
둘러싸여 천부적인 재능과 그를 따른 기적 같은 행운만 크게 조명받기
마련이다. 대한불교천태종의 창종조이자 천태종의 수행문화 전반에 걸
쳐 체계를 공고히 한 상월원각대조사님 또한 그러한 인물이다. 그러나
대조사님의 수행력은 비단 불자들 사이에 구전되어 흐르는 신통한 경
험담만으로는 결코 다 설명할 수 없는 경지의 것이었다. 수행자로서의
결기와 지혜, 퇴굴심 없는 성정은 물론, 만물을 꿰뚫는 통찰력과 멀리

내다보고 대비하는 안목, 곧바로 행하는 실천력이 당신의 수행과 천태종단의 기틀을 완성하는 바탕이었다.

　대조사님은 일찍이 우리 민족이 미증유의 고통을 감내하며 암울한 세월을 보내던 일제강점기에 탄생하시어 수행과 편력遍歷으로 구도의 여정을 쉬지 않다가 대각을 증득하고 평생의 염원이던 새 불교운동을 완성시킨 시대의 선구자이자 위대한 종교가이고 민족문화의 찬연한 미래를 예견하신 누구보다도 뛰어난 지도자이셨다. 그렇기에 상월원각대조사님의 삶과 수행을 들여다보는 일은 대조사님의 가르침과 오늘날 천태종단이 지향하는 수행의 가치를 깊이 있게 이해하는 시발점이라고 생각된다.

　대조사님께서는 말법시대에 새 불교운동을 통해 현대불교를 혁신하셨고, 천태종을 한국불교를 떠받치는 한 기둥으로 크게 일으키셨다. 대조사님의 새 불교운동은 천태종의 3대지표와 3대강령이 기본이 되는 재가불자를 중심으로 한 불교운동이다. 이러한 대조사님의 사상과 정신을 학문적으로 뒷받침할 수 있겠다는 생각으로 시작하여 10여 년 동안 긴 인고의 세월을 견딘 끝에 2016년 박사학위 논문을 발표하게 되었다. 그리고 5년여의 시간이 지난 지금 대조사님의 유훈으로 창건된 삼광사의 대조사전 불사와 함께 대조사님을 그리워하는 마음과 은혜에 보답해야 한다는 사명감을 담아 논문의 내용을 다듬어 본서本書를 편찬하게 되었다.

　본서는 일반인들을 위한 개설서를 목표로 했기 때문에 논문에서와 같은 자세한 근거 제시는 과감히 생략했고, 다만 학술적으로 반드시 필요하다 생각되는 경우에는 각주로 부연 설명하였다. 또『상월원각대조사 오도기략悟道記略』과 대한불교천태종 창종의 취지를 가늠해 볼 수 있는 천태종대각불교天台宗大覺佛教 시절 발행된『개종이념과 교지요강』은 일반인들이 쉽게 찾아보기 어려운 자료라고 사료되어 한문 표기와 맞춤법, 띄어쓰기 등 원문 그대로 표기하였으며, 그 밖의 인용문들 역시 오자까지도 철저히 원문의 표기방식을 따랐음을 밝혀 둔다.

한 권의 책자로 대조사님께서 오직 한길로만 매진하신 선구자의 생애와 넘볼 수 없는 높은 정신적 경지를 모두 담아 낼 수는 없겠으나, 이 같은 작은 노력의 결실이 차후 후학들의 더욱 엄정한 연구의 계기가 되어 주기를 바라는 마음에서 감히 대중 앞에 공개하여 눈 밝은 이들의 질정叱正을 고대하는 바이다.

부처님 법 만나기가 맹구우목盲龜遇木과 같다고 하였다. 무수한 초목들 중에 무량하게도 소승에게 귀한 인연이 닿았으니, 이것만으로도 이 생에서 최상의 복락을 누린 것이나 다름이 없다. 대조사님의 불제자로서나 한 인간으로서 어찌 그 은혜를 가슴 깊이 사무치게 감사와 공양, 공경, 존중, 찬탄하며 합장 정례하지 않을 수 있겠는가. 그 은혜에 조금이나마 보답하는 일은 나를 닦아 중생교화에 매진하는 것이리라.

부디 이 책이 대조사님의 사상체계를 정비하기 위해 내딛는 첫걸음이 되고, 학문 연구의 주춧돌이 되어 대조사님의 사상과 생애를 연구하는

데 더 큰 밑거름이 되기를 기원한다. 또한 많은 불자들이 이 경책警策의 울림에 공명하여 상월원각대조사님의 수행자로서의 참된 면목을 두루 주지하고 수행의 이정표로 삼아 원각圓覺의 대불사를 원만 회향하기를 간절히 바라는 바이다.

2021년 백양산 삼광사 법화삼매당에서 세 운 합장

차례

제 1 장

근현대 한국불교를
중심으로 한 시대적 배경

대각국사大覺國師 의천義天(1055~1101)이 이 땅에 개립한 고려 천태종의 전통을 기려 대한불교천태종을 창건한 상월원각대조사님은 1911년에 탄생하여 1974년 열반하셨으므로 그분의 생애는 일제강점기를 거쳐 해방 후 미군정기와 대한민국 정부 수립, 6·25전쟁과 4·19혁명, 5·16군 사정변, 제3공화국으로 이어지는 격동기의 한국사회를 배경으로 하고 있다.

이 장에서는 그분이 왜 한평생 새 불교운동을 염원하여 마침내 천태 종 중창이라는 혁혁한 공적을 남기게 되셨는지 당시 불교의 현실을 조 망하기 위해 조선시대 이래 전통의 불교계가 어떤 상황들을 거쳐 오늘 에 이르고 있는가를 살펴보고자 한다.

조선시대 억불숭유 정책하에서의 불교

삼국시대 한반도에 전래된 불교는 통일신라와 고려시대를 거치면서 다양한 교종敎宗과 선문禪門이 제각기 화려하게 번성하여 각 시대의 정신문화를 주도해 왔다. 하지만 본질적으로 귀족사회였던 고려시대 말기 불교계의 지나친 번성과 재산권 축적, 무분별한 정치 개입, 계행戒行의 타락 등은 성리학性理學을 국가 이데올로기로 하는 조선의 개국을 불러왔다. 따라서 조선시대 내내 불교는 과거 왕조에서 누리던 사회적 영향력을 회복할 수 없었으며, 그것은 결과적으로 신행의 질적 저하로 이어졌다.

1. 조선시대 역대 왕조의 배불정책

조선을 개국한 이성계李成桂도 개인적으로는 불심이 지극하여 즉위와 더불어 무학 자초無學自超(1327~1405)를 왕사王師로 모시고 스스로를 송헌松軒 거사라 칭하는 등 불교에 우호적인 태도를 취했지만, 한편으로는 불교의 부패를 막기 위해 승려들의 도첩度牒 제도를 엄격히 시행하여 승려의 수를 제한하는 정책을 취했다고도 한다. 이와 같이 표면적으로 성리학을 표방하면서도 몇몇 왕이나 왕족·양반의 부녀자들을 중심으로 개인적으로 불교에 귀의하여 안심입명安心立命을 기원하는 이중성은 조선시대 내내 나타나는 현상이었지만, 정치권력에 의한 배불排佛은 조선시대 전반을 통해 꾸준히 진행되었다.

예를 들면 조선시대 최초의 배불정책을 단행한 것은 태종太宗으로, 그는 즉위 5년(1405)에 왕사·국사國師 제도를 폐지하고 한양의 흥천사興天寺 등 중요 사찰을 제외한 대부분의 절에서 토지를 몰수하고 노비를 없앴으며, 16년(1416)에는 도첩 정리를 단행하여 도첩이 없는 자는 환속하게 했다. 태종의 배불정책 가운데 가장 가혹한 것은 종파를 인위적으로 통폐합시킨 것이다. 『태종실록』 6년조에는 조계종曹溪宗·총지종摠持宗·천태소자종天台疏字宗·천태법사종天台法師宗·화엄종華嚴宗·도문종道門宗·자은종慈恩宗·중도종中道宗·신인종神印宗·남산종南山宗·시흥종始興宗 등 11개 종파의 이름이 등장하여 그 종파들이 고려시대 이래 조선시대까지 계승되었던 것을 알 수 있지만,[1] 태종 7년에는 조계종·천태

---

1 『太宗實錄』11권 6년 3월 27일조, "曹溪宗·摠持宗, 合留七十寺 ; 天台·疏字·法事宗, 合留四十三寺 ; 華嚴·道門宗, 合留四十三寺 ; 慈恩宗, 留三十六寺 ; 中道神印宗, 合留三十寺 ; 南山·始興宗, 各留十寺."

종·화엄종·자은종·중신종中神宗·총남종攝南宗·시흥종 등 7종의 이름만이 나타난다.[2] 태종 7년을 전후하여 11종이 7종으로 감축된 것이다.

그 7종은 세종世宗 6년(1424)에 선종禪宗과 교종의 두 종파로 폐합되기에 이르렀다. 즉 조계종·천태종·총남종의 3종을 합쳐서 선종으로 하고, 화엄종·자은종·중신종·시흥종의 4종을 합쳐서 교종으로 만든 것이다.[3] 이것은 명백히 정치권력에 의한 불교말살의 의도로밖에 볼 수 없는 폭거였다. 예를 들면 조계종은 혜능慧能(638~713)의 남종선南宗禪이 신라 말에 들어와 고려 때 붙여진 종명이고, 천태종은 중국의 천태지의天台智顗(538~597)가 개창하여 비공식적으로 이 땅에도 전래되었다가 고려 때 대각국사 의천에 의해 마침내 창건된 종파이므로 그 종지宗旨상 도저히 합칠 수 없는 것이었다. 게다가 진언眞言을 전문으로 했을 것 같은 총지종과 전통적으로 율종律宗인 남산종을 합한 것으로 보이는 총남종까지 거기에 더해 선종으로 만들었다는 것은 각 종파 본연의 종지와 수행체계, 그 고유의 전승문화뿐 아니라 각기 다른 사자상승師資相承의[4] 전법위계傳法位階까지지도 무시한 채 통합하도록 하여 국가에 의한 관리에만 치중했던 것이라고 할 수 있다.

세종은 태조가 지어 놓은 흥천사와 흥덕사興德寺를 각각 선종도회소

---

2 『太宗實錄』14권 7년 12월 2일조.
3 『世宗實錄』24권 6년 4월 5일조, "乞以曹溪·天台·攝南三宗, 合爲禪宗 ; 華嚴[嚴의 誤記]·慈恩·中神·始興四宗, 合爲敎宗." [ ]는 필자 가필.
4 불교는 전통적으로 스승과 제자 사이의 전법(傳法)을 통해 계승되었으므로, 그것을 일러 사자상승이라 한다.

禪宗都會所와 교종도회소敎宗都會所로 만들어 양종의 종무를 맡게 하고 전국의 36개 본산에만 사찰의 자격을 인정하여 다른 절들은 그 본산의 지배를 받도록 했는데, 태종 때 전국에 232개 사찰을 승인했던 것에 비하면 불교의 위세를 턱없이 깎아내린 것이다. 그리고 세종은 3년마다 있는 승과僧科의 선시選試에 선종은『전등록傳燈錄』과『염송拈頌』, 교종은『화엄경華嚴經』과『십지론十地論』에서 출제하여 각기 30명을 뽑도록 하였는데,[5] 이 또한 불교의 폭넓은 사상을 조계선과 화엄종 계통으로 한정시킨 것으로밖에 볼 수 없다. 한성부 내에 토목공사를 시작하며 한때 승려들을 노동에 참여시키기도 했지만, 그 이후로는 승려들의 파계破戒를 이유로 성내城內에 들어오지 못하도록 금지했다. 승려들의 도성출입 금지는 세종의 친형이자 태종의 차남인 효령대군孝寧大君의 적극적인 숭불로 얼마 안 가 흐지부지되었지만, 조선시대 내내 수차례에 걸쳐 그와 같은 도성출입금지령이 되풀이되곤 했다.

세종 6년 이후 계속되어 오던 선교양종禪敎兩宗은 연산군燕山君 때 승과가 폐지됨으로써 더욱 위축되었다가, 중종中宗 대에는 양종제 자체가 완전히 폐기되고 말았다. 그리고 명종明宗 대에 승과와 양종제가 일시 부활하였으나 명종의 섭정이었던 생모 문정왕후文定王后가 승하하는 명종 20년(1565) 이후에는 다시 폐지되고 더 이상은 조정에 의해 종파가

---

5   李能化,『朝鮮佛敎通史』하권(p.48), "禪敎兩宗每三年選試, 禪宗則傳燈拈頌, 敎宗則華嚴十地論, 各取三十人."

부활되는 일이 없었다. 임진왜란 때 승병을 일으켜 국가를 도왔던 공로를 인정받아 다시 일시적으로 불교가 중흥기를 맞이하기도 했으나 그런 시기가 그리 오래가지는 않았고, 현종顯宗 원년(1660)에는 오히려 양민이 출가하는 것을 전면적으로 금지하기에 이른다. 이와 같이 국가가 공인하는 교단적 통제기구 없이 산중의 사암寺庵에 의지하여 겨우 명맥만을 유지하던 시대를 불교학자인 김영태金煐泰는 '무종산승無宗山僧의 시대'라고 하고 있다. 그리고 이런 종파 혼합과 무종의 상태에서 법통 수호와 법맥 계승의 자구적 노력으로 휴정과 사명 유정四溟惟政(1544~1610)의 문파에서는 조선 전기를 주도해 온 ① 평산 처림平山處林(臨濟의 18대) → ② 나옹 혜근懶翁慧勤 → ③ 무학 자초無學自超 → ④ 함허 기화涵虛己和의 법통을 대신해서 ① 석옥 청곡石屋淸珙 → ② 태고 보우太古普愚 → ③ 환암 혼수幻庵混修 → ④ 구곡 각운龜谷覺雲 → ⑤ 벽계 정심碧溪正心 → ⑥ 벽송 지엄碧松智儼 → ⑦ 부용 영관芙蓉靈觀으로 이어지는 태고법통설을 제기하기도 한다.[6] 그런 시기에 몇몇 강백講伯이나 뛰어난 선사禪師들의 이름이 눈에 띄지만 불교계 전반적으로는 학문이나 수행의 기강이 많이 쇠퇴할 수밖에 없었다.

---

6 이같이 자신들의 법통을 주장할 수 있었던 것도 그나마 사자상승(師資相承)의 법맥이 뚜렷했던 일부 선가(禪家)의 입장이었고, 대부분의 나머지 종파들은 조선시대를 거치면서 이렇다 할 전등(傳燈)의 기록 없이 자연도태되고 있었다.

2. 조선시대 말 불교의 피폐상

이상과 같은 조선 왕조의 지속적인 불교 박해는 조선 중기 이후 불교 신앙의 질을 현격하게 떨어뜨리는 결과를 초래하지 않을 수 없었다. 종파불교宗派佛教의 전통이 엄연히 살아 있을 때는 생각도 할 수 없었던 산신각이나 칠성각 등 비불교적 건물들이 주로 17, 18세기에 큰 사찰들에 집중적으로 건립되고 있는 사실들이나[7] 도교나 무속 등과 습합褶습된 민간신앙이 불교의 이름으로 크게 성행하게 된 것은 49재나 영산재靈山齋 등 전통적인 망자천도亡者遷度 의례와 더불어 그런 것에 의존해서라도 사찰운영에 보탬을 받으려 했던 안타까운 현실을 목도하게 된다. 그리고 일부 사찰이 사당패와 연관되어 신표信標를 주고 절에서 발행한 부적을 팔아오도록 한 것도 재정적 어려움을 타개해 보려 했던 일환으로 보인다. 숙종肅宗 때 주조된 의왕 청계사淸溪寺의 동종에는 사당패와 관련된 명문이 남아 있기도 하고, 안성 청룡사靑龍寺는 인근 불당골이 4계절 중 한 계절 남사당이 주거하며 기예를 닦던 근거지가 되어 오늘날에도 안성 바우덕이 축제의 근거가 되고 있다.

또 조선 말기 일선 사찰의 열악한 모습을 보여 주는 것의 하나가 본래의 어원이 당취黨聚에서 나왔다고 하는 땡추의 존재이다. 그들은 승과가 폐지되고 도첩제도가 없어지자 가짜 승려들이 늘어나 떼를 지어

---

7   불교는 본래 민간신앙에 우호적이어서 삼국시대 이래 민간신앙을 대체로 용인하는 입장에 있었지만, 사찰 안에 그런 신앙을 위한 공간을 두지는 않았다.

다니며 사찰에 행패를 부리고 식량 등을 갈취해 가던 불량배라는 설도 있고, 정치적 변혁이나 역모逆謀를 위한 불교 내의 비밀결사였다는 설도 있다. 이들은 지역단위나 전국적 조직도 갖고 있어서 조선 후기 가열화한 민중봉기 등에도 무리를 이끌고 관여한 것으로 추정된다.

그리하여 조선시대 승려의 사회적 신분은 사노비私奴婢, 백정, 무당, 광대, 상여꾼, 기생, 갖바치와 함께 팔천八賤의 하나였다는 일제의 관제학자 다카하시 도호루(高橋亨)의 왜곡된 주장이 나오기도 했다. 그러나 최근 한 연구에 의하면 조선시대에 '승려가 팔천이었다는 기록은 물론 천시된 여덟 종류의 천인이라는 팔천이란 개념조차 찾아볼 수 없다'고 한다. 다만 당시에 그런 주장은 일고의 가치도 없다고 반박했던 『조선불교통사』의 저자 이능화李能和(1869~1943)도 일부 걸량승乞糧僧의 존재를 들어 승려가 천대받을 수 있는 요인은 인정했다고 한다. 사실 걸량승이 아니더라도 양반 유생들에 의해 승려가 천대받던 일화는 구한말 잠시 마곡사麻谷寺에 출가하여 승려생활을 했던 김구金九의 회고록인 『백범일지』에도 등장한다. [8]

또한 사회적 입신이 좌절된 서얼 출신이나 명이 짧을 것이라는 아이, 부모를 잃은 고아 등이 주로 출가하여 대를 이음으로써 사찰이 수행이나 포교의 장소가 아니라 그 구성원들이 주거하며 생계를 꾸리는 공간

---

8 『백범일지』 안에는 도성출입금지령 때문에 승려 신분이었던 김구가 도성에 들어가지 못했던 사실도 기술되어 있다.

이라는 의미의 '절집'이라는 용어는 조선시대 말기 큰 가람이 아닌 일선 작은 사암들의 열악한 사정을 짐작하게 한다.

구한말과 일제 식민지배하에서의 불교

개항과 함께 물밀 듯이 들이닥친 외래사조外來思潮와 이후 곳곳에서 발발한 농민봉기는 민권의식을 강화시켜 조선의 통치이념이었던 성리학의 지배체제를 무력화시키며 조선을 근대화의 길로 내몰았다. 변화된 환경 속에서 불교는 개화파의 사상적 조력자가 되기도 하는 등 조선시대 억압의 굴레에서 벗어나 기지개를 펴게 되지만, 엄청난 역사적 변혁과정을 주체적으로 대응하기에는 너무도 미력했다.

1. 구한말 일본불교의 조선 진출과 도성해금

일제강점기는 을사늑약乙巳勒約과 경술국치庚戌國恥로 본격화되지만, 그 이전부터 일본불교의 각 종파들은 다투어 조선 진출을 꾀했다. 개항하거나 조차지租借地가 생긴 곳에는 반드시 일본 승려들이 포교소를 설치했는데, 1876년 한일통상조약이 체결되자 그 이듬해 일본 진종眞宗의 오쿠무라(奧村)가 부산에서 포교를 시작한 것을 기화로 1878년에는 일련종日蓮宗의 와타나베(渡邊)가 부산에 오고 1880년에는 나가타니(長谷)가 원산에 일련종 별원을 세운 것들이 그 최초의 예이다. 이는 서구의 식민지배가 주로 그들의 종교인 기독교의 전파를 앞세워 진행되었던 것에 비해 일제는 불교가 그 역할을 대신했던 것으로, 이른바 황색식민주의라고 칭하는 것이다.

그 상징적인 사건이 고종高宗 32년(1895) 일련종의 승려 사노젠레이(佐野前勵)의 청원으로 조선 승려들의 도성출입금지령이 해제된 것이다. 이는 대한제국이 원흥사元興寺를 짓고 뒤늦게 불교를 근대적으로 관리하기 위해 거기에 궁내부宮內府 소속의 관리서를 설치하는 광무光武 6년(1902)보다 몇 해 앞선 것이었다. 당시 표면적인 이유는 서양의 선교사나 일본 승려들이 자유롭게 드나들던 도성에 조선의 승려들이 출입하지 못하는 모순을 해소하기 위해서라고 했지만, 그것은 핑계일 뿐 조선불교계의 환심을 사기 위한 술책이었다고 어용학자 다카하시조차도 진술하고 있을 정도이다.

물론 이상과 같은 일방적인 견해에 반해 일본 승려의 요청이 아니더라도 도성입금은 해제될 상황에서 이동인李東仁, 탁몽성, 이윤고, 유대치 등이 김옥균金玉均 등과 손을 잡아 이루어 낸 조선불교계의 자주적 역량이었다는 일부 학자들의 최근 주장이 있는데, 양측의 주장을 종합하여 불교학자 서재영徐在英은 당시 역사적 상황의 변화, 개화파와 연결된 불교계의 자각, 기독교 팽창에 대한 한·일 불교계의 위기의식, 유교적 정치이념의 쇠퇴, 외세에 맞서 불교를 신장시키고자 했던 조정의 의지, 민권의식의 향상 등이 복합적으로 작용한 결과라고 보고 있다. 그렇지만 당시 수원 용주사龍珠寺의 승려 상순尙順이 사노에게 감사장을 보내는 등 조선불교계가 사노의 공적을 높이 평가했고, 이듬해인 1896년 사노가 불교의 중흥유신 대업을 축원하면서 도성출입을 허가해 준 고종황제의 은혜에 보답한다는 명분으로 한·일 승려 합동무차대회를 열었을 때 조선 승려 수백 명이 참석한 것도 사실이다.

2. 일제의 식민지배와 조선총독부의 사찰령

구한말 이후 일본 승려들은 꾸준히 조선불교를 자신의 종파에 편입시켜 영역을 확장하려 노력했고, 상황에 무지한 조선의 승려들은 일본의 종파에 편입하여 일본 승려들과 같은 사회적 대접을 받으려고 했다. 실례로 1908년 조선불교를 대표하는 일종의 통일기관으로 설립된 원종圓宗의 종정 이회광李晦光은 경술국치 한 달 뒤인 1910년 9월 일본으로 가서 원종을 일본의 조동종曹洞宗과 합병한다는 비밀조약을 맺었다. 그리고 그 사실이 알려지자 박한영朴漢永(1870~1948), 한용운 등이 주축이 되어 1911년 1월 영남과 호남의 승려들이 송광사松廣寺에 모여 원종에 대응하는 임제종臨濟宗을 세우기로 결의하고 임시로 종무원을 송광사에 두었다. 그러나 조선총독부는 일본 내 여론에 영향력을 갖춘 일본불교의 종파와 연합하면 독자적으로 다스리기 힘들 것을 우려하여 조선불교를 독립적으로 발전시킨다는 미명하에 1911년 6월 '조선불교사찰령朝鮮佛敎寺刹令'을 반포하여 원종과 임제종을 해산하면서 총독부에 의한 '조선선교양종朝鮮禪敎兩宗'이라는 새로운 교단이 만들어졌다. 이 때문에 조선불교의 정통성을 유지하며 근대적으로 발전시키려 했던 일부 혁신적 조선 승려들의 노력은 일본불교로의 귀속을 막는 것과 더불어 승풍을 어지럽히고 조선불교를 관제화하려는 총독부의 사찰령에 반대하는 두 가지 큰 갈래로 모아졌다.

먼저 총독부의 사찰령은 30본산제(1924년부터는 화엄사가 추가되어 31본산)를 기초로 하여 각 본산의 수사찰인 본사의 주지는 총독부의 허가를 받게 하고 본사의 지휘를 받는 말사의 주지는 지방관청의 허가를 받게 하였다. 1930년대에 이르면 31본산 연합체제가 분열의 양상을 보여 1935년에는 경남 3본산의 연합, 1936년에는 경북 5본산의 경북불교협회, 1937년에는 전남 5본산 연합회가 설립되었다. 그리고 이들은 1937년 2월 4일 간담회를 개최하여 본산 간 화합과 불교계 통일을 결의하는 등 31본산제와 다른 길을 걷고자 하였는데, 그런 모습을 지켜보던 총독부는 조선불교계를 통합하여 전시체제에 맞게 변경하려는 의도로 새로운 사법을 제정하고자 했다. 이는 조선불교계에는 총본산 건설이라는 명분을 주고 일제는 철저한 통제와 친일을 종용할 수 있어 실질적 이익을 가져올 수 있었기 때문이다.

그렇게 해서 1941년 태고사太古寺를[9] 세워 총본산으로 삼고 '조선불
교조계종 총본산 태고사 사법'을 인가받아 종명을 '조계종'이라 하여 초
대 종정으로 방한암方漢岩을 세우지만, 조선불교가 독립된 위상을 보장
받을 수는 없었다. 오히려 조선불교를 단일체제로 통합한 일제는 지금
까지 사찰령과 본말사법에 의한 31본산제보다 통제가 수월하게 되었
으며 전시체제에 맞는 절대적인 친일과 동원을 강요할 수 있게 되었다.

이렇듯 조선시대 내내 정치적 핍박에서 벗어나지 못했던 불교계는 대
부분 일제강점기를 통해 사회적 신분이 향상되고 재력을 쌓으며 일본
불교의 영향으로 갈수록 승풍이 문란해졌고, 자발적으로 총독부의 정
책에 동조하며 친일세력으로 변질되어 갔고, 그에 반발하여 선종의 전
통을 지키며 계행을 중시하던 선학원禪學院을 중심으로 한 혁신세력은
수적 열세와 자금력의 부족으로 별다른 영향력을 지니지 못하다 해방
을 맞게 된다.

3. 서구에서 발단한 근대 불교학의 도래

한편 일제강점기와 맞물려 조선불교계에 불어닥친 커다란 사건 중의
하나가 서구에서 발단한 근대 불교학이 조선에도 소개되기 시작했다

---

9 대한불교조계종의 총무원이 소재하는 지금의 조계사는 본래 태고사라는 이름으로 건립되어
   오늘에 이르고 있다.

는 사실이다.[10]

  본래 불교는 석가모니부처님 재세 당시 인도 이외의 지역으로까지 전파된 이래 부처님 당시 정통종교였던 바라문교가 힌두교로 대대적으로 재편되고 이슬람교가 인도대륙 일부에 전파되면서 인도에서는 불교가 사멸하게 되지만, 동남아 일대에는 상좌부上座部 전통의 불교가[11] 폭넓게 정착하여 있었고 중국과 한국, 일본 등에는 주요 경전들이 한문으로 번역되면서 중국화된 대승불교大乘佛敎의[12] 전통이 전승되고 있었다. 그런데 인도를 비롯한 동남아 상당지역을 식민 지배하던 서구 열강 사이에서 발달된 언어학과 문헌학, 고고학 등을 바탕으로 불교 고문헌에 대한 연구가 일어나면서 불교는 서구인들 사이에 새로운 사상적 총아로 떠오르게 된다. 기독교를 중심으로 한 그들의 사상적 전통과는 달리 신 관념에 지배되지 않는 초기불교 부처님의 냉철하고도 이성적인 태도에서 그들은 빅토리아 시대의 이상적 인간형을 발견하게 되는 것이다. 인간의 근원적인 고통이 지나친 격정激情에서 유래된다고 보고 그

---

10 근대 불교학의 개념과 그것이 한국이나 일본의 전통교학에 미친 영향력 등에 관해서는 조성택, 『불교와 불교학』(파주: 돌베개, 2012)의 내용에 주목하기 바란다.

11 테라바다라고 하는 상좌부 전통의 불교는 스리랑카, 미얀마, 태국 등을 중심으로 부처님의 초기 가르침에서 유래되었다고 하는 팔리어 『니카야』에 입각하여 오늘날도 부처님 당시의 승단생활을 견지하고 있는 불교를 말한다. 중국적 전통에서는 흔히 소승불교(小乘佛敎)라고 부르는 것이 그것이지만, 그들 나름의 해석으로는 자신들이 부처님의 실제 가르침을 온전히 전승하고 있다고 하는 데서 상좌부불교라고 하는 것이 정당하다.

12 대승의 원어인 마하야나(mahāyanā)는 '큰 탈것'이란 의미로, 자기 자신의 구제에만 관심이 있는 소승에 비해 자리이타(自利利他)를 내세우며 자신과 더불어 더 많은 중생들을 구제하겠다는 의지를 표방한 것이다.

와 같은 열정을 가라앉힘으로써 궁극의 자유, 즉 열반涅槃을[13] 성취할
수 있다는 것이 부처님의 가르침이었다고 그들은 간주한 것이다. 물론
오늘날의 학문적 성과에 비추어 볼 때 상당한 종교적 통찰에 기초하고
있는 부처님의 가르침을 인간의 이성적인 잣대로만 해석하려 한 당시
서구에서의 불교학이 무작정 올바른 접근이었다고 단정하기는 어렵지
만, 각 지역마다 자신들의 전승과 전통에만 매몰되어 불교사상 발전의
역사적 과정에 무관심했던 아시아 각국 전통교학의 입장에서는 근대
불교학 자체가 하나의 커다란 충격이었다.

실제로 메이지(明治, 1868~1912) 초기 근대 국가주의를 형성하기 위한
정책의 일환으로 유신 정부가 신도神道를 국교로 만들고 불교는 근대적
합리성을 부정하는 전근대적 미신의 상징으로 보아 폐기하려 했던 일
본에서는 그들이 근대의 모델로 삼고 있던 서구에서 불교가 새롭게 각
광받는다는 사실에 크게 주목하게 된다. 그리하여 신도를 국교화하기
위해 펼쳤던 신불분리령神佛分離令이나 일련의 폐불훼석廢佛毁釋의 움직
임은 중단되고 오히려 불교를 자신들 근대화의 한 구성요소로 받아들
이게 된다. 물론 그러한 변화의 이면에는 1876년부터 승려들이 유럽의
여러 나라에 유학하여 근대 불교학을 배워 오고 1901년에는 도쿄대학
에 산스크리트어 강좌가 개설되는 등 자국 내의 보급에 앞장섰던 노력

---

13 대부분의 인도종교는 불완전하고 불만족스러운 현실로부터의 해탈(解脫)을 목표로 하고 있는
데, 불교의 입장에서 제시한 해탈의 길이 열반이다. 그 원어가 니르바나(nirvāṇa)인 것에서 알
수 있듯이 본래는 '불어서 끈 상태', 즉 수행을 통해 번뇌의 불길이 다한 상태를 말한다.

들이 커다란 영향을 미쳤던 것이다.[14]

그런데 서구에서 발단한 근대 불교학은 태생적으로 식민주의의 성격을 벗을 수 없는 것으로, 유럽인들에게 불교는 동양의 타자他者였고 현재가 아닌 과거였다. 그들에게 불교는 동양의 현재 종교라기보다 그들 도서관에 소장되어 있는 문헌에나 존재하는 과거였던 것이다. 따라서 근대 학문에 의해 재구성된 고대 불교사는 동양의 현재 불교가 그 근원으로부터 얼마나 멀어져 있는가를 증명하는 것으로서, 과거가 찬란하면 할수록 피식민지의 현재는 더욱더 초라할 뿐이었다.

그렇지만 동아시아의 불교지식인들은 자신들의 전통인 불교가 유럽에서 발견되고 유럽에서 재구성된 것이라기보다 본래 근대적인 것이었다고 믿었다. 근대적인 상황에서 기독교와 대척점에 서 있던 과학이나 이성, 철학 등과 아무런 모순 없이 조화될 수 있다고 생각하여 불교는 가장 근대적인 자신들의 전통이라고 여겼던 것이다. 특히 불교가 철학이라는 것은 세계 어느 종교도 누리지 못하는 불교만의 특권이라고 생각했기 때문에, 새로이 전개되고 있던 근대사회를 주도적으로 맞이하기 위해 종래의 종교적 관습이나 제례 등에서 과감히 벗어나 본래의 사상성을 회복하기 위한 불교의 개혁에도 힘을 기울이게 되었다.[15] 그러나

---

14 더불어 일본의 승려들은 근대 불교학 연수를 통해 승려 겸 불교학자로 변신함으로써 일본의 근대화를 위한 사상적 주체가 되기도 한다.

15 일제강점기 사찰의 운영을 맡은 조선의 대처승들이 안정적인 생활을 영위하며 친일의 성향을 띠게 된 것과는 다른 측면에서 그들 중에는 근대 학문의 세례를 받고 불교의 사회적 역할에 관심을 기울였던 이도 많았다. 그들은 나름대로 불교를 근대화하여 포교역량을 강화하고자 했다.

결과적으로 말하자면 오늘날까지도 삭발염의削髮染衣로[16] 대표되는 수행생활과 각종 의례 등을 중시하는 불교라는 전통종교와 현실 불교와 유리遊離되어 대학에서 강의와 학문연구의 대상으로만 존재하는 불교학이 서로 완전하게는 융합하지 못하고 있는 것이 현실이라고 하지 않을 수 없다.

4. 근대에 주창된 여러 가지 불교의 혁신책

새롭게 전개되는 시대적 상황과 더불어 일부 근대 불교학에 고무된 조선불교계에서는 나름대로 개화의 바람을 타고 불교를 혁신하여 새로운 시대에 걸맞은 역할을 하고자 하는 모색이 다양하게 주창되었다. 근대에 불교의 개혁운동을 주창한 선각자들로는 경허鏡虛(1849~1912), 백용성白龍城(1864~1940), 이능화, 박한영, 권상로, 한용운, 이영재李英宰(1900~1927) 등을 들 수 있겠는데, 이들의 혁신책 가운데 몇 가지를 들어보면 다음과 같다.

먼저 권상로는 1912년부터 1913년에 걸쳐『조선불교월보』를 통해「조선불교개혁론」을 발표했다. 한용운은 1913년 불교서간에서 출간한『조선불교유신론』을 통해 불교의 평등주의와 구세주의가 불교유신의 기본이념이 되어야 한다고 하면서도 유신은 파괴 없이 이룰 수 없

---

16 머리카락을 자르고 일부러 곱지 않은 색으로 물들인 옷을 입는 승려들의 복색을 말한다.

으므로 조선불교의 전통과 폐단에 대한 철저한 비판의식을 가져야 한다고 하였다. 이영재는 일찍이 일본에 유학하여 종교학을 이수하던 신진 사상가로, 기미독립운동 이후 일제가 조선에 대한 정책을 강압통치에서 문화통치로 바꾼 후인 1922년 11월부터 12월까지 28회에 걸쳐《조선일보》에「조선불교혁신론」을 연재하였다. 또한 기미독립운동으로 옥고를 치른 백용성은 1921년 출옥한 후 불교를 대중화하기 위해 삼장역회三藏譯會를 조직하여 한문경전을 번역·보급할 기틀을 만들고, 1922년에는 경성 봉익동에 대각사大覺寺를 설립하여 적극적 대중포교인 대각교운동을 전개했으며, 1925년에는 도봉산 망월사望月寺에 만일참선결사회萬日參禪結社會를 설치하여 수행의 풍토를 진작시키고자 했고, 1927년에는 만주의 길림성 용정에 선농당禪農堂과 경남 함양에 화과원華果院을 만들어 선농불교禪農佛敎를 주창하는 등 당시의 시대상황에 바탕한 적극적인 개혁운동을 전개하였다.

그런데 학자들 중에는 근대불교의 여러 혁신운동의 방향을 ① 정법의 확립, ② 현실사회의 참여, ③ 신학문의 추구로 세분하여 검토한 끝에, 정법의 확립에는 참선결사와 선농일치운동이 있었지만 전국적이고 지속적인 실천이 뒤따르지 못했고 승가는 너무 참선 위주였으며 재가불자는 염불과 독송에 치우쳐 불교교리에 의한 체계적인 수행방안이 제시되지 못했다고 평가하는 이가 있다. 또한 현실사회의 참여운동은 일제 식민지 정책상 그 한계가 있어 한국불교의 정체성은 지켜냈으나 통일된 포교지침이 마련되지 못하는 등 당시 불교계의 힘이 너무 미약했음을 지적하고 있다. 그리고 신학문의 추구는 승려교육을 위해 1906년 명진학교明進學校가 설립되어 1953년 동국대학교로 승격되기까지 커다란 발전이 있었으나 재가교육에서는 아직도 이렇다 할 발전이 없다고 평가하고 있다.

제3절

해방 이후 혼란기와 다종교사회의 도래

1945년 8월 15일 일제가 패망하며 해방이 되었다고는 하나 그것은 우리 민족이 주체적 역량에 의해 획득한 해방이 아니었다. 그런 결과 북위 38도선을 경계로 남과 북이 분할되어 각기 미국과 소련의 신탁통치 체제가 출현하고 끝내 남북분단과 6·25전쟁, 정전 이후 상호이질적인 정치체제의 고착화 속에 세계적인 냉전 상황을 맞이하게 되며, 남한의 불교계는 그런 환경 속에서도 다수의 보수적인 대처승 계열과 선학원을 중심으로 한 소수 혁신계가 대립을 일삼으며 급격한 서구화의 추세에 수동적인 타자의 모습만을 보이게 된다.

1. 남한에 주둔한 미군정의 불교정책

일제가 항복하자 1945년 9월 8일 J. R. 하지 중장의 지휘하에 인천에 상륙한 미 육군 24군단이 서울로 들어와, 다음 날 38선 이남 지역에 대한 군정을 포고하고, 12일 A. V. 아널드 소장이 군정장관에 취임함으로써 미군정 체제가 수립된다. 그리고 미군정은 14일 총독부의 일본인 관리들을 행정고문으로 두고 일본의 식민지 통치기구를 그대로 이용하기로 결정하며, 18일에는 미군장교를 각 국장에 임명하고, 19일 '재조선 미육군사령부 군정청'이라는 정식명칭으로 통치를 시작하였다. 이는 곧 미군정이 정부로서의 기능을 수행하고 배타적인 권위와 강제력을 독점하였다는 것을 의미한다.

한편 해방을 맞이한 불교계는 1945년 9월 23, 24일 전국승려대회를 열어 최우선적으로 일제의 사찰령을 거부하고 태고사법과 31본·말사법을 전면 폐지하기로 하며 그 대안으로 각 도에 교무원을 설치, 새로운 집행부를 구성하기로 하였다. 그러한 체제는 1945년 말부터 가동되기 시작하여 1946년 3월에는 제1회 중앙교무회의를 개최해서 일제하의 종헌을 대신할 교헌을 제정 통과시키고, '한국불교조계종'을 세워 초대 종정으로 박한영을 추대하고 중앙총무원장에 김법린을 선출했다.

그런데 미군정은 1945년 10월 9일 신앙을 이유로 차별을 발생하게 하는 조항과 명령을 폐지한다고 선언하고도 11월 2일에는 법령 제21호(法律 諸 命令의 存續)의 공포를 통해 군정 법령에서 아직 폐기되지 않은 구 법령은 존속하는 것으로 규정했다. 이런 태도는 1947년 1월 군정청 문교부장이 사찰 재산의 처분 시에도 사찰령에 의해 허가를 받아야 한다고 언급한 것에서도 나온다. 다시 말해 사찰령은 폐지되지 않았으며, 불교교단 운영의 내용을 규정하는 가장 중요한 인사권과 재산권 행사의 감독 권한은 교단이 아닌 미군정이 갖고 있다는 것이다. 그래서 미군정하 불교계의 주요 사회적 활동은 사찰령 폐지의 촉구와 일본불교가 남겨 놓고 떠난 적산사찰敵産寺刹의 처분 문제로 압축되게 된다.

먼저 사찰령의 폐지 촉구와 관련하여 총무원은 1946년 7월 27일과 8월 22일 미군정 장관에게 사찰령을 포함한 관련 법령에 대한 철폐를 신청했다. 그리고 당시 미군정의 문교부장 유억겸이 군정장관에게 보낸 1946년 10월 10일자 「사찰령 등 폐지에 관한 건」이라는 공문에는 이렇게 기록되어 있다.

> 종래 각 종교는 포교상 혹은 재산 관리상 국가의 의사 내에서만 활동할 수가 있어 종교 본래의 발전을 저해함이 불소不少하였으므로 종교 자유의 원칙에 기基하여 좌기左記 법령은 폐지함이 타당하다고 인정하오니 별지 지령안指令案에 결제하시어 공포하여 주심을 앙망함.

그러나 문교부장의 동의에도 사찰령 철폐는 실현되지 않았고, 총무원은 1947년 3월 미군정 산하의 입법위원 25명의 연서를 받아 입법의원에 정식으로 법령 철폐를 제안했다. 그리고 같은 해 10월 29일 사찰령을 대신할 '불교재산 임시 보호법'이 입법의원에서 통과되지만, 미군정은

12월 29일 그 법의 인준을 거부함으로써 미군정 기간 내내 사찰령은 그대로 존속하게 된다.

두 번째 일제 적산사찰의 문제에 대해서는 당시 총무원장인 김법린이 군정청 재산관리관에게 보낸 1947년 9월 19일자 공문 「종교재산 이양의 건」을 통해 다음의 사실이 알려진다. 1946년 2월 무렵 일본불교의 재산은 조선불교에 이양된다고 군정당국에서 원칙을 수립하고 그 원칙이 각 도의 관재관에게 통보되어 일부 도에서는 시행되었지만, 1947년 9월경에는 지켜지지 않고 있다는 것이다.

그런데 근현대 한국불교사를 연구하고 있는 김광식은 적산사찰 처리의 문제와 관련해 당시 보수적인 주지들이 주축을 이룬 총무원과 그에 대립하던 불교계 혁신세력의 알력에 주목하고 있다. 1947년 김용담金龍潭, 곽서순郭西淳, 이불화李佛化 등이 선학원 등을 규합하여 혁신불교도동맹을 결성하고 총본원이란 별도의 교단을 꾸렸는데, 그들은 종교의 자유를 들어 사찰령 철폐를 주장하면서도 그 대안으로 나온 불교재산 임시 보호법으로 인해 불교의 모든 재산이 총무원에 집중되어 자신들의 기반이 약화되는 것을 염려했다는 것이다. 말하자면 적산사찰을 놓고 불교계 내분이 적지 않았던 것인데, 급기야는 총본원 측의 선학원이 관리하던 박문사, 동본원사, 서본원사, 화광교단, 조계학원 등 일본불교 각 종단의 재산을 총무원이 인수하는 사태가 일어나기도 한다. 또한 일제 말기 일본불교의 사원과 포교당은 857개였고 그중 593개소가 남한에 있었는데, 결과적으로는 그 일부분만이 불교에 이양되었다.

그리고 그렇게 된 원인을 불교계 내분과 불교권 외부 특히 기독교의 적극적인 인수 노력 그리고 무엇보다 미군정의 정책이 수시로 변동된 것이라고 보고 있다. 따라서 적산사찰의 처리를 놓고 벌인 보수세력과 혁신세력 간의 내분은 불교재산의 관리권 문제로 말미암아 미군정하 사찰령의 존속에도 현격한 영향을 미친 것이라 할 수 있다.

한편 미군정 시기 남한사회에는 급격히 서구화의 풍조가 자리 잡기 시작하는데, 이는 일제강점기와는 또 다른 차원에서의 문화적 충격이었다. 그리고 생활 저변 문화적 환경의 변화와 더불어 기독교계의 적극적인 사회참여와 그에 우호적일 수밖에 없었던 미군정의 정책이 남한에 본격적인 다종교사회의 도래를 초래했다.[17]

2. 이승만 정권하에서의 한국불교계

1948년 8월 15일 정부가 수립되며 등장한 이승만李承晩 정권하에서 불교계에 일어난 커다란 사건은 당시 첨예한 사회문제였던 농지개혁과 관련한 사찰농지 처리방식과 일제의 잔재로 여겨졌던 대처승을 전통사찰에서 몰아내려 했던 정화운동으로 크게 구별해 볼 수 있다.

그런데 농지개혁에 대해 본격적으로 살펴보기 전에 먼저 미군정 시절

---

17 물론 가톨릭과 개신교의 국내 선교는 훨씬 오래전부터의 일이지만, 그 종교들의 사회적 영향력이 현저히 증대된 것은 미군정과 6·25 이후의 사회상과 밀접한 관련을 지니고 있다. 그리고 그런 사회적 변화의 이면에는 물질문명으로의 급속한 쏠림 현상도 발견된다.

부터 전개되어 온 불교계 보수세력과 혁신세력 간 갈등의 추이부터 개괄할 필요가 있다. 혁신세력을 대표하는 불교혁신총연맹은 사찰의 토지를 소작인들에게 분배하고자 했는데, 보수적인 총무원은 농지개혁에 대해 유상몰수, 유상분배의 입장에 서 있었다. 그러다가 혁신세력이 김구의 방북에 동참하자 혁신세력의 정치적 이념이 진보좌파라고 단정하고 혁신세력의 배척에 나섰다. 그렇게 해서 혁신세력의 핵심 승려 50여 명이 이념문제로 남한에서의 활동에 제약을 당하자 생존과 이념을 위해 월북하게 된다. 그리고 기본적으로 보수 우익 중심의 기조에 서 있던 이승만 정권과 동질적인 성향을 지녔던 보수적인 불교교단에게는 혁신세력의 도전으로부터 종권을 보호받고 식민지 불교체제의 모순을 점진적 개혁을 통해 치유하기 위해서 국가권력과의 타협과 협조가 최우선적이었다. 그들은 이승만 정권 초기 해방공간의 뜨거운 과제였던 사찰령 철폐, 적산사찰 문제 등에 대해 입장을 표명하지 않았다. 또한 이승만 정권이 행한 기독교에 우호적인 종교정책에 대해 이견을 제기한 사실도 없다.

이런 가운데 1949년 6월 21일 농지개혁법이 공포되고 1950년 3월 25일 그 시행령이 공포된다. 그런데 그 직후 발발한 6·25전쟁으로 그 시행은 1950년 10월 10일에야 본격화되는데, 불교는 기존에 갖고 있던 농지의 대부분을 상실하고 존립조차 어려운 지경에 처하게 된다. 그러자 그런 사실을 정치권에 호소해 1952년 5월 13일 '사찰보호유지책'이 수립되고 1953년 7월 9일에 사찰 자경농지 재사정을 통해 불교계는 사찰 주변의 농지를 어느 정도 되찾게 된다. 그러나 이런 과정 등을 통해 불교계는 사찰과 불교의 존립, 사찰 문화재의 수호 등을 국가권력에 의존하는 행태를 보였고, 국가는 사찰령의 존속과 국가에 의한 불교재산 관리를 당연시하게 되었다. 그리고 이승만과 개신교의 공고한 결합으로 구현된 기독교국가화, 친기독교 정책에 대해서도 거의 반응하지 않을 정도로 불교의 주체성은 상실되어 있었다.

그런데 1954년 5월 20일 이승만 대통령은 '대처승은 사찰에서 퇴거하라'는 담화문을 발표한다. 일제 때부터 선방禪房에서 참선수행을 통해 불교의 정체성을 유지해 온 수좌首座들은[18] 자신들이 비구로서 수행에 전념하며 결혼하지 않는 것만으로도 전통불교의 수호라고 믿고 있었는데, 본격화된 농지개혁으로 급격히 위축된 사찰경제로 인해 수행공간의 박탈과 생존의 위험이라는 현실에 처하게 되었다. 그들은 1952년 봄 불교교단의 교정인 송만암宋曼庵에게 비구승 전용의 수행사찰을 몇 군데만이라도 지정해 달라고 건의했고, 송만암은 1953년 4월 통도사通度寺의 고승 모임에서 그 문제 해결을 위한 원칙을 세우고 1954년 4월 불국사佛國寺에서 열린 종단 법규위원회에서 비구승들에게 사찰 18개를 제공한다는 방침을 세웠다. 그러나 사찰을 할애할 의도가 없던 대처승 주지들 때문에 그런 방침이 이행되지 않았고 비구승들은 1953

---

18   전통적으로 참선수행에 전념하는 승려들을 수좌라고 부른다. 반면에 강원(講院)에서 경전을 공부하는 승려들은 학인(學人)이라고 한다.

년 가을부터 선학원에 모여 자신들의 의지를 실천할 방안을 강구하고 있었는데, 때마침 이승만의 불교정화를 지지하는 담화가 나온 것이다. 이승만은 불교정화에 대해 여덟 차례 발언하였는데, 다음은 1차 발언의 일부이다.

> 그중에 긴요한 안건은 일인日人 중의 생활을 모범해서 우리나라 불도에 위반되게 행한 자는 이후부터는 친일자親日者로 인정받을 수밖에 없으니 가정 가지고 사는 중은 다 사찰에서 나가서 살 것이며 우리 불도를 숭상하는 중들만을 정부에서 도로 내 주는 전답을 개척하여 지지해 나가도록 할 것이니 이 의도를 다시 깨닫고 시행하기를 지시하는 바이다.

이 같은 이승만의 유시는 당시 열세에 놓여 있던 비구승들을 크게 격동시켰다. 그들은 자신들이 정통승려이기 때문에 교단을 주관해야 하고 대처승은 승려가 아니라고 주장했다. 그래서 선학원에 모여 정화대책위원회를 조직하고 1954년 8월 25일 정화 최초의 공식모임인 전국비구승대표자회의를 개최해 자신들의 불교관에 근거한 종헌을 제정했다. 이어서 종단 주도권 장악을 위한 물리력 행사 등 여러 가지 노력을 전개하였는데, 그들은 난관이 생길 때마다 경무대로 가서 호소하는 전략을 구사하며 국가권력의 절대적인 지원과 경찰이나 공무원 등 행정기관의 비호, 언론 및 신도들의 외호 등을 통해 대처승들을 압박했다.

한편 대처 측은 이승만의 담화를 접하고 1954년 6월 교무회의를 열어 대응책 마련에 나섰는데, 승려를 수행승과 교화승으로 이원화하여 비구승(수행승)들에게 수행사찰을 양도하고 자신들은 교화승(보살승)의 신분을 갖는 것으로 정리하였다. 그렇지만 그런 방침이 일반 대중들에게 납득되지 못하며 각계의 비판이 더욱 거세지자 1954년 11월 20일에는 종헌을 개정하며 비구승에게 종권 배려, 비구승의 수행 외호, 사찰 및 문화재의 수호 등을 약속했다. 그리고 종단 집행부에서 일단 퇴진하고 선학원 계열이 아닌 태고문손의 비구승들에게 종권을 인수시키기까지 하였다.[19] 이렇듯 대처승들은 정화 초기에는 국가권력에 직접적으로 대응하기보다 이승만의 지적 사항을 어느 정도 수용하는 차원에서 자신들의 입장을 내세웠던 것이다.

그러나 1955년 8월 12일 전국승려대회를 통해 비구승들은 종헌 제정, 종권 인수, 새 집행부 선출을 단행하고 공권력으로부터 그 결과를 승인받게 된다. 그러자 대처승들은 이때부터 행정부의 조치에 대응하여 사법부에 불교정화의 타당성을 심판받기로 한다. 실제로 1955년 6월 국회에서는 행정부가 불교문제에 간섭하지 말라고 결의했고, 1956년 3월 30일과 4월 20일 대법원에서는 사찰령이 위헌이라는 판결이 내려진다. 그러나 이승만 정권은 그에 구애받지 않으며 비구승 지지를 밀고

---

19 당시 대다수를 점하고 있던 대처 측의 모두가 대처승이었던 것은 아니다. 대처승들도 법통으로 따지면 비구승의 제자였고, 전법위계 때문에 대처 측에 참여할 수밖에 없었던 비구승도 상당수 있었다.

나갔는데, 거기에는 이승만의 정치적 속셈이 깃들어 있었다고 보는 견해가 있다. 즉 1954년 사사오입 개헌으로 야기된 정치적 위기를 타개하기 위해 국민들의 비판적인 관심을 민족불교 대 왜색불교라는 민족감정이 개재된 불교분규로 전환시키고자 했다는 것이다. 아무튼 3·15 부정선거로 촉발된 이승만 정권의 퇴진 때까지 불교계 정화운동의 사태는 마무리를 짓지 못하고 4·19와 5·16의 정치적 격변을 치르게 된다.

3. 5·16 군사정권과 불교재산관리법

이승만 정권하에서 일방적으로 압박을 받던 대처 측은 1960년 4·19 혁명으로 인해 재기를 노리게 된다. 그들은 변화된 정치 환경에 힘입어 비구 측을 관제 불교단체로 단정하면서 정교분리의 원칙에 의한 사찰령 철폐와 공권력 간섭의 배척을 주장하였다. 또한 불교현실을 성찰하면서 자체 정비를 시도했지만, 곧이어 발발한 5·16군사쿠데타로 정화운동 및 불교분규가 재조정의 국면을 맞게 된다. 당시 군사정권[國家再建最高會議]은 불교정화를 사회정화의 차원에서 접근하면서 '분규 중 있었던 쌍방의 교권은 그 어느 일방도 한국불교 전체를 대표하는 기관이라고 인정하지 않는다'고 하여 비구·대처 양측의 기득권을 인정하지 않은 채 문제를 해결하려고 했다. 이런 군사정권의 입장에 대해 비구 측은 정화운동의 완료라는 측면에서, 대처 측은 정교분리에 어긋난다는 입장에서 비협조적이었다. 그러자 군부는 사회단체등록법을 활용하여 불교를 '불교재건위원회'라는 하나의 단체로 통합하기로 정하고 1961년 8월 29일 자신들의 수습방침에 따르겠다는 각서에 동의하기를 요청했다. 그러나 비구·대처 양측은 모두 그를 거부했고 1962년 1월에는 군사정권이 보다 강경한 입장을 표명하게 된다. 비구·대처 양측이 비협조적으로 나온다면 사찰령을 갖고 의법조치하겠다는 박정희朴正熙의 발언이 나오고 곧이어 문교부장관이 정부의 입장을 담은 공문을 불교계에 보내 왔는데, 거기에는 자율적으로 불교계가 단일 종宗으로 재건되기를 요망하며 다음과 같은 입장을 밝히고 있다.

> 만일 상기한 바와 같이 불교계의 자율적인 재건이 불가능하다는 것이 판명된다면은 모든 국민이 혁명의 대열 속에 들어와서 새 시대의 재건을 위하여 단합하고 있는 이때 정부는 이 이상 불교분규로 인한 민족 분열과 재산 탕진에 의해 막대한 국가적 손실을 묵과할 수 없으므로 불교재산을 국가가 직접 관리하는 비상 입법조치를 취할 것임.

이런 정부의 강한 압박에 양측은 결국 굴복할 수밖에 없었고 1962년 3월 불교재건위원회에 합의하면서 조계종 재건 비상종회를 구성하여 통합종단을 출범시키게 된다. 그리고 1962년 12월에는 불교재산관리법에 의거해서 정부에 '대한불교조계종'을 등록한다. 우여곡절을 거쳐 통합된 대한불교조계종에 동참했던 대처 측은 2년 뒤 인사의 형평성 등을 문제 삼아 종단에서 탈퇴하여 자신들만의 종단을 세우고 해방 직후 수립했던 '한국불교조계종'을 표방하며 지루한 사법투쟁을 계속해 나갔다. 그러다 1969년 대법원의 최종적 판결로 패소하자 1970년 1월 '한국불교태고종韓國佛教太古宗'으로 등록하여 오늘에 이르고 있다.

그런데 1954년 이승만의 담화로 촉발된 정화라는 이름의 불교계 오랜 분규는 대내외적으로 여러 가지 면에서 부정적인 결과를 초래하였다. 우선 그 과정에서 갈등과 대립, 폭력성 등 비불교적인 행태를 노정하였다. 그리고 분규 초창기에는 전국의 비구승이 200~500여 명에 불과했지만 1964년경에는 등록된 비구승이 11,899명이나 되었다는 것은 치열한 분규 기간 동안 필요한 인적 자원의 보충을 위해 충실히 교육받지 못하고 급조된 승려들을 많이 양산하게 되었다는 것을 의미한다. 그러나 무엇보다도 그 기간 불교의 자주성이 크게 침해되었다는 사실을 지적하지 않을 수 없으며, 불교에 대한 사회의 부정적인 인식으로 말미암아 같은 기간 기독교가 크게 성장하게 되었다는 비판 역시 뼈아픈 역사의 한 토막으로 보아야 할 것이다.

또한 국가에 의한 종교 차별 역시 현저했는데, 1949년부터 기독탄신일(크리스마스)이 공휴일로 제정되어 있었던 것에 비해 1963년부터 초종파적으로 불탄절 공휴일 제정운동을 전개했지만 성과를 거두지 못하다 1973년 용태영 변호사가 국가를 상대로 소송을 제기하는 것을 계기로 1975년에야 석가탄신일(부처님오신날)이 공휴일로 인정받게 되었다. 또한 기독교(가톨릭과 개신교)의 군종제도는 1950년 12월 이승만의 지시로 시작되지만, 불교의 군종제도는 1964년 3월 14일 조계종 총무원이 국방부에 그에 관한 청원서를 제출한 이래 각계 요로에 대한 꾸준한 청원운동과 촉구집회 등에도 불구하고 월남 파병이 이루어지고 있던 1968년에야 마침내 파병된 장병들의 다양한 종교적 욕구를 충족시킨다는 차원에서 시행되기에 이른다.

■ 소 결小結

석가모니부처님에 의해 인도에서 창시된 종교인 불교가 우리나라에는 삼국시대 이래 한역된 경전들을 통해 주로 중국화 된 대승불교의 형태로 전승되었고 통일신라와 고려시대를 거치면서 국민정신을 통합시키는 지고한 사상적 전통과 찬란한 민족적 문화유산으로 기능했다. 그러나 성리학을 지배이념으로 삼았던 조선시대에는 국가적인 배척과 억압의 대상으로 전락하여 더 이상 사회를 향도嚮導하는 주류사상이 될 수 없었고, 승려들의 수행기강이나 학문적 성취는 물론 민간의 신앙 역시 기복과 안심입명에만 머무는 등 전반적인 저열함을 보이게 된다.

그런 가운데 개화기를 맞아 승려들의 도성출입이 해금되는 등 어느 정도 사회적 활동의 기력을 회복하는 듯했지만, 곧바로 일제강점기가 도래하여 조선불교계는 일본불교와도 단절시켜 철두철미하게 자신들의 관리하에 예속시키려는 총독부의 사찰령이라는 올가미에 갇히게 된다. 그리고 그 시기 서구에서 발단한 근대 불교학이 소개되어 불교사상이 서양철학을 넘어서는 새 시대 희망의 메시지가 될 수 있다는 믿음으로 현실의 불교를 개혁하자는 다양한 혁신안과 활동들이 나타나기도 하지만, 식민지 체제에서 그를 제대로 실현할 수 있는 여건은 마련되지 않았다. 오히려 사찰령에 의해 조성된 환경 속에서 금권을 주무르며 대처와 육식을 서슴지 않던 본산과 말사 주지들을 비롯한 대다수 보수적인 승려들과 종래의 승풍을 고집하여 결혼하지 않고 참선 수행에만 몰두하던 소수 수행승 간의 알력만이 고조되었다.

그리고 해방 이후 미군정과 이승만 정권의 기간 내내 그 같은 알력이 보다 심화되면서 불교의 사회적 책무 등은 팽개쳐 두고 내부적인 투쟁에만 몰두하는 양상을 보이는데, 특히 '대처승은 사찰에서 물러나라'는 이승만의 불법유시가 계기가 되어 나타난 정화운동이란 사건은 불법폭력과 물리적 충돌로 얼룩져 여론의 지탄을 면치 못했고 같은 시기 급속하게 번성한 기독교와의 현저한 국가적 차원에서의 차별 역시 불교계가 스스로 초래했다는 지적에서 자유로울 수 없었다.

5·16 이후에는 군사정권의 강요에 못 이겨 일시적으로 대한불교조계종이라는 통합종단을 구성하기도 했지만, 그런 시기는 2년에 지나지 않았고 대처 측은 해방 직후 사용했던 명칭인 한국불교조계종을 표방하며 새로운 종단을 구성하고 지루한 법정투쟁을 벌이다 대법원에서의 최종적인 패소로 한국불교태고종을 출범시키게 된다.

이 같은 전통 불교계 저변의 상황을 몸소 겪으면서[20] 스스로의 수행에만 몰두하던 상월원각대조사님의 관심은 자연히 불교의 본래 모습을 회복하는 데 집중됐다. 배불정책으로 인해 퇴보한 불교의 전통적 사상과 문화, 그리고 근현대 우리 사회에 잠식해 들어온 서구 문명의 영향으로 서구화된 정신문화를 불교적 가르침과 이념으로 극복하여 본연의 자리로 되돌아가기 위해 새 불교운동을 적극적으로 전개하신 것이다.

---

20 대조사님이 비구·대처 분쟁 중 조계사에서 열렸던 불교계 회합에 한두 차례 참석했다가 다시는 거기에 대해 돌아보지 않았다는 『불멸의 등명』의 기록은 당시 상황에 대해 아예 무관심하지 않았다는 사실을 증명한다.

제 2 장

구인사 정착 이전
대조사님의 생애

이 장에서는 상월원각대조사님께서 구인사救仁寺를 창건하기 직전까지의 생애를 주로 살펴보기로 한다. 그런데 대조사님에 관한 기록은 종단에서 발행한 자료들에서도 시기에 따라 다소 상이한 대목들이 발견된다. 따라서 대조사님의 생애에 대해 본격적으로 알아보기 전에 먼저 대조사님에 관한 대표적인 기록들에 대해 면밀히 검토해서 그중 가장 신뢰할 만한 자료를 가려내어 생애 기술記述의 일차적인 저본으로 삼고자 한다. 그리고 나서 탄생과 성장 과정, 출가의 결정적인 계기가 되는 최초의 백일기도 및 출가수행의 여정 등을 살펴보기로 한다.

상월원각대조사님의 생애에 관한 기록들

대조사님의 생애를 밝히고 있는 기록들에는 여러 가지가 있지만, 이 절에서는 그 가운데 가장 중요한 것으로서 종단에서 제일 먼저 출간한 『천태종약전天台宗略典』과 『천태종성전天台宗聖典』의 해당 내용 및 상월원각대조사비와 적멸궁비의 비문, 『상월원각대조사 오도기략悟道記略』과 더불어 기타의 자료들을 중점적으로 살펴보고자 한다. 시중에 알려져 있는 대조사님에 관한 정보는 거의 모두 이상의 기록들을 근거로 한 것이기 때문이다.

1. 『천태종약전』과 『천태종성전』

대조사님의 생애를 다루고 있는 자료들 가운데 가장 먼저 등장하는 것은 1966년 하안거 중 천태종 중창을 선언하고 대한불교조계종 이외에는 종단등록을 받아 주지 않던 당시의 여건에 따라 1967년 1월 일단 '천태종대각불교포교원'으로 관계기관에 등록했다가 마침내 '대한불교 천태종'으로 종단명을 개명하고 그 종헌선포식을 거행하는 1970년 1 월 5일에 맞추어 발간한『천태종약전』과 그 이듬해 8월에 발행한『천태 종성전』안에 수록된 간략한 대조사님에 관한 기록이다. 그런데 이 두 가지는 모두 대조사님 재세 시에 나온 것이어서 그런 만큼 역사적 가치 도 크다고 할 수 있겠지만,『천태종약전』「역사편」에 소개되고 있는 대 조사님은 1911년 음력 11월 28일 충청북도 단양군 소백산 아래에서 탄생한 것으로 되어 있어 현재 종단에서 공인하고 있는 내용과는 다른 것이 확인된다. 그리고『천태종약전』에는 15세에 충북 제천 영암사靈巖 寺에서 순관順寬 화상에게 출가한 후 전국의 강원에서 대·소 경론을 모 두 읽고 국내의 명승지와 중국의 아미산峨眉山, 낙가산洛迦山, 청량산淸 凉山 및 티베트까지 순방하고 8·15해방 전 구인사에 자리를 잡은 것으 로 되어 있다. 한편 1971년 8월 10일 발행된『천태종성전』의「종사편」 '천태종재건' 항에는 대조사님에 대해『천태종약전』과 거의 비슷한 내용 을 기술하고 있으며, 다만 중국에 들어간 때를 31세 되던 해라고 하고 6·25사변 후 고향인 단양군 영춘면 소백산 백자리에 정착하여 3간 모 옥茅屋을 얽고 수행에 정진했다고 되어 있다. 여기서 가장 문제가 되고 있는 부분은 앞의『천태종약전』과 함께 단양군 영춘면이 대조사님의 출생지라고 한 것인데, 금강대학교 교수인 최기표崔箕杓는 '당시의 사회 적 상황이나 종단의 여건을 고려하여 아직 상세히 밝힐 시기가 아니라고 판단하였을 가능성이 있다'고 추측하고 있다. 사실 필자도 대조사님이 책자의 제작을 전적으로 남에게 맡기고 내용에 대해 아예 관여하지 않았던 것이 아니라면 당시까지도 산간 오지여서 토박이의식이 강했을 구인사 인근 현지인들에게 새로운 종단을 창단한다며 많은 외지인들이 자주 드나들었던 것에 대한 막연한 경계심과 불안감을 잠재우기 위한 방편이었을 가능성을 생각하고 있다.[21]

2. 「상월원각대조사비문」과 「적멸궁비문」

그리고 대조사님의 생애에 관한 기록으로 빼놓을 수 없는 것이 입적하시고 3년 뒤인 1977년 구인사 일주문 앞에 세운 '천태종중흥조 상월원각대조사비'와 1978년 대조사님의 유체를 안장한 산소인 수리봉 정상 적멸궁에 세운 '상월원각대조사 적멸궁비'의 비문이다. 이들은 각각 공덕비와 묘비의 성격을 지닌 것으로 천태종의 참의원장을 지낸 박형철朴炯喆 씨가 자료를 제공하고 불교학자인 이종익李鍾益 박사가 기초한 것으로, 두 비문의 전문은 뒤에 자세히 기술할 책자인 『불멸不滅의 등명燈明』에 수록되어 있다. 그리고 박형철 씨가 집필해 1981년 발간한 『상월조사와 천태종』의 제3편 「상월대조사 생애」 부분은 앞의 '천태종중흥

---

21 실제로 천태종 중창선언 이전부터 대조사님과 구인사를 비방하는 현지인들의 신고가 자주 있었고 그에 따라 관계기관의 조사가 실행되기도 했다는 제자들의 증언이 있다.

조 상월원각대조사비' 비문을 한 구절씩 전제하며 그에 따라 해설한 것이다. 비문의 내용을 보면 두 비 모두 앞에서 언급한 『천태종약전』과 『천태종성전』에 등장하는 제천 영암사의 순관 화상에 대한 언급은 없고 적멸궁비는 출생 사실과 함께 대조사님의 생애를 다음과 같이 간략하게 언급하고 있다.

> 15세 소연히 출가하여… 수년에 불법대의를 통하고… 소백산에
> 들어가시어 참선수도에 각고정진을 쌓은 지 10여 년… 임인壬寅
> 12월 28일 확연대오하셨다.

그에 비해 '상월원각대조사비'는 보다 상세하게 탄생과 출가 동기, 15세에 출가하여 삼장三藏 참구, 국내 명산 순례와 중국 및 서장西藏 편력, 광복 이듬해인 병술丙戌 정월 15일에 소백산 주석, 6·25동란으로 공주 마곡사 피난 등이 기술되어 있고 임인 납월臘月 28일 활연개오하였다고 하여 앞의 적멸궁비와 같은 날짜를 적시하고 있다. 그리고 그때 다음과 같은 내용의 게송을 읊었다고 한다.

산색고금외山色古今外	산색은 옛과 지금 따로 없고
수성유무중水聲有無中	물소리는 있고 없음의 중간이다.
일견파만겁一見破萬劫	한 번 봄으로 만겁을 깨뜨리니
성공시불모性空是佛母	성품 공한 것이 부처의 어미다.

또한 열반 시에도 다음과 같은 게송 한 편을 남겼다고 한다.

제불불출세諸佛不出世　모든 부처는 세상에 나오지 않아
역무유열반亦無有涅槃　열반 역시 있을 리 없다.
사생본공적死生本空寂　죽음과 삶이 본래 공적하니
영허일월륜盈虛一月輪　차고 기우는 한갓 달이다.

그런데 여기에서 두 비문의 자료를 제공하고 앞서 언급한『상월조사
와 천태종』을 저술한 박형철 씨에 대해 보다 엄정한 판단이 필요하다.
박형철 씨는 대조사님의 먼 친척(8촌 형님의 손자)으로 그의 또 다른 저서
『신앙의 바른 길』에 의하면 강원도 삼척에서 출생, 춘천사범학교를 졸
업하고 근덕국민학교와 원주농업중학교 교사를 거쳐 2대 국회의원 임
용순任容淳의 보좌관을 역임한 것으로 나온다. 특히 책의「자서自序」에
는 그가 처음 구인사를 방문한 것이 1967년이라고 하고 있고, 전운덕
田雲德 당시 천태종 총무원장의「서문」에는 대조사님의 뜻으로 일본 대
정대학大正大學 천태학연구실에서 수학하고 천태종 전국신도회장, 종회
의장, 원로원장, 참의원장을 역임한 사실과 함께 종단기관지인『천태종
보』와 월간지『금강』을 주관했다고 기록되어 있다. 말하자면 1968년
초대 중앙신도회장에 취임하여 종단 창립에 여러 가지 역할을 하고, 특
히 대조사님의 입적 이후에는 종단 대외홍보를 거의 전담했던 사람이
다. 또한 그의 저술들에는 초기 천태종의 여러 사업 내용이나 과정 등

에 관한 풍부한 기록들이 담겨 있어 그의 진술에 의존하지 않고는 천태종의 역사를 제대로 알 수 없을 정도이다. 그렇지만 그의 저서나 글들을 살펴보면 중국이나 고려 천태종을 계승한 천태종의 역사적 정통성에 집착한 탓인지 필요 이상으로 천태교학의 용어들을 자주 끌어들여 수식하려 하고 있고 경우에 따라서는 있지도 않은 사실까지도 기술하고 있다. 그는 자료만 제공했다고 하나 위의 '상월원각대조사비'에 나오는 「오도송悟道頌」과 「임종게臨終偈」는 당시 대조사님을 직접 모셨던 대중들에게는 전혀 생소한 것이었으며, 그 내용으로 볼 때 일반인들에게는 일종의 선시禪詩여서 무슨 대단한 의미가 담겨 있는 것처럼 비쳐질 수도 있겠지만 선시를 자주 접하는 이들에게는 대동소이한 유례가 많은 것으로서 큰 의미를 부여하기 어려운 것이다. 말하자면 당시까지만 해도 천태종을 신흥교단으로 보는 주변의 시선을 지나치게 의식하여 대조사님의 깨달음과 입적을 선종의 전통에 맞추어 뭔가 그럴듯하게 꾸미고자 했던 것이 본래 의도였겠지만, 그런 의도와 달리 오히려 대조사님 깨달음의 내용을 대단히 평가절하하여 매우 형식적으로 한정지어 버린 감이 없지 않다. 물론 일반적으로 공덕비나 묘비의 기술은 한문 투를 흉내 내어 짐짓 거창하게 묘사하고자 하는 경향이 있지만, 사실 그런 태도 때문에 종단 안팎의 기록들에 상당한 혼선을 가져온 것도 사실이다. 그리고 대각을 얻었다고 하는 임인년은 1962년으로 너무 늦어 역시 구인사 대중들의 기억과 상반될 뿐 아니라 그 외에 출가 연도나 구인사 정착 연도 등에도 많은 착오가 있다.

3. 『상월원각대조사 오도기략』과 기타 자료

아무튼 그런 까닭인지『상월조사와 천태종』이 출간된 이듬해인 1982년 이른 봄 2대 종정 남대충南大忠 대종사가 당시 동국대 불교학과 명예교수였던 조명기趙明基 박사를 구인사로 불러 대조사님에 관한 일을 구술하여『상월원각대조사 오도기략』을 기록하게 한다. 조명기 박사의 서문에 의하면 대충 대종사가 구술할 때 윤덕산尹德山 종회의장과 평생 대조사님을 시봉하면서 2대 종정스님과 함께 뒤에 언급할 실제의 「오도송」을 들었던 여문성呂文星 스님이 동석해 있었고, 두 번째 자세히 말씀하실 때는 전운덕 총무원장도 함께 있었다고 하고 있다. 그리고 그 다음 날은 종정스님이 조명기 박사와 전운덕 총무원장, 윤덕산 종회의장, 용월산龍月山, 여문성, 고대월高大月, 서월궁徐月宮 스님 등을 데리고 삼척에 있는 대조사님의 탄생지와 처음 입산수도했던 삼태산三台山의 그 자리까지 답사하고, '대조사님에 대한 올바른 사실을 알려 주는 것이니 이대로 세상에 알려 달라'고 했다고 한다. 이 책은 1987년 출판되었지만,[22] 본문의 마지막에 1982년[壬戌年] 3월이라는 표기가 있어 원고는 이때 이미 작성되어 있었음을 알 수 있다. 그런데 이 책의 내용은 뒤에 관련된 이야기를 하겠지만, 남대충 종정스님 혼자 구술한 것이 아니라 여문성 스님 등도 구술에 함께 동참했다고 한다.

---

22   이 책은 4·6배판으로 표지를 제외하면 본문 48면의 적은 분량으로 되어 있으며, 책에는 별도의 쪽번호가 기재되어 있지 않지만 본문이 연도를 앞세워 시기별로 기술되어 있다.

한편 종단에서는 1982년『불교포교집』을 간행하고 1983년에는『천태종통기』를 발간하여 두 책에도 대조사님의 생애를 기록하고 있는데, 최기표의 상세한 연구에 따르면 두 책은 자료조사와 취합, 집필 과정에서 이미 완성돼 있던『오도기략』의 원고를 기초로 하고 있으나 일정 정도 윤색과 첨삭이 가해져 사료적 가치가 훨씬 떨어진다고 하고 있다. 따라서 본서는 대조사님의 생애에 관해서는『오도기략』의 내용을 전제로 거기에 부연 설명해 가는 방식을 취하기로 한다.

한편 종단에는 오래전부터 보관돼 있던 녹음테이프 세 개가 있는데, 아마도 2대 남대충 종정과 당시 윤덕산 종회의장이『오도기략』의 구술을 앞두고 기억을 가다듬기 위해 그때까지 생존해 계시던 대조사님의 생모님을 인터뷰하며 녹음했던 것 두 개와 대조사님의 수행에 관해서 역시 남대충 종정과 윤덕산 스님이 나눈 대화를 녹음한 것 한 개로 보인다. 또한 남지심 작가와 여문성 스님의 인터뷰가 있는데, 한때 남지심 작가가 대조사님의 생애를 소설로 집필하기 위해서 녹음했던 것으로 추정된다. 그리고 대조사님 탄신 100주년 기념사업을 앞두고 2006년부터 천태종에서는 출·재가를 막론하고 생전에 대조사님을 직접 만났던 이들의 기억을 보존하기 위해 집중적인 인터뷰를 실시했는데, 앞의 두 가지 테이프와 함께 녹취한 기록이 출판은 되지 않은 상태로 존재하고 있다. 본서는 필요에 따라 176개에 달하는 이 기록을 1차 자료의 보충자료로 활용했다. 자료가 대단히 빈곤한 상황에서 이 녹취록은 몹시 중요하지만, 인터뷰 당사자의 오래전 기억이어서 정확성에 문제가 있을 수 있고 인터뷰 담당자의 사전학습 미비, 구술에 있어 촌로들의 사투리나 정확하지 않은 발음 등으로 명확한 해독에는 일정 정도 어려움이 따랐던 것이 사실이다.

또한 대조사님 탄신 100주년 기념사업을 마치고 난 후에도 종단에서는 정리되지 못한 채 방치되어 있던 여러 문서나 사진, 강의와 연설 녹음테이프 등을 정리·녹취하는 작업을 꾸준히 추진해 왔는데, 데이터베이스로 정리된 이 자료는 필자도 박사학위논문을 발표한 이후에야 입수할 수 있었다. 본 책자에서는 이 자료 역시 보충설명의 자료로 활용하고자 한다.

그리고 대조사님의 생애를 추적하는 데 빼놓을 수 없는 중요한 단행본 2권이 있다. 모두 2000년 종단에서 발행한 '천태종중창조 상월원각대조사 일대기'라는 부제가 붙은 『불멸의 등명』과 '상월원각대조사 말씀'이라는 부제가 붙은 『법어록法語錄』이다. 『불멸의 등명』은 특히 천태종을 중창해 나가던 당시의 구체적인 기록들과 더불어 대조사님 열반 이후의 사정까지를 알려 주는 대한불교천태종사 집필에 반드시 참고해야 할 자료이다. 그리고 『법어록』은 대조사님께서 평소 베푸신 간략한 가르침들을 제자들의 기억에 의해 주제별로 엮은 것인데, 역시 대조사님의 육성이 담겼다고 할 만한 자료들이 몹시 드문 가운데 소중한 참고자료가 되고 있는 것이다.

상월원각대조사님의 탄생과 성장 과정

상월원각대조사님은 본명이 박준동朴準東이고 상월上月이 법명이며 원각圓覺이 법호인데, 종단에서는 관행적으로 상월원각대조사라고 하고 있다. 앞서 밝힌 대로 대조사님께서 천태종을 중창하시기 직전까지의 생애에 대해서는 가장 신뢰할 만한 자료인『상월원각대조사 오도기략』의 내용을 먼저 인용하고 나서 그와 관련된 사항들을 차례대로 부연 설명해 가기로 한다.

1. 상월원각대조사님 탄생에 얽힌 설화

대조사님은 1911년 음력 11월 28일생으로, 강원도 삼척에서도 깊은 산골인 노곡면 상마읍리 봉촌에서 아버지 박영진 씨와 어머니 삼척 김씨 사이에서 2대 독자로 태어나셨다고『오도기략』은 전하고 있다.

1911 신해년 음11월 28일

강원도 삼척군 노곡면 상마읍리 봉촌鳳村에서 부父 박영진朴泳鎭씨

와 모母 삼척김씨 사이에서 2대독자로 탄생하셨다.

그런데『오도기략』에 의하면 대조사님은 탄생 자체가 남달랐다고 한

다. 다음은 그 탄생에 얽힌 이야기이다.

동년同年 음2월초순 우수雨水가 지나고 경칩驚蟄의 절후節候에 즈

음하여 조부祖父가 재계齋戒 중 일야一夜에 백발노인이 나타나서

'저기를 보라' 하기에 하늘을 쳐다보니 넓고 두터운 광명이 비치

는 끝에 천악天樂이 울리고 수많은 군중이 거동을 하는데 그 중

앙에 연輦(가마)을 탄 동자가 가내로 들어오매 이를 정성껏 모시

는 꿈을 꾸었다.

때를 같이하여 자친慈親은 광명에 싸인 용이 나타나서 공중에서

돌다가 다시 그 용이 불덩어리가 되어 집안으로 들어오는 것을

치마폭으로 받는 꿈을 꾸었다.

그리고 만삭이 되니 탄생 수일 전부터 매일같이 공중에 서광이

나타남을 조부가 보고 상서가 있을 것을 말씀하니 가족들과 인

근동리 사람들도 공감하여 소문이 자자하였다.

드디어 음 11月 28일 칠야漆夜 초경初更 산모가 방문 밖에 나가

고 싶었으나 안 나가고 참고 있으니 누군가가 끌어내는 것 같아

서 마당으로 밀려 나가니 큰 불덩어리가 하늘에서 쏟아지는 것을 보고 까무라쳐 정신을 차리지 못하였다.

산모도 모르는 사이에 옥동자를 분만하였다. 고고呱呱의 소리도 듣지 못하고 비몽사몽간에 눈을 뜨니 갓난 영아가 걸어서 나가는 것을 보았다. 산모가 가는 아기를 급히 잡아서 안고 방에 들어와서 보니 그 아이의 두 눈에서 푸르고 맑은 불빛이 흐르고 있었다.

할아버님이 이것을 보고 놀라기도 하고 한편 기뻐하기도 했으나 술수術數로 습득한 정력精力으로 7일 동안을 기도를 올린 결과 눈에 흐르던 불꽃이 거두어지고 안색이 정상화되었다.

이것이 대조사님의 기록에 보이는 탄생에 얽힌 첫 번째 이적의 이야기이다. 사실 여부는 차치하더라도 이런 이야기를 들으며 자랐다면 대조사님에게는 유년기부터 그 어떤 남다른 사명의식 내지 무언가를 이루어 내지 않으면 안 된다는 강박관념 같은 것이 내면에 형성되어 있었을 가능성이 매우 높았다고 추정해 볼 수 있다. 유아기의 자아형성에 긍정적이든 부정적이든 가장 큰 영향을 미치는 것 중의 하나가 자신의 존재에 대해 가족들이 심어 주는 암시暗示임을 생각해 보면 이 같은 추정은 결코 무리가 아니라고 생각된다. 그리고 그것이 대조사님의 출가와 수행생활에 일정 정도 영향력을 행사한 것이 아닐까 한다.

한편 대조사님의 탄생에서부터 연관되어 있는 조부님에 관한 기사에 주목해 볼 필요가 있다. 예를 들면 대조사님의 잉태에 관해서 제일 먼저 감지하신 분이 조부님이었다. 기사에는 태몽을 꾼 것이 재계 중이었다고 하는데, 아마도 한적한 산간에 기대어 살아가고 있었지만 대조사님의 조부님은 평소 선비와 같은 자세로 개인 수양과 기도 공력에도 힘썼던 분이었음을 짐작할 수 있다. 더불어 탄생이 임박해서 공중에 서광이 나타나는 징조를 보고 상서로운 일이 일어날 것을 예측한 이도 조부님이고, 갓난아기의 눈에서 푸른빛이 나는 이변에 대해 7일기도를 통해 정상화시킨 것도 조부님이다. 나중에는 서당에 입학시켜 한학 교육을 받게 하는 등 대조사님의 성장에 절대적인 영향력을 미친 분이 바로 조부님이었던 것을 알 수가 있다.

아무튼 이상과 같은 탄생설화와 더불어 다음의 사항이 『오도기략』에는 첨부되어 있다.

> 그 뒤 이웃사람들에게 애기 낳은 것을 통고하고 친지들이 와서 아기를 보고 기상이 수웅秀雄하고 늠름한 모습이 천하의 장사라고 하였다. 조부가 특별히 그의 기품이 비범함을 알고 금지옥엽 같이 여기고 조모의 뒷바라지로서 보양保養하였다.

2. 한학 교육과 조부님의 죽음

그리고 『오도기략』에는 대조사님이 받은 교육에 관한 내용과 조부님의 죽음에 관한 기록이 이어진다.

1915 을묘년 5세 되던 봄에 할아버지가 동리 서당에 입학시켰다.

1919 기미년 9세때 하루는 서당에서 『소학』을 읽다가 집에 돌아오니 조부님이 갑자기 돌아가셨다고 동리 사람들까지 모여서 야단이었다.

생각하니, 하늘이 무너지는 것 같고 생과 사도 알 수 없고 암흑세계가 갑자기 닥치는 것 같아서 조부 시신 앞에서 1일1야를 몸부림치며 통곡하였더니 마침내 조부가 회생하여 1개월 동안 손잡고 이야기하고 한이불 속에서 같이 자기도 하였다. 그러다가 또 다시 갑자기 돌아가시게 되었으나 이제는 울지도 아니하였다.

9세 소동小童이 냉철한 철인哲人이 되어 사람을 생각하고 하늘을 생각하게 되었다. 서당에는 부지런히 다니고 있었으나 그의 생각은 미지의 세계를 향하여 자기도 모르게 깊이 뿌리가 내려지고 있었다. 그러므로 서당에서는 훈장이 신동이라고 불렀다.

1923 계해년 13세 되던 가을까지 한문공부를 다 마치었다.

총기가 탁월하여 유서儒書, 사서四書, 삼경三經을 통효通曉하고 한시漢詩와 습자習字도 능숙하였다.

9세 아이에게 온갖 정성을 다해 자신을 돌봐 주던 할아버지의 돌연한 죽음은 어지간한 충격이 아니었을 것이다. 게다가 그 돌아가시는 과정이 평범하지 않다. 아이가 정신없이 하루 밤낮을 통곡하니 다시 깨어나 한 달을 함께 생활하다가 다시 임종하신 것이다. 이때부터 대조사님에게는 조부님의 죽음을 계기로 인생이라는 크나큰 숙제가 머릿속을 채우게 되었을 것이다. 흔히 대조사님의 출가 동기를 일제치하였다는 시대상황과 더불어 할아버지의 죽음에서 찾고 있는데, 그와 같은 사실은 『오도기략』의 이어지는 대목에서도 발견된다.

> 1924 갑자년 14세 때에 삼척유지공장에 취직하여 세상물정에 접하게 되고 인간생활의 귀취歸趣를 알게 되었다.
> 여기에서 돌아가신 조부님을 생각하고 또 생각하고 따라서 인간은 동일한데 빈부의 차, 상하의 계급이 왜 있는가 하는 회의에 잠기게 되었다.

　말하자면 약간의 사회생활 경험과 더불어 비교적 이른 시기부터 대조사님은 인생과 사회문제에 대해 지극히 내성적이고 사색적인 기질을 지니고 있었음을 증언하는 내용이다.
　그런데 재가신자지만 수행에 대해 대조사님으로부터 지대한 관심을 받았던 서성애(혹은 서석례라는 이름도 사용) 보살의 진술에 의하면 삼척유지공장 취업 당시 일본인 상사가 조선인 노동자를 부당하게 학대하는

사실을 목격하고 그와 다툼이 벌어졌다는 이야기를 들은 적이 있다고
한다. 결국 대조사님이 왜경의 추적을 받게 되어 공장을 그만두게 되었
다는데, 그렇다면 그 일이 이후 백일기도 수행에 이어 출가의 길로 들어
서는 계기가 되었다는 추측도 가능하다.

출가의 계기가 되는 최초의 백일기도

아무튼 무언가 모를 사색에 깊이 침잠하곤 하던 대조사님의 성향은 마침내 일생을 좌우하게 만드는 커다란 경험을 하게 된다. 불과 15세의 나이에 단행한 이른바 삼태산에서의 백일기도가 그것이다.

1. 삼태산에서의 백일 천수다라니 기도

고향 마을에서 가깝지만 결코 작은 산이 아닌 삼태산으로 들어가 백일 동안 천수다라니를 주송하며 최초의 종교적 체험을 하게 되는 내용을 『오도기략』에서는 다음과 같이 기록하고 있다.

1925 을축년 15세 되던 여름에 크게 발심하여 좁쌀 일곱되七升, 새옹 하나, 바가지 둘, 고추장, 된장 등과 부엌칼 한 자루를 가

지고 삼태산에 들어가서 천류계곡川流溪谷 심소상深沼上에 외나무 다리처럼 통나무 두세 개를 걸쳐 놓고 그 위에 초막草幕을 매고 이 나무토막 위에 앉아 부엌칼을 앞에 놓고 불침불식不寝不食 천수다라니千手陀羅尼 비주秘呪를 염송하며 백일을 한限하고 용맹정진하였다.

인용문 중에서 새옹은 놋쇠로 만든 작은 솥을 말하며, 부엌칼을 언급하고 있는데 이는 『오도기략』의 구술자 중 한 사람인 여문성 스님에 의하면 붕어칼, 즉 과도果刀의 오기誤記 혹은 조명기 박사가 잘못 알아들은 것이라고 한다. 그리고 여문성 스님의 다른 증언에 의하면 대조사님 평생의 용맹정진을 상징하는 이 칼은 대조사님이 구인사에 정착하실 때까지 휴대하여 구인사에 보관되어 오다가 입적하실 무렵을 전후하여 분실되었다고 한다.

한편 어느 날 갑자기 산에 들어가 백일기도를 하게 된 동기나 왜 하필 수행의 내용이 천수다라니 주송이었는가에 대한 해명은 여전히 밝혀지지 않고 있는데, 대조사님 생모님의 증언에 의하면 당시 동네 친구 2명도 각기 입산기도에 들어갔으나 그들은 기일을 채우지 못하고 돌아왔다고 하며 그들도 천수다라니를 외웠다고 한다. 따라서 당시 동리 사람들 사이에 천수다라니 주송과 입산기도에 관한 정보를 제공하는 이가 있었을 것으로 생각해 볼 수 있는데, 대조사님의 조부님이 평소 재계하셨다는 것도 같은 내용이 아니었을지 모르겠다.

아무튼 대조사님이 얼마나 치열하게 수행에 몰두하였는가에 대한 묘사가 『오도기략』에는 다음과 같이 이어지고 있다.

만일 잡념이 일어나면 부엌칼로 몸을 찌르고 졸게 되면 소沼에 빠지도록 조처한 것이니, 이야말로 생사를 결決하는 정진이었다. 이 정진기도 중 여치가 손가락將指을 파먹어도 참았다고 하며 돌아가실 때까지 그 흉터가 생생하게 남아 있었다.

2. 백일기도로 성취한 이적의 능력

대조사님은 15세 어린 나이에 이미 스스로의 수행을 통해 남다른 이적의 능력을 성취하였고 그런 성취가 결코 작지 않은 것이었음을 짐작하게 하는 기록이 『오도기략』에는 다음과 같이 소개되고 있다.

기도 중 식사는 처음은 1일1식, 다음은 2일1식, 그 다음은 4일1식, 나중에는 죽 또는 냉수만 먹고 끝까지 기도를 엄수嚴修한 결과 이것을 크게 성취하여 차력술, 축지법, 둔갑술 등을 체득하여 자유자재로 행동하게 되니 환골탈태換骨奪胎, 심과 신이 완전히 탈진脫塵되었다.

사실 아무도 없는 깊은 산속에 들어가 백 일을 채운다는 것도 결코 쉬운 일이 아닌데, 더군다나 그 같은 과정에서 그 어떤 좌절이나 왜 그런 일을 하고 있는가 하는 목적에 대한 근본적인 회의가 들지는 않았을까 하는 생각도 든다. 아무튼 무언가 목적하면 반드시 이루고 마는 대조사님의 기질을 엿보게 하는 기록인 동시에 그 백일기도를 통해 얻은 성취가 얼마나 대단한 것이었는가는 이후 그분의 평생을 '수행으로 대도大道를 이룰 수 있다'는 굳은 믿음으로 수도에 매진하게 만든 원동력이 되었다는 점에서도 확인된다.

한편 차력술과 축지법, 둔갑술을 체득했다는 기록이 등장하는데, 『오도기략』의 기록자인 조명기 박사도 나중에 금강불교대학 강의 중에 해당 대목과 관련하여 '사람이 마음만 하나로 집중하면 못할 일이 없다'며 자신이 아는 다른 이들의 이적행을 소개한 적이 있지만 스스로도 대조사님의 능력에 대해서 확신했는지는 알 수가 없다. 그렇지만 대조사님을 가까이에서 모셨던 이들은 너나없이 대조사님이 보이셨던 여러 가지 이적행에 대해 자신들이 직접 목격한 경험들을 무수히 증언하고 있다.

축지법에 대해 예를 들면 어딘가 다녀오기 위해 구인사를 나서는 대조사님께 '잘 다녀오십시오' 하고 고개를 숙였다가 들어 보니 대조사님은 어느새 맞은편 산봉우리 정상에서 뒤돌아보며 손을 흔들고 계시더라는 여문성 스님의 진술이 있다. 현 총무원장인 변춘광邊春光 스님도 대조사님에게 축지법을 배우던 시절이 있었다는 말씀을 하신다. 또 둔갑술에 대해서는 일제 때 순사가 대조사님 일행이 깊은 산속에서 무엇을 하고 있는지 모른다는 의구심에 구인사로 불시검문을 나왔는데, 대조사님은 그저 방안에 머물러 계시며 밖에 있는 신발만 잘 숨겨 놓으라고 하셨다고 한다. 그 후 순사가 절에 들어서서 대조사님을 찾았는데, 방 세 칸 중 한 곳에 분명히 대조사님이 계신데도 나머지 두 칸만 연속해서 둘러보며 대조사님이 계신 방은 찾지 못하더라는 증언도 있다. 같은 일은 6·25 이후 한국 경찰이 사상검열을 한다며 찾아왔을 때도 일어났다고 한다. 그리고 차력술에 대해서는 『오도기략』에도 관련된 일화가 뒤에 소개되고 있지만, 체구가 장대하고 기개가 남달랐던 대조사님은 대중들과 함께 노동을 하면서도 특별히 큰 힘이 드는 일은 당신이 도맡아 하셨다는 회고들이 있다.

따라서 대조사님은 분명히 삼태산에서의 백일기도 이후 일반인들과는 다른 능력을 보유하게 되셨고 그것이 때로는 사람들의 눈에 이적으로 비쳐진 것이 한두 번이 아니었다.[23] 그런데 여기서 한 가지 분명히 해둘 것이 있다. 대조사님의 생애에는 앞에서 언급한 사실들뿐 아니라 수많은 이적의 경험들이 따라다니고 대조사님을 생전에 직접 만났던 이들은 자신들이 목도한 대조사님의 신비한 능력에 대한 기억이 너무도 생생해 대조사님을 대단히 특별한 분으로만 여기려 하는 경향이 많은데, 그렇게만 보아서는 안 된다는 것이다. 분명히 대조사님은 평범한 분이

---

23 대조사님이 보이신 평생의 이적행에 대해서는 고우익, 『상월원각대조사의 신이세계』, 『천태학연구』 제16집(원각불교사상연구원, 2013, pp.121-163)이 다양한 사례들을 들어 가장 잘 설명하고 있다.

아니어서 앞으로도 자주 언급할 것처럼 미래사회를 내다보는 예견 능력도 있었고 사람 속을 훤히 꿰뚫어보는 통찰력도 있으셨지만, 그것은 대조사님 평생의 수행을 통해 갖춰진 것이며 대조사님이 우리들에게 수행을 권하는 궁극적인 목적은 그것이 아니라는 사실이다. 말하자면 인생의 참다운 가치에 눈뜨는 것이 불교수행의 목적이지 그 과정에서 간혹 나타날 수 있는 신통력을 얻으려는 것은 아니다. 이것은 석가모니 부처님이 당신의 제자들에게 신통을 금하셨던 이유이기도 하다. 실제로 대조사님은 차력술에 대해 물어보았던 조갈천 스님에게 '필요 없다. 요새 좋은 기계 있는데, 사람 힘 가지고 되냐. 또 축지법 해 봐야 요새 비행기 있는데, 축지법 할 게 뭐 있느냐. 관세음보살 정근만 열심히 하면 된다'고 하셨다고 한다. 그리고 지나치게 신비한 능력에만 몰두한다면 대조사님 평생의 업적인 천태종 중창과 새 불교운동의 정립에 깃든 대조사님의 깊은 취지를 너무도 쉽게 망각해 버릴 우려가 있기 때문이다.

출가와 국내외 순례 및 중생구제행

아무튼 15세 때 삼태산에서의 백일기도라는 중요한 체험을 한 후 대조사님은 이윽고 본격적인 출가수행자의 길을 걷게 된다. 이 절에서는 출가자 시절 국내외 광활한 지역을 편력하고 다시 귀국해서는 만나는 주위 모든 어려운 이들을 여러 모로 도와주는 중생구제행에 힘쓰셨던 사실들에 대해 살펴보기로 한다.

1. 출가와 국내외 순례를 통한 수도생활

고향에서 가까운 삼태산에 들어가 백 일 동안 천수다라니 주송으로 기도수행을 마친 대조사님이 이듬해 어느 이른 봄날 집을 나서 드디어 운수납자雲水衲子가[24] 되는 모습이『오도기략』에는 다음과 같이 기록되어 있다.

　　1926 병인년 16세 때 수험후修驗後 귀가하여 있다가 조춘일일무
　　春一日에 자모를 하직하고 국내 명산대찰의 성지를 역방歷訪하였
　　다.

　그런데 생모님의 증언에 따르면 삼태산 기도에서 돌아와 출가하기 전까지의 기간에도 대조사님은 집에서 천수다라니 주송을 계속했다고 한다. 그리고는 집을 나서는 순간 '자신이 돌아오지 못하면 뜻을 이루지 못하고 도중에 죽은 것으로 여겨 기다리지 말라'는 말씀을 남겼다고 한다. 그때 대조사님의 부친은 이미 사망한 이후여서 집안에는 생모와 누이동생들끼리만 생계를 책임져야 했던 어려운 상황이었음에도 불구하고 대조사님의 출가 의지는 그만큼 결연했던 것이다. 그리고 그렇게 출가한 이후의 모습을『오도기략』에서는 다음과 같이 전하고 있다.

　　소백산을 비롯하여 태백산, 금강산, 구월산, 묘향산 보현사, 속
　　리산 법주사, 조계산 송광사, 가야산 해인사, 영취산 통도사, 팔

24　종래 불교에서는 구도자의 길이 떠다니는 구름이나 흐르는 물처럼 한 곳에 정착하지 않으며
　　먹물 옷을 입고 늘 인연에 따라 세상을 편력하는 인생이라 하여 운수납자라는 표현을 쓴다.

공산 은해사, 오대산 월정사 등 여러 명승지를 5년 동안 순례하고 영험을 축적하였다.

말하자면 출가 후 5년간은 전국의 명산과 대가람들을 널리 순방하며 불교의 대강을 본격적으로 연수했던 시기라고 볼 수 있겠는데, 『오도기략』에는 앞서 언급했던 『천태종약전』이나 『천태종성전』에 등장하는 제천 영암사 순관 화상에게 출가했다는 기록도 보이지 않고, 『불멸의 등명』에 나오는 법은法隱이라는 스님을 만났다는 기록도 없다. 또한 『불멸의 등명』에 기재되어 있는 것처럼 충북지역의 이름 높은 강백 김순관 스님을 찾아가 지도를 청했다는 기록에 대해 '그저 승적을 얻기 위한 방편이었고 가르침을 받은 것은 아니었다'는 전운덕 스님의 증언도 있지만, 모두 근거가 희박한 것으로 보인다. 오히려 대조사님이 평생 무사독행無師獨行으로 특정한 스승을 모시지 않고 자신만의 수행에 전념하신 분이었다는 평가를 다시 생각해 보게 하는데, 우선 대조사님의 출가발심에는 삼태산에서의 백일기도가 커다란 계기가 되었다는 사실에 주목할 필요가 있다. 말하자면 스스로의 수행을 통해 터득한 깊은 종교적 체험이 출가하게 된 동기였으므로 대조사님이 아무나 적당한 스승을 만나 그 가르침에 몸을 맡기기는 쉽지 않았을 것이다. 교학지식이 아무리 뛰어나다 해도 당사자의 직접적인 체험을 충분히 능가하여 지도해 줄 만한 사람은 그리 흔치 않았을 것이기 때문이다. 그런 때문인지 대조사님의 편력은 한반도를 넘어서 중국과 티베트, 몽고까지

광활하게 이어진다.

> 1930 경오년 20세 때에 이어서 중국의 명승성지를 편력하였다.
> 오대산 문수도량, 보타락가산 관음영장, 아미산 보현도량, 청량
> 산 화엄성지 등 기타명소를 순석巡錫한 여력으로 북경 장가구張
> 家口를 통해 중국 서강지역西疆地域과 몽고근지蒙古近地도 관광하
> 고 세계적안목이 확대되어 영감이 더욱 충만되었다.

이 역시 대조사님의 무사독행을 부연해 주는 대목으로도 읽힌다. 다시 말해 스승이 없었다는 말은 달리 스승이 너무 많았다는 이야기로 해석할 수도 있기 때문이다. 말하자면 국내뿐 아니라 중국과 티베트 등 더욱 넓은 지역을 다니면서 무수한 사람들을 만나고 그들이 살아가는 모습에 대한 관찰을 통해 인생이라는 것에 대한 나름대로의 통찰을 키울 수 있었다는 것으로, 사실 석가나 예수를 포함한 많은 종교지도자들이 상당 기간 편력을 통해 종교적 영감을 완성하는 모습은 그리 낯설지가 않은 것이다.

그렇다면 『천태종약전』이나 『천태종성전』에 등장하는 순관 화상 등에 대한 기록은 어떻게 이해해야 할까. 우선 전운덕 스님의 증언처럼 승려의 복색으로 자유로이 순례하기 위해 승적이 필요했다는 상상을 해볼 수 있다. 그럴 경우 단기간 사사하며 불교의 기본적인 의례나 법도 등을 익혔을 가능성도 있다. 그러나 그렇지 않다면 흔히 사람들이 누

군가에 대해 평가할 때 자주 들먹이는 학력이나 인맥 등에 익숙한 이들에 대한 방편이었을지도 모른다는 생각을 조심스럽게 해 본다. 사실 천태종은 아무래도 생긴 지 얼마 안 되는 신흥교단이라는 선입견이 팽배하던 시절 아무리 새로운 지도이념과 수행방법을 가지고 대중들을 실질적으로 교화하고 있다고 해도 그 종정이 본래 승적은 있었는지, 있었다면 그 스승은 누구였는지 등이 입바른 사람들의 화젯거리였을 수 있기 때문이다. 그렇기 때문에 종단의 체계가 아직 미약하던 시절에는 대조사님이 출가·사사했던 스승에 관한 근거가 다소 희박한 기록이 등장하지만『오도기략』에서는 과감히 생략했다고 보인다.

아무튼『오도기략』의 위와 같은 기술들을 통해 분명히 확인할 수 있는 사실은 대조사님이 16세 때 출가하셔서 5년간 국내 명산대찰들을 순례하셨다는 사실과 20세에 중국으로 출국하셨다는 사실이다.

2. 귀국 후 강원도 등지에서의 중생구제행

『오도기략』에는 그리고 나서 귀국 이후의 기록이 이어진다.

1936 병자년 26세에 귀국하여 그 동안 쌓은 법력으로 오로지 중생구제에 힘쓰기로 하였다.

빈궁한 사람에게 물자를 융통하고 질병과 고뇌가 있는 사람에게는 법력으로써 정신적 위안을 주며, 또 민간요법으로 보조를 겸

하였다. 이에 심과 신이 불완전한 사람들은 쾌활하게 되었으니
모두가 신인神人이라 하기도 하고 도인이라고도 하였다.

그러나 오직 보시布施행동으로서 민중구제의 뜻을 품고 강원도
와 소백산을 중심으로 하여 도량을 삼고 9년 동안 수도행실만
을 일삼았다.

자신의 도道가 충만하면 이것이 곧 보시가 되고 구제가 된다고
생각하였다.

중국 순례 후 귀국하여 9년간의 행적을 밝히고 있는 대목인데, 당시
의 일화들은 대조사님에게서 직접 들었다는 여문성 스님의 증언을 통해
서도 알려진다.

예를 들어 어디를 가다 보니 아주 잘사는 집인데 곡소리가 들리더라
는 것이다. 그래 누가 죽었느냐 물었더니 무남독녀 외딸이 죽었다고
했다. "내가 좀 보면 안 되겠느냐" 하고 들어가 보니 죽었다고 포대를
덮어 놨는데, 포대를 벗겨 놓고 이리저리 손으로 누르고 훑으며 염력을
불어넣으니 숨이 툭 튀어나오며 살아났다는 것이다. 그 후 딸을 살려
주었으니 은혜를 갚겠다고 며칠 자기 집에 머물라고 하면서 비단옷을
지어 주기도 했는데, 나중에 그게 모두 자기 딸과 혼인시키겠다는 속셈
인 줄 알게 되자 옷이고 뭐고 다 버리고 그 집을 급히 뛰쳐나왔다는 이
야기가 있다.

또 한 번은 어떤 할머니가 헐떡거리며 집을 나서는 모습을 보고 물으

니 아들이 다 죽어 간다며 약을 사러 간다는 것이다. 그래서 자신은 없지만 내가 한 번 꼭 보고 싶다고 하고 들어가 보니 아들이 눈이 뒤집어지고 껄떡껄떡 숨이 넘어가더란다. 급히 싸리 잎 세 줌만 훑어 오라 하여 달여 먹이니 그만 눈이 반듯하게 돌아오며 살아났다고 한다.

그리고 간혹 흉년에 밥을 굶는 사람을 만나면 자신에게 돈이 없어도 잠시 기다리라고 하고 어딘가에 가서 일을 해 주고 거기서 받은 돈을 쌀을 사라고 주었다는 것이다.

일반적으로 자주 있는 일은 아니지만 활인活人의 기운을 타고났다고 하는 이들이 있다. 오랜 수도와 편력을 통해 꾸준히 법력을 쌓으셨던 대조사님에게서 그런 면모를 발견하는 것은 그리 어려운 일이 아닌 것 같다.

■ 소 결小結

상월원각대조사님의 생애에 관한 가장 신뢰할 만한 자료인『상월원각대조사 오도기략』에 의하면 대조사님은 1911년 음력 11월 28일 강원도 삼척의 산골마을에서 태어났으며 5세 때 동네 서당에 입학하여 13세까지 유학을 공부하셨다. 서당에 다니던 중 9세 때 조부님이 돌아가시는 경험을 하고 인생의 문제에 눈떠 사색적인 성향을 보이기 시작했는데, 14세 때 삼척 유지공장에 취직하여 약간의 사회생활을 경험하기도 했지만 15세 때 삼태산에서의 백일기도라는 강렬한 종교적 체험을 통해 그 이듬해 마침내 출가수행을 단행하시게 된다. 그리고 출가한 후 5년에 걸쳐 국내 여러 명산대찰들을 순례하고 20세 때에는 중국으로 들어가 26세까지 중국의 명산은 물론 티베트와 몽고까지도 편력한 뒤 귀국하여 강원도와 소백산을 중심으로 어려운 이웃들을 구휼하는 중생구제의 행을 계속하셨다고 한다.

그런 사실들을 바탕으로 본 장에서는 대조사님의 행적과 관련하여 크게 두 가지 점에 주목하였다. 첫 번째는 삼태산에서의 백일기도를 통해 성취하셨다는 축지법 등 신비의 능력과 관련된 것인데, 병든 사람을 낫게 하는 치유능력과 더불어 대조사님의 이적에 대해서는 워낙 많은 증언들이 쏟아지고 있어 대조사님에게 그런 능력이 있었음을 부정할 수는 없다. 그러나 대조사님의 이적에만 지나치게 초점을 맞춰 경외하려 한다면 그것은 오히려 대조사님을 욕보이는 일이 될 수 있다. 왜냐하면 대조사님이 분명 평범한 분은 아니어서 미래에 대한 예지능력이나 사람 속을 훤히 꿰뚫어 보는 통찰력을 소유하신 분이기는 하지만, 그런 능력만으로 천태종을 중창하고 새 불교운동을 정립하신 것이 아니기 때문이다. 본서에서 앞으로도 계속 논의해 나갈 것처럼 대조사님께서는 인생의 올바른 가치와 더불어 불교에 대한 폭넓은 이해를 바탕으로 더 많은 사람들을 교화할 수 있는 터전을 마련하고자 노력하신 결과가 당신의 진정한 업적이기 때문이다. 두 번째, 대조사님은 평생 특정한 스승 없이 무사독행으로 수도하셨다는 사실과 관련된 것인데, 특별히는 15세 때 삼태산에서의 백일기도를 통한 성취가 대조사님 출가의 원동력이었으므로 누군가 교학지식이 아무리 뛰어나다 할지라도 당사자의 직접적인 체험을 충분히 능가하여 지도해 줄 만한 이를 만나기는 그리 쉽지 않았을 것이다. 그러므로 일부 자료에 나오는 제천 영암사의 순관 화상에게 출가했다는 기사는 그 근거도 불확실하고『오도기략』에도 보이지 않는 것이다. 오히려 국내외의 드넓은 지역을 다니면서 무수한 사람을 만나고 그들이 살아가고 있는 모습들을 두루 관찰하여 인생에 대한 나름대로의 깊은 통찰력을 키운 것이 대조사님이었다고 생각된다. 사실

석가나 예수를 포함한 동서고금의 수많은 종교지도자들도 상당
기간 고독한 방랑과 편력을 통해 그들 나름의 종교적 영감을 완
성시켜 냈기 때문이다.

제 3 장

구인사 창건과 수행 및
대각의 성취

이 장에서는 상월원각대조사님께서 소백산에 정착하여 구인사를 창건하고 대중들과 더불어 수행을 위한 공동생활을 하며 당신의 수행에도 매진하여 마침내 대각을 이루고 이후 천태종 중창을 선언하기 전까지 대중들을 교화하셨던 내용을 정리하고자 한다.

특히 그 당시의 대중생활은 새 불교운동의 밑바탕을 이루고 있는 대조사님의 불교적 생활관을 엿볼 수 있는 것이어서 대단히 중요하다고 생각되며, 대조사님의 수행과 깨달음의 성취 역시 결과적으로 새롭게 창건된 대한불교천태종의 역사에서 가장 빛나는 순간이었기에 쉽게 여겨서는 안 될 사항이라고 생각된다. 세상에는 이적을 이룬 이들도 많고 도통했다고 하는 이들도 많지만 개중에는 그들 스스로도 어떤 경로를 거쳐 그와 같은 경지에 이르렀는지 모르는 사람들이 많은데, 대조사님은 깨달음에 이르는 과정이 분명한 몇 안 되는 이 가운데 한 분이시기 때문이다.

구인사 창건과 최초의 대중결사

국내외 편력을 마치고 귀국하여 9년간 강원도와 소백산을 중심으로 병들고 가난한 어려운 사람들을 구휼하는 중생구제의 행을 계속하던 상월원각대조사님은 마침내 소백산으로 목적지를 정하고 당신과 제자들의 본격적인 수행을 위한 첫걸음을 내딛게 되신다.

1. 소백산 정착과 구인사의 창건

그런데 『오도기략』에는 대조사님께서 소백산에 정착하게 되는 과정과 관련하여 출발 하루 전의 기록부터 나타난다.

1945 을유년 35세 음1월 15일

삼척에 역사力士와 술객術客이 모여 있다는 소위 팔장사八壯士집에 당도하니 힘을 겨루고 있는지라 대뜸 달려 있던 철쇄鐵鎖를 끊으니 입회인 모두가 투항하였다.

이에 재입산再入山 정좌定座하여 도행道行을 강화하고 제자를 교화하고자 장사집을 원호하던 민원홍閔元洪, 민경덕閔敬德 두 대학 출신 제자를 인솔하고 충청북도 단양군 영춘면 백자리 소백산 구봉록하九峯麓下를 점지占地하고 향방을 결정하였다.

이 대목은 소백산으로 향하기에 앞서 민원홍과 민경덕이라는 당시로서는 드물게 대학을 졸업한 두 제자를 맞게 되는 정황을 기록한 것인데, 쇠사슬을 끊어 당신의 차력술을 과시했다는 기술이 홍미롭다. 삼태산에서의 백일기도 후 대조사님께서 성취한 여러 가지 신통의 능력에 대해서는 이미 언급했는데, 천태종 원로들이 증언하는 바에 따르면 생전 대조사님의 모습은 기골이 장대하고 힘이 세어 집을 짓고 텃밭을 일구는 등 절일을 할 때도 늘 앞장서시곤 했다고 한다. 그리고 그런 위세를 내보여 사람들을 압도함으로써 제자들이 따라나설 마음을 내게 한 것인데, 다른 증언들에 의하면 그때의 두 제자는 당시 도력수행에 관심이 많았으며 둘은 삼촌과 조카 사이였다고 한다.

음1월 16일 현 구인사 산등 넘어 백자리 여의생마을 홍승원洪承元씨 집 방 한 간을 빌어 우거寓居하면서 즉시 두 민씨와 3인이 정좌鼎坐하여 철야로 천수다라니경을 고성으로 합송하면서 정진에

전념하였다. 그리고 수일 후 그때 도우제자道友弟子로 두 민씨 외
에 남익순南益淳, 홍승원과 그의 부친, 여학봉呂鶴鳳과 그의 녀女
임이행자任伊行者(12세) 등이 집결되었다.

대조사님 일행이 소백산 기슭에 도착하여 구인사 터를 정하기 이전에
우선 여의생 마을 홍승원 씨 집에 방 한 칸을 빌려 머물렀다는 것인데,
다른 증언에 따르면 홍승원 씨는 제자 민원홍과 본래부터 알던 사이였
다고 한다. 이 인용문에서 남익순은 나중의 남대충 2대 종정스님을 가
리키며 백자리 어구에서 처음 대조사님을 만나 홍승원 씨 댁까지 길 안
내를 한 인연으로 평생의 충실한 제자가 되었고, 임이 행자는 여문성
스님을 말한다.

그런데 남대충 2대 종정스님의 구술과 달리 여문성 스님의 기억에 의
하면 대조사님 일행이 여의생 마을에 도착한 것은 음력 1월 16일이 아
니라 15일 대보름 당일이었다고 한다. 그날이 대보름이어서 홍승원 씨
댁의 동네 언니 둘이 저녁에 자기 집으로 놀러오라 해서 찾아갔을 때 언
니들은 안 보이고 대조사님 일행이 사랑방에서 각기 벽을 바라보고 정
좌하여 무언가를 염송하는 것을 목격했다는 것이다. 또 여문성 스님은
1937년 정축丁丑생이어서 대조사님이 소백산에 처음 들어왔을 때는 12세
가 아니라 9세였고 처음부터 제자가 된 것이 아니라 16세였던 1952년
부터 구인사에 들어가 살기 시작했으며 임이라는 이름도 그때 대조
사님으로부터 받은 것이라고 한다. 그러므로 『오도기략』의 기록이 이

렇게 부정확해진 것은 여문성 스님 스스로 진술하듯이 『오도기략』을 구술하던 날 아무런 사전 준비 없이 갑자기 불려가 참여함으로써 제대로 기억하지 못해 빚어진 실수라고 한다. 그렇지만 소백산에 당도한 날짜가 1월 16일인 것은 당시 21세였던 2대 종정스님의 다른 진술에서도 확인되고 있어 오히려 여문성 스님의 기억을 의심해 볼 사항이라고 생각된다. 또한 여문성 스님의 친부인 여학봉 씨는 평소 찬바람을 맞으면 머리가 아픈 바람머리가 있어 겨울마다 고통이 심했는데, 대조사님 일행이 도착한 이튿날 홍승원 씨 부인이 '우리 집에 용한 선생이 왔다'는 이야기를 해서 찾아가 침을 맞고 나은 이후 돌아가실 때까지 다시는 바람머리로 고생하지 않았다고 한다. 그리고 그런 인연으로 초기부터 대조사님을 따르는 제자가 된 것이다.

한편 소백산에 정착한 초기 여의생 마을에서 지내던 시절 주목할 만한 일화가 하나 있다. 앞서 언급한 것처럼 여학봉 씨를 위시한 동네 사람들의 질병치료가 소문이 나자 찾아오는 환자가 하나둘 늘어나면서 마침내 여의생 마을로 인근 영주와 풍기 사람들까지 밀려오기 시작한 것이다. 그래서 찾아오는 환자들을 받아들이기 시작한 것이 음력 2월 초열흘부터였다는 2대 종정스님의 증언이 있는데, 작은 산간마을에 갑자기 엄청난 사람들이 몰려들자 동네의 질서를 위해 대조사님의 요청으로 지서에서 순사 두 명이 파견되어 순서표를 나눠 주는 일까지 벌어졌다고 한다. 그렇게 나눠 준 번호표가 7백 번을 넘었고 찾아온 이들이 며칠씩 노숙을 하며 기다리는 의도하지 않았던 상황이 벌어지자 대조사님은 '내가 병이나 봐줄 것 같으면 넓은 데서 봐주지 여기까지 왔겠나. 수도하여 마음 닦으러 왔는데, 내 뜻과 다르니 안 되겠다. 내가 떠나서 없다고 해라'라고 시키고 한동안 몸을 숨겨 그들을 해산시켰다고 한다. 이것은 대조사님이 소백산을 찾아 구인사에 정착하려 한 목적이 처음부터 당신의 본격적인 수행에 있었다는 명백한 증거이다. 그리고 구인사에 정착한 이후 언젠가부터는 제자들이 그런 일에 지나치게 집착할까봐 병든 사람 고쳐 주는 일을 아예 그만두었다는 남대충 2대 종정스님의 증언도 있다. 그때부터는 아픈 사람이 있어도 스스로 수행을 통해 해결하도록 유도한 것으로 보인다.

그렇게 사람들을 해산시키고 나서 구인사 건축을 시작하게 되었다고 하는데, 『오도기략』에는 이어서 구인사 터에 작은 법당과 거실, 주방 등의 건물을 짓고 5월 단오에 맞춰 개원하게 되는 모습이 소개되고 있다.

> 그해 2월에 현 구인사지 중앙인 법당터에 도제徒弟들과 합력하여
> 손수 정지整地를 하고 3월에 상량上樑을 하니 소법당 외에 거실이
> 8간, 주방이 완공되니 신자가 모이기 시작하여 5월 단오일에 남
> 신도 8명이 입사함으로써 개관하게 되었다.
> 그래서 매년 단오일을 구인사 개창기념일로 정하고 있다.

그런데 이렇게 해서 처음 지었던 법당과 요사채는 뒤에 기술할 것처럼 6·25 발발로 인해 대조사님이 마곡사로 피난 가 있던 중 불에 탔는데,

당시 재력이 있던 민원홍 씨가 자재 일체를 부담하여 초가집이긴 했으나 꽤 잘 지어진 것이었다고 한다. 사실 거실로 지은 건물이 8간이었다면 깊은 산골에 지어진 집으로서는 작지 않은 규모로, 그렇게 불에 탄 건물을 두고두고 애석하게 여겼던 여문성 스님의 회고가 있다.

2. 구인사 대중들의 수행생활

이어서 『오도기략』에서는 6·25 발발로 피난 가기 전까지 5년간 초기 구인사에서의 생활에 관해 다음과 같이 전하고 있다.

> 신도들이 지참한 질경이보리죽을 먹고 5년 동안 일사불란하게 도통공부道通工夫에 열중하였다. 저녁 6시에서 다음 날 아침 6시까지 철야정진하고 낮에는 8시에서 11시까지 오후에는 1시에서 4시까지 정진 또 용맹정진 연중무휴 일상생활의 습성이 되었다.

이것은 본래 대조사님의 수행에 관해 진술한 것으로 보이는데, 그러나 그때 수행은 대조사님 혼자만이 아니라 따르던 대중들과 함께 한 것이었다. 그리고 구인사 초기 단체수행에 동참했던 사람들은 들고남이 잦은 가운데 대체로 열 명 안팎의 적은 대중이었다고 한다. 또한 여문성 스님의 증언에 의하면 질경이보리죽보다는 옥수수죽을 주로 먹었다고 하는데, 그렇게 수행에 매진하는 가운데도 텃밭을 일구고 나무를 하는 등 필요한 노동을 병행할 수밖에 없었다. 그러므로 대조사님은 보다 집중적인 수행을 위해 노동에서 비교적 한가한 시기를 골라 자주 일정 기간을 정해 놓고 대중들을 수행시키거나 혹은 스스로 용맹정진 하는 일이 잦았다고 한다. 그러므로 인용문에서 언급하고 있는 철야와 오전, 오후의 하루 세 차례 수행은 그렇게 기간을 정해 놓은 동안의 경우였고, 보통은 주로 동네 사람들로 구성된 대중들이 낮에는 각자 자신들의 농사일을 하고 저녁에 모여 밤새 수행하는 것이 일반적이었다.

그런데 『오도기략』의 기록에는 초기 구인사 대중들이 어떤 수행을 어떻게 했는지 시기별로 자세히 나타나 있지 않으므로, 이 자리에서 잠시 천태종 중창선언 이전까지 구인사 대중들이 어떤 수행생활을 했는지에 대해 살펴보고자 한다.

우선 대중들의 수행을 지도하던 대조사님은 평상시의 대단히 자애로운 모습과 달리 무척 엄격한 수행자의 자세를 요구했다고 하는데, 특히 함께 생활하는 입장에서 마음을 바르게 가질 것을 강조했다고 한다. 말하자면 대중들 간에 서로 시기하거나 질투하여 다툼이 벌어지는 것을 걱정한 것인데, 누군가 옳지 못한 생각을 하고 있으면 대중들이 모인 자리에서 누군지는 밝히지 않으며 넌지시 타이르고 그래도 고치지 못하면 그 다음 날은 대중들 모두가 단체기합을 받았다고 한다. 또한 평소에 수행자다운 행동거지를 지니도록 늘 주의를 주었는데, '수행을 시작했으면 걸음걸이고 언사고 행동이고 대번에 달라져야지 시작해 놓고 달라지지 않으면 언제 달라지겠느냐. 마음이야 금방 어떻게 안 되더라도 행동이야 안 하려고 해서 그렇지 안 될 게 어디 있느냐'는 걱정을 항상 들었다는 것이 남대충 2대 종정스님의 증언이다.

또한 대중들의 수행의 자세에 대해서도 무척 엄격했는데, 한번 가부좌를 틀고 앉으면 2시간 3시간은 보통이었고 조는 사람이 많자 나중에는 참선대라고 해서 싸리나무를 깎아 턱 밑에 세워 놓는 방법을 쓰기도 했다고 한다. 또 졸다가 회초리나 허리띠로 맞았다는 기록도 보인다.

대중들의 수행은 농사일을 끝낸 저녁시간에 주로 했는데, 저녁 6시쯤 시작하면 그 다음 날 새벽에 끝냈다고 하며, 겨울 같은 농한기에는 10월 20일이나 늦으면 10월 그믐날 시작해서 이듬해 2월 그믐날까지를 공부주간으로 정해 행했다고 한다.

그리고 그때 수행방법은 처음 몇 년간은 『천수경』 독송만을 했는데, 빠르게 하면 1시간에 17번, 2시간에 35번을 외웠다고 한다. 시간 내 외웠다는 횟수로 보아 『천수경』을 다 독송한 것이 아니라 천수다라니 부분만을 외웠던 것 같은데, 여문성 스님의 증언에 따르면 『천수경』 전체를 암송하는 경우도 있었다고 한다. 그리고 참선이라고 해서 '내가 뭐냐'를 큰 소리로 한 번 외친 다음 조용히 침묵하며 오랜 시간 가부좌를 하고 앉아 있는 수행을 1년 반 했다고도 한다.[25] 그러고는 '궁궁을

---

25 이것은 남대충 2대 종정스님의 증언에도 등장하고 여문성 스님의 증언에도 등장하는데, 전통적으로 선종의 화두(話頭)인 시심마(是甚麽), 다시 말해 '이뭣고'에서 따온 것으로 보인다. 혹자는 '내가 뭐냐'를 주문처럼 외웠다고 이해하는 사람도 있는데, 관련 기록을 자세히 살펴보면 여문성 스님의 인터뷰를 담당한 비구니 스님이 여문성 스님의 말씀을 끝까지 듣지 않고 그렇게 넘겨짚음으로써 일어난 오해 같다.

을강강窮窮乙乙降降' 같은 주문도 외웠고 '대방광불화엄경'을 주문처럼 1년간 외우던 시절도 있었다는 2대 종정스님의 증언도 있으며, 다른 신자들의 회고에 의하면 '옴 자례주례 준제 사바하 부림'의 준제진언이나 '옴 마니 반메훔'의 주송도 했고 '나무 아미타불, 관세음보살'을 외우기도 했다고 한다.

   그런데 1966년 2월 구인사에 처음 입사한 전운덕 스님의 회고에 따르면 그때는 수행방법이 '궁궁을을강강' 주송이었다고 한다. 본래 동국대 경제학과를 졸업하고 ROTC 장교를 지낸 전운덕 스님은 대학시절 불교학개론이나 불교문화사를 수강하여 어느 정도 불교에 대한 이해가 있었고 다른 이들도 '궁궁을을강강'은 본래 불교의 주문이 아니지 않느냐는 말을 하는 사람이 있어 대조사님께 그에 대해 물었다고 한다. 그러자 대조사님은 '궁궁'의 궁은 활 궁弓 자로 그 모양이 반원이니 궁궁은 그 반원 두 개가 모여 온전한 원, 즉 지혜와 자비가 원만한 부처님을 상징하고, 을을의 새 을乙 자 두 개를 서로 비틀어서 겹쳐 놓으면 절 만卍 자가 되니 역시 부처님의 가르침을 상징한다고 하셨다고 한다. 그리고 강강의 강은 내릴 강降 자이니 '속히 이 자리에 내려오십시오'의 의미라고 불교적인 해석을 하셨다는 것이다. 물론 잘 알려져 있는 것처럼 '궁궁강강' 혹은 '궁궁을을강강'은 본래 동학농민혁명에서 발단한 것으로 그 유파인 보천교普天教에서 주로 사용하던 주문인데, 1960년대 중반 구인사 인근인 경북 영주와 풍기 일대에 유행했던 보천교의 교도들을 이끌어 들이기 위해 이상과 같이 불교적인 해석을 덧붙인 대조사님의 방편이지 않았는가도 추정된다. 실제로 여문성 스님은 대조사님이 영주에 가서 보천교 사람들을 상대로 교화하여 그 사람들이 구인사 신자가 되고 다시 많은 사람들을 구인사로 인도했던 사실을 증언하고 있다.

한편 앞에서도 잠깐 언급한 것처럼 산간 오지에서 대중이 모여 수행을 하자면 우선 식량 마련부터 땔감 장만, 취사 등을 비롯하여 생활에 필요한 기본적인 노동은 필수였으며, 그것은 모두 대조사님과 대중들의 몫이었다. 그래서 구인사의 대중생활은 처음부터 생산과 수행을 더불어 하는 선농일치禪農一致의 그것일 수밖에 없었다.

따라서 이 이야기들을 종합해 보면 천태종 중창을 선언하기 전까지 구인사 대중들의 수행생활은 마음가짐이나 행동거지까지도 매우 엄격한 가운데 재가의 신자들도 함께 수행하는 것이었다. 또한 평소에는 저녁마다 모여 새벽까지 철야로 수행했지만 농한기 등에는 일정 기간을 공부주간으로 정해 밤낮 없이 집중적으로 수행에 매진하여 오늘날의 안거安居와 비슷한 것이 그 시절에도 있었음을 확인할 수 있다. 그리고 처음부터 노동과 수행을 병행함으로써 생활과 불교가 유리되어 있지 않은 생활불교의 모습도 발견된다. 한편 수행의 구체적인 방법으로는 대조사님이 일찍이 삼태산 백일기도에서 상당한 성과를 얻은 천수다라니 주송에서부터 '내가 뭐냐'는 참선과 '궁궁을을강강' 주문, '대방광불화엄경' 주송 등 그때그때 다양한 시도가 있었는데, 이것은 대조사님 자신도 수행자의 한 사람으로서 스스로 효과적인 수행법을 모색함과 아울러 대중들에게 긴요한 방법을 탐색하는 과정이었다고 여겨진다. 결국 천태종 중창을 선언한 이후 '관음주송觀音呪誦'으로 천태종의 출·재가 수행법이 통일된 것도 이런 과정을 통해서였던 것이다.

3. 6·25 동란 중 마곡사로의 피난과 귀사

구인사를 창건하고 나서 5년간의 수행생활을 진술한 다음 『오도기략』의 기록은 이윽고 6·25가 발발하여 대조사님이 잠시 구인사를 비우게 되는 사정을 전하고 있다.

> 1950 경인년 40세 때에 6·25 동란이 일어나자 공주 마곡사에
> 피난하여 난민구제에 주력하였다. 사상적으로는 불타정신佛陀精
> 神으로 교화하고 고난자에게는 몸소 온정으로 간호하여 주니 모
> 두 도승道僧으로 모시게 되어 신도가 따랐다.

다른 기록에 의하면 이상과 같은 마곡사 행에는 처음 소백산에 함께 들어온 민원홍과 민경덕도 동행했는데, 나중에 구인사로 돌아오는 길에 그들은 자신들의 고향으로 돌아갔다고 한다. 한편 앞서 언급한 상월원각대조사 탄신 100주년 기념사업을 위해 제작한 녹취록에는 마곡사 시절 인연을 맺은 신도의 증언도 있다. 그리고 사상적으로는 불타정신으로 교화하였다는 위 인용문의 기록은 당시 구인사를 비우며 동

네에 남은 사람들에게 이른 대조사님의 당부에도 잘 나타나 있다. 즉 '공산군은 여자들은 건드리지 않으니, 남자들만 산으로 피해 있어라. 산으로 피할 때는 백설기를 말려 가루 내었다가 물에 타 먹고 불을 피우지 마라. 그들은 오래 안 가 물러날 것이니, 그들에게 협력하지 마라' 등이 그것이고, 나중에 부득이하게 공산군에 부역을 하게 된 사실을 알게 된 사람들에게는 신속히 지서에 가서 자수하게 하여 그들을 무사히 구했다는 것이다. 이런 태도는 나중에 대조사님이 6·25 중 공산군에게 죽을 고비를 많이 넘겼다거나 공산주의의 만행에 극도로 분개했다는 『상월조사와 천태종』에서의 기록들과는 상당한 차이를 보인다. 말하자면 자본주의니 공산주의니 하는 세속의 이데올로기에 대해서는 큰 관심을 두지 않았지만, 기실 그들의 행태에 대해서는 폭넓은 통찰을 지니고 계셨던 것 같다. 따라서 세상사에 대해 무지몽매한 주민들의 안전만이 오히려 대조사님의 보다 중요한 관심사였던 것을 알 수 있는데, 그것은 마곡사 인근에 자리를 잡고 지내던 시절에도 마찬가지였다고 한다. 아무쪼록 무고한 사람들이 세상 분위기에 휩쓸려 나중에 후회할 일을 벌이지 않도록 단속하는 데 치중했고 그런 가운데 피아를 가리지 않고 다친 이들의 치료에 집중했다고 한다.

그렇게 6개월여의 피난생활을 마치고 구인사로 귀환한 이후의 모습을 『오도기략』은 이어서 이렇게 전하고 있다.

동지한천冬至寒天에 반년 만에 귀사歸寺하니 이미 사원은 초토가 되어 있었으므로 그곳에 3간 모옥茅屋을 손수 재건하고 자신성불自身成佛을 위하여 선정禪定과 주력呪力으로 생명을 걸고 용맹정진을 다시 시작하여 1초반분一秒半分의 휴식도 없이 가일층 분발하였다.

여기서 피난했던 기간이 반년 동안이라고 한 것은 6·25 당시의 전황에 따른 것이다. 1950년 6월 25일 공산군의 침공으로 사흘 만에 수도 서울이 함락되고 낙동강 전선까지 밀렸던 국방군과 UN군은 인천상륙작전을 통해 9월 28일 서울을 수복하고 10월 8일에는 38선 이북으로 진군을 개시해 이윽고 압록강 유역까지 진출하지만, 중공군의 개입으로 다시 철수하여 1951년 1월 4일 서울을 다시 점령당했다가 4월에 다시 수복하는 등 전쟁의 초반에는 한반도 전체가 전장이었다. 그러나 이후 곧바로 지금의 휴전선 부근으로 전선이 고착되면서 휴전협정을 맺을 때까지 빨치산이 아직 위세를 떨치던 지리산 일대를 제외한 후방은 빠르게 안정을 되찾아 갔던 것이다. 그래서 대조사 일행이 구인사를 비워 놓았던 피난 시절도 불과 6개월 정도에 그쳤던 것이다.

그런데 구인사로 돌아오니 이전에 지어 놓았던 법당이며 요사가 불에 타 잿더미가 되어 있었다는 것이다. 당시 같이 피난 가지 않고 동네에 남아 있었던 여문성 스님은 그렇게 불에 탄 사연에 대해 이렇게 전한다. 대조사님이 안 계실 당시 2대 종정스님과 여문성 스님의 부친이 비어 있는 절을 종종 돌봤는데, 마을 사람 중 하나가 그 둘의 사상이 의

심스럽다고 지서에 신고해서 두 분이 지서에 끌려가 온갖 고초를 겪은 다음 끝내 절까지 불태우게 되었다는 것이다.

그래서 동짓달 초열흘날부터 급하게 집 한 채만을 다시 짓게 되었는데, 추운 겨울이라 흙이 온통 얼어 있어 가마솥에 물을 끓여 녹이고 거기에 짚을 섞어 벽을 바르는 과정에서 고생들이 엄청 심했다고 한다. 또 문도 가마니로 거적문을 만들어 그것을 사용했다고 한다. 다시 말해 이전 집보다 훨씬 못한 건물을 간신히 한 동만 세워 다시 수행에 정진하게 된 것으로, 이 또한 대조사님이 오로지 수행의 지속에 얼마나 깊은 열의를 가지고 계셨는지를 증명하는 일이라 할 수 있다.

상월원각대조사님의 수행과 대각의 성취

앞서 언급한 것처럼 대조사님이 소백산으로 들어와 구인사를 창건하신 의도는 수행, 특히 따르는 대중들의 수행보다는 당신 자신의 수행에 있었다. 이 절에서는 대조사님께서 수행하시던 모습에 대한 주변인들의 진술을 살펴보고, 이어서 마침내 크나큰 깨달음을 이루게 되는 과정과 그 이후 천태종 중창을 선언하기 전까지의 행적에 대해 살펴보고자 한다.

1. 대조사님의 본격적인 수행

수행을 위해 몸을 아끼지 않는 상월원각대조사님의 모습은 앞서 삼태산 백일기도 중 여치가 손가락을 파먹은 흉터가 돌아가실 때까지 남아 있었다는 얘기에서도 확인할 수 있었다. 그리고 그런 태도는 구인사에 정착한 이후에도 계속되었는데, 예를 들면 1950년 잿더미만 남은 터에 급하게 초가집 한 채만을 얽어 놓고 거기에서 수행을 계속할 무렵 한겨울 추위를 견디기에 지나치게 부실한 집 때문에 장작을 많이 태웠는데, 위는 춥고 방바닥만 너무 뜨거워 보리짚으로 방석을 만들어 깔고 앉아 수행하다가 밑에서 올라온 뜨뜻한 김에 엉덩이 살을 모두 데었다는 여문성 스님의 증언이 있다. 또한 한 달에 한두 번 갈아입던 광목 옷이 여름에 땀으로 젖어 엉덩이 부분이 온통 삭아 버렸다는 2대 종정스님의 증언도 있다. 그리고 산에 밭을 일궈 농사를 지으면서도 저녁에는 수행으로 밤을 새워 아예 방바닥에 눕지 않고 지냈던 기간도 많았고, 어떤 때는 몇 주일, 혹은 한 달이나 석 달 열흘 등 기간을 정해 놓고 '나는 아무것도 하지 않고 공부만 할 터이니 공양도 미리 상을 갖다 놓으라'고 하셨다고 한다. 그때는 하루 한 차례 화장실 가는 시간에 맞춰 공양을 미리 준비해 두었는데, 1분만 늦어도 안 드시고 문을 탁 닫고 당신이 수행하던 방으로 들어가셨다고 평생 대조사님을 시봉했던 여문성 스님은 당시 자신의 서운했던 심정을 회고한 적도 있다. 그리하여 깨달음이 임박한 무렵에는 방 안에 호롱불을 모두 치워 놓았지만 밤에 마당에서 보면 대조사님께서 수행하고 계시던 방 안이 몇 차례씩 환하게 밝아지는 기이가 나타나기도 했다고 2대 종정스님은 증언하고 있다. 아무튼 대조사님 스스로의 수행은 말로 다 표현하기 힘든 실로 범인이 쉽게 흉내조차 낼 수 없는 대단한 결의와 집중력의 산물이었던 것을 알 수 있다.

그렇게 해서 대조사님께서 대각에 이르는 과정을 『오도기략』은 다음과 같이 전하고 있다.

1951 신묘년 41세 음12월 28일 야반夜半에 심기心機가 우연발동偶然發動하여 불佛의 화도化導를 감수感受하고 중생의 근기에 대응하였다.

천수천안관세음보살 용맹정진중 매야晦夜에 서광이 중천仲天하여 사내寺內가 백주白晝와 같았다.

동년同年에 춘추春秋 2회에 걸쳐서 같은 인시寅時에 소백산이 두 번 명동鳴動하였다. 사승寺僧과 사중숙박신도와 부락인들까지도 산명山鳴을 감득하고 상서가 있을 것을 모두 예측하기도 하였다.

12월 21일부터 '우리 공부가 가장 깊게 되고 있으니 대중은 엄숙하라. 발소리도 내지 말고 기침소리도 내지 말라. 그리고 나를 보라'고 하니 대중은 더욱 정진하면서 우러러 모셨다.

그런데 『오도기략』의 이상과 같은 기록에는 전후관계가 약간 뒤집혀 있는 것이 발견된다. 말하자면 1951년 봄과 가을에 두 차례 소백산이 큰 소리를 내며 진동하여 구인사 대중과 마을 사람들이 무언가 일어날 것 같은 예감을 하게 되는 일이 먼저 있고 나서, 음력 12월 21일부터는 대조사님의 명으로 더욱 엄숙한 정진을 이어 갔는데 매일 밤 천수천안

관세음보살 용맹정진 중 서광이 중천하여 절 안이 대낮과 같아졌다는 것이다. 그리고 음력 12월 28일에 대조사님에게 그 어떤 감응이 일어났다는 것이다.

2. 깨달음의 성취와 오도송

앞서의 기록은 결과적으로 12월 28일 대조사님이 대각을 성취하시게 되었다는 사실을 전한 것인데, 그 당일의 자세한 경과를 『오도기략』은 이렇게 기록하고 있다.

> 28일 자정이 되자 천수경을 치는 소리가 달라지고 안광眼光이 샛별 같고 행동하는 것이 평소와는 판연히 달라졌다. 대중은 모두 이상하게 보고 있었으나 무엇인가 모르는 압박감을 느끼고 있었다.
>
> 새벽 3시에 이르러 벼락 같은 소리로 '천수천안관세음보살'을 외치니 산곡山谷은 메아리치고 대중은 허공에 뜬 기분이었다. '나를 보라'하고는 조사가 입을 크게 벌리고 '동천東天에 큰 별이 나타나서 내 입으로 들어오니 뱃속이 환하게 밝고 일월日月이 머리 위에 있으니 천지가 크게 밝도다'라고 하였다. 그리고 사내寺內에 서광이 응결凝結되어 발광체發光體를 찾고자 하기도 하였다.
>
> '천상천하天上天下 유아독존唯我獨尊 내가 탄생했다' 대성大聲으로

소리치니 산곡山谷이 메아리치고 대중은 정신이 막막하였다.

상월원각대조사님의 일생을 가름할 만한 일대사건이지만, 주위 관찰자들에게는 기이로만 받아들여졌을 뿐이고 대조사님의 내면에 어떤 변화가 찾아왔는지는 알 길이 없다. 다만 그때의 수행은 『천수경』을 독송했던 것으로 추정된다. 아무튼 『오도기략』은 그 이후의 사정을 이와 같이 전하고 있다.

> 아침 6시에 전대중을 집합시키고 이때부터 3일3야를 한시도 쉬지 않고 현하懸河의 웅변으로 설법을 하니 모두 침식을 잊고 흡수되었다.
> 이 설교를 만일 10인의 학자가 1개월만 필수속기筆受速記하면 훌륭한 불교대장경이 될 것이라고 대조사께서 말씀하셨다.
> 이에 종정 남대충대종사 스님의 기억에 남은 주요한 구절만을 제시하면 다음과 같다.

그리고 나서 이어지는 내용은 상월원각대조사님의 진정한 「오도송」이라고 할 만한 것이다. 이 자리에서는 기록되어 있는 전문을 모두 살펴보기로 한다.

> 연화극락蓮花極樂 다시오니 내하나가 제일第一이다

삼천대천三千大千 세계조화 어느누가 제도하랴

내하나가 제일第一이다

삼세간三世間이 득리得利하나 어느누가 제도할고

광명천지 밝은날에 내하나가 제일第一이다

무상법계無上法界 제도하니 어느중생 안따르리

삼강삼세三綱三世 일성一成하니 원형圓形만이 제일第一이다

하나되고 셋이되니 불운천지佛運天地 보배로다

묘법세계妙法世界 수희隨喜하니 어느강산江山 안굽히리

장엄법계莊嚴法界 실상實相이니 도덕문道德門이 풍류風流로다

청정계행淸淨戒行 성운成運하니 보폐락寶貝樂을 어찌하리

무개침상無蓋寢床 진귀珍貴하니 계절풍광季節光風 다받아서

용인승부龍人勝負 누가알리

천상천하 하나되니 그걱정을 누가하리

험한산천 저버리고 중생제도 다해보자

묘상각지妙相覺智 득세得勢하니 만민중생 부모되어

불쌍하게 다시보며 회삼귀일會三歸一 그아닌가

면면진상面面眞相 보배되나 받을자가 망망하니

다시보니 한심하다

철따라서 오는정을 막을자가 누구인고 내하나가 제일第一이다

삼세천지三世天地 불운佛運되니 막을자가 누구이며

동서양이 일문一門되니 제도함이 꼭이로다

무개일문無蓋一門 진행進行하니 병기성兵機城이 무동無動이요

지화성지聖地 고금古今하니 부처님이 제일第一이다

상하문上下門새 재양再揚하니 금강문金剛門이 천세千歲로다

하하선船이 대체代替하니 마하선摩訶船이 불문佛門이요

진성호眞聖號가 금강金剛되니 부처님의 힘이로다

삼세구품三世九品 조화造化하니 무량겁無量劫이 가이없다

춘화추풍春花秋風 끝없으니 부처님이 제일第一이다

역시 그 깊은 취지는 쉽사리 헤아리기 어렵지만 무언가를 성취해 냈다는 당당한 자부심이 느껴지며, 게송 안에는 '하나되고 셋이되니' '묘법세계妙法世界' '장엄법계莊嚴法界' '실상實相' '묘상각지妙相覺智' '회삼귀일會三歸一' 등 나중에 천태종 중창과의 관련을 짐작하게 하는 어구들이 눈에 띈다. 남대충 2대 종정스님과 여문성 스님 등의 구술 내용을 정리한 『오도기략』의 기록자인 조명기 박사는 나중에 금강불교대학에서 이 「오도송」의 내용 일부를 해설하여 강의한 적이 있었는데, 그 내용을 살펴보면 이렇다.

예를 들면 '장엄법계 실상이니 도덕문이 풍류로다 청정계행 성운하니 보폐락을 어찌하리'라는 구절에 대해서 '장엄법계란 이 세계 내지 전체의 우주가 기실은 진리에 의해 이루어지고 운행되는 세계이므로 장엄하다 표현하는 것으로, 그것이 그대로 실제의 모습, 즉 실상임을 대조사님은 깨달으셨다'는 것이다. 그러므로 '도덕문이 풍류라는 것은 그 세

계의 근본원리인 진리에 따라 생활하는 것, 다시 말해 도덕적인 인생이 세상사의 대세'일 수밖에 없다. 따라서 '청정계행을 지키며 살아가는 것이 대운에 따르는 것이어서 그때 얻어지는 것이야말로 엄청난 재물과도 같은 즐거움이요 인생사의 가장 중요한 가치'라고 강의했던 것이다.

아무튼 『오도기략』의 이어지는 대목에는 위의 게송들을 다시 풀이해 주시는 대조사님의 모습이 다음과 같이 기록되어 있다.

> 이상과 같은 절구絶句로서, 이 한 구 한 구마다에 대하여 수 시간 씩 설교가 있었으니 이것을 3일3야를 계속하여 철두철미하게 그 침이 없이 무궁무진하게 강설하였다. 때로는 사언四言 또는 팔언 八言으로, 또는 장행長行으로 노래처럼 흥겹게 설하기도 하고 만 면희색으로 춤이라도 둥실둥실 출 기분으로 설하기도 하니 청중 들도 환희에 싸여서 몸둘바를 알지 못하고 침식조차 잊어버리고 있었고 모두가 운상雲上에서 천신天神과 같이 유희하는 것과 같 이 황홀하였다.

『불전佛傳』에서 이르는 자수용법락自受用法樂의[26] 모습이 이러했을까. 일대사인연一大事因緣을[27] 다 마친 이의 즐거움이라고 할 수 있을 것이다.

---

26 부처님의 전기를 기록한 문헌들을 『불전』이라고 하는데, 거기에는 부처님이 대각을 성취하고 나서 한동안 그 깨달음의 의미를 음미하며 홀로 지낸 것을 자수용법락이라고 표현하고 있다.
27 중생구제를 위해 부처님이 세상에 출현하는 일을 『법화경』에서는 일대사인연이라고 한다.

그런데 금강대 교수인 최기표는 자신의 논문을 통해『오도기략』의 구술자 중 한 사람인 여문성 스님의 기억을 통해 이와 같은 대각의 시기가 1956년 음력 1월 18일일 수도 있다고 주장하고 있는데, 여문성 스님의 같은 진술은 필자도 직접 스님으로부터 확인한 바 있다. 말하자면 여문성 스님은『오도기략』을 구술할 때 갑자기 부름을 받고 참여해별 준비가 없이 임했지만, 나중에 곰곰이 생각해 보니 틀린 것을 알았다는 것이다. 스님은 대조사님이 여의생 마을에 도착했을 때부터 사중寺中의 심부름을 많이 했지만 출가하여 본격적으로 구인사에서 살게 된것은 1952년 16세 때부터였다. 그래서 직접 보지는 못했지만 그 전해인 1951년에 '밤하늘이 대낮같이 밝아지고 항아리만 한 큰 별이 대조사님 뱃속으로 들어갔다'는 이야기를 다른 사람으로부터 전해 들어 알고 있었다고 한다. 그것을 당시에는 '성불'이라고 표현했는데, 그 이후에도 대조사님은 피나는 정진을 계속했다는 것이다. 그때 보이신 대조사님의 정진력은 범부로서는 도저히 따라갈 수 없는 것이어서 가을걷이때를 제외하고는 1년 내내 휴식이 없이 수행하여 여름에는 입고 있던삼베옷이 썩어서 냄새가 날 정도로 수도에만 전념했다고 한다. 그렇게정진한 끝에 1956년 음력 1월 18일 마침내 대각을 성취하고『오도기략』이 묘사한 대로 3일 밤낮 설법을 하셨는데, 그 자리에는 여문성 스님도 함께 있었다고 한다. 실제로 여문성 스님은 남지심 작가와의 인터뷰에서도 대조사님의 깨달음을 처음의 초각初覺과 나중의 대각大覺으로 구별하고 있다. 다시 말해 1952년의 한 차례 깨달음을 초각으로 보고 1956년의 깨달음을 완전한 깨달음인 대각으로 기억하고 있는 것이다. 또한 2대 종정스님도 윤덕산 스님과의 대화 녹음테이프에서 대조사님이 대각에 드신 날짜를 '정월 열이레'라고 기억하고 있다. 말하자면 깨달음의 순간이 한밤중의 일이었으므로 그 날짜를 헤아리는 데 하루 차이가 있을 수 있다고 보이는데, 자정이 넘은 시간이었으므로 여문성 스님의 기억대로 1월 18일로 보는 것이 정확한 것 같다.

　아무튼 『오도기략』은 위와 같은 기록 뒤에 다시 한 번 전후관계를 뒤바꿔 기술하고 있는데, 이 자리에서는 그 순서를 바로잡아 인용해 나가기로 한다.

> 이 구절을 해석 설교하면서 그 내용으로는 33천三十三天 이야기, 불교경전의 인용 또는 신통神通·발원發願·법시法施·신장神將·용왕龍王 등의 설화를 흥미있게 예화처럼 우화처럼 자유자재로 설왕설래하니 듣는 이로 하여금 시간가는 줄 몰랐다고 한다.
> 또 지구 이야기와 천문설화도 잘하고 기타 보통인이 상상도 못하는 담화를 때때로 하여 듣는 사람들이 당황하기도 하였다. 가령 '뻐스 3백대가 이 절 앞에 온다'라든가 '영춘까지 철마鐵馬가 왕래한다' 또는 '세계유학생들이 여기에 집합한다' '여기에 세계도시가 이루어진다' 등등의 여러가지 언명이 있었으나 다 기억할 수가 없을 정도이다.
> 어느 신자는 그때 뻐스가 안 온다고 실망하여 돌아간 사람도 있

었다고 한다.

역시 3일 밤낮의 설법 내용을 설명하고 있는 것이다. 그런데 우스운 이야기 같지만 현재 우리들의 입장에서 영춘까지 기차가 다니지는 않고 있지만 구인사에 버스 3백 대가 온다는 이야기며 세계 유학생들이 모여든다는 이야기는 이미 잘 알려져 있는 현실인 것이다.

그리고 예의 앞뒤가 바뀐 부분을 인용하는 것이 자연스럽겠는데, 그 부분은 항을 달리하여 기술하고자 한다.

3. 대각 이후 대조사님의 행적

『오도기략』에서 다시 한 번 앞뒤가 뒤바뀐 대목의 앞부분은 대조사님이 대각을 이루고 3일 밤낮으로 설법하신 이후의 모습으로 다음과 같이 기록되어 있다.

그리고 3일3야 대오법문을 설한 뒤에도 같은 정진을 계속하면서 간간히 대소환희大笑歡喜하기도 하였다. 백지로 만든 책자를 옆에 놓고 무엇인가 몇 줄 쓰고 덮어 놓고 몇 시간 뒤에 또 쓰고 생각나면 눈감고도 써 모아서 두터운 한장책漢裝冊 한 권이 되었다. 이 책은 그 뒤에 순경이 호구조사하러 왔다가 가져갔다고 한다.

대조사님의 깨달으신 내용과 사상을 가늠해 볼 수 있는 귀중한 자료가 될 수 있는 것이었겠지만, 경찰관이 함부로 가져갔다는 것이다. 사실 수행 기간 동안 대조사님은 여러 차례 그 행태를 의심하는 일제 순사나 해방 후 경찰의 조사 대상이 되었지만 번번이 그들을 회피하셨다. 그러고는 그런 사실에 대해 '나는 하마 출가해서 그런 것을 비켜 불법을 성하게 하기 위해 온 사람인데'라며 '암만 그래야 난 거 떠난 사람으로 그런 데 마음 쓸 것 같으면 이런 산중에 있지도 않고 도 닦는 사람도 아니다'라고 하셨다는 2대 종정스님의 증언이 있다. 역시 대조사님의 출가자로서의 면모를[28] 확인해 볼 수 있는 대목인 것이다.

아무튼 『오도기략』은 다음과 같은 기록으로 끝을 맺고 있다.

> 그리고 또 음성을 듣고 그 사람의 형상과 성격을 알고 또는 안정
> 眼睛을 보고 성격을 판정하며 또 32상三十二相 80종호八十種好로서
> 관상을 보기도 하고 또는 풍우風雨의 조화를 알기도 하고 태양
> 의 정기여탈精氣與奪을 자신 있게 감행하기도 하였다.
> 이것은 모두 오도한 뒤의 심성을 자유자재로 구사한 것이니 어
> 느 것 하나 적법適法 안 되는 것이 없었다.

---

28 출가수행자는 본래 삭발을 하고 먹물 옷을 입는 것에서도 드러나듯이 세속의 명성이나 재물 따위를 등지고 오로지 수행을 통한 정신적 가치추구에만 힘쓰는 사람이어야 한다. 따라서 사회적인 책무 따위에도 초연한 입장을 취하는 것이 당연하다.

역시 크나큰 깨달음을 성취하신 이후의 대조사님의 면모를 밝힌 것이다. 대각을 성취하신 이후 결코 평범할 수 없었던 대조사님의 여러 예지능력과 통찰력을 기술하고 있다. 그런데 이상의 『오도기략』은 대조사님의 연구에 대단히 귀중한 자료로서 이미 종단에서 출판한 바가 있지만, 지금은 일반인들이 구하기 어렵고 인터넷에 게재되어 있는 것은 오자誤字 등이 많아 원문의 한자를 섞어 쓴 표기와 띄어쓰기 등을 그대로 옮겼다.

한편 대조사님은 대각을 성취한 이후에도 주로 구인사에 주석하시며 신도들의 교화에 꾸준히 노력하셨다. 그리고 그에 따라 구인사를 찾아오는 신도들이 서서히 늘어나면서 대중들도 함께 수행하는 도량으로서 구인사의 면모가 드러나기 시작했고 모여드는 대중들을 수용할 수 있도록 필요에 따라 몇 동의 건물도 차례로 지어지게 된다. 그런 가운데 천태종 중창을 선언하기 직전의 사정을 『불멸의 등명』은 다음과 같이 전하고 있다.

> 1964년도에 이미 조사님의 가르침은 대구를 비롯하여 영주·봉화·울진·삼척·원주·횡성·홍천·평창·청주 등 경남·북과 강원도 각지에 상당수의 신도가 분포되고 교세가 뻗어 갔다.
>
> 상월대조사께서 소백산에서 내려오시어 최초로 설법을 한 것은 경북 영풍군 부석면에 소재한 성화사(구 蓬萊寺)였다… 1965년 1월 당시 영주지방 제자로서 성화사 주지이던 이계원李季元 스님

과 김일수 불자의 요청에 의하여 일주일간에 걸쳐 성화사에서 법
연法筵을 베풀고 자비교화의 법등을 밝힘으로써 그 지방의 많은
인사들이 감동하고 환희심으로 귀의하였다.

특히 지금은 영주시에 속하는 부석면 성화사에서 일주일 동안 열린
법회에는 그 지역 유림儒林과 보천교 신자들까지 모두 200여 명이 참석
하여 대성황을 이루었으며, 그 자리에서는 대조사님을 수행했던 남대
충, 삼도강, 여문성 스님이 법사로서 대조사님 법을 받아 설법했을 뿐
아니라 철야로 '궁궁을을강강' 주송도 했다고 한다. 그리고 그런 인연
으로 평생 구인사 신도가 된 이들도 상당수에 이른다.

아무튼 성화사를 시발점으로 그 후에는 영주·춘양·원주·횡성·서
울·대구·평창·왜관·삼척·울산·포항·제주·단양읍 등 각지에서 대
조사님의 법회가 열려 지역별로 대중들을 규합해 가며 새로운 종단을
세우기 위한 준비가 착실히 진행돼 나갔다. 그리고 천태종의 중창을 선
언할 무렵에는 이미 재가자가 함께 참여하여 수행하는 여름과 겨울 각
1개월간의 독특한 안거安居 제도가 확립되어 있었는데, 천태종 재건을
선언하는 것도 『불멸의 등명』에 의하면 1966년 8월 30일 하안거 중의
일이었다. 그리고 앞에서 거론한 영주 성화사는 1967년 종단 등록과
함께 천태종의 말사로 편입하게 된다.

한편 그런 시절 대조사님에 대한 소문을 어디서 들었는지 대조사님

과 법거량法擧揚을[29] 하겠다며 찾아온 다른 종단의 승려들이 있었다고 한다. 월정사에서 왔다는 한 스님은 찾아와서 말씨도 몹시 공손한 가운데 백지로 곱게 싼 두툼한 돈다발 같은 것을 앞에 놓고 대조사님께 3배를 올렸다고 하는데, 대조사님은 대뜸 '나쁜 놈 누구를 속이려느냐'고 소리를 버럭 질러 당장에 내쫓아 버렸다. 나중에 보니 백지로 싼 것은 신문지를 지폐 크기로 자른 것이었다고 한다. 또 한 번은 웬 스님이 와서 '보은 속리산하고 구인사하고 거리가 얼마나 됩니까' 하고 대조사님께 물었다고 한다. 그러자 대조사님은 아무 말 없이 손을 들어 엄지와 검지를 한 치 정도 벌려 보여 주자 그 스님은 얼굴이 벌게져서 아무 소리 못하고 달아났다는 2대 종정스님의 증언이 있다. 말하자면 자신과 대조사님의 법력 차이를 물어본 것인데, 대조사님은 말 대신 손가락으로 '너는 이것밖에 안 된다'고 응대한 것이다. 이런 이야기 역시 깨달음을 성취하고 나신 대조사님의 풍모를 짐작하게 하는 몹시 중요한 자료 가운데 하나라고 하지 않을 수 없다.

---

29 본래는 선승들 사이에 주고받는 선문답(禪問答)을 의미하는데, 서로 상대방이 올바로 깨달았는가 혹은 그 법력이 얼마나 되는가를 시험하기 위해 벌이는 문답이나 기세 싸움을 불가에서는 보통 법거량이라고 한다.

■ 소 결小結

　출가해서 국내외를 편력 후 귀국하여 9년간 강원도와 소백산을 중심으로 기층 서민들의 구제에 진력하던 대조사님은 1945년 음력 1월 16일 소백산 여의생 마을로 들어가 산등성이 건너편 계곡에 조그만 법당과 8간의 요사 및 주방을 마련하여 그해 단옷날 구인사를 창건하고 따르는 대중들과 더불어 집중적인 수도생활을 시작하셨다. 그렇게 구인사에 정착하신 주된 목적은 무엇보다도 당신의 수행에 있었음이 치료를 받겠다고 몰려든 사람들을 돌려보낸 것이나 구인사 건물이 모두 불에 타 버렸는데도 그곳을 포기하지 않고 한겨울 고생스레 초가집 한 채를 간신히 얽어 수행생활을 재개했던 것 등 여러 정황증거로 확인되는데, 집중적인 수행이라고 했으나 식량과 땔감 등 필요한 물자를 모두 자급자족해야 하는 상황에서 그것은 처음부터 노동과 수행을 병행할 수밖에 없는 고단한 생활이었다. 그렇지만 6·25 때 잠시 마곡사로 피난했던 반년의 기간을 제외하고는 구인사에서 꾸준히 수행에 매진하여 1952년 음력 12월 28일 깨달음을 이루셨다고 하는데, 『오도기략』의 기록과는 달리 그 이후에도 더욱 정진하여 1956년 음력 1월 18일 마침내 대각을 성취하고 3일 밤낮 대중들을 상대로 설법하면서 당신의 「오도송」이라고 할 만한 우리말로 된 4·4구의 게송을 읊기도 하셨다는 것이 여문성 스님의 증언이다. 그러고는 구인사에 주석하며 찾아오는 신도들의 교화에 주력하다 1965년 부터는 영주를 위시하여 서울과 경남·북, 강원도, 제주도 등 전국 여러 곳을 순회하며 법회를 개최하고 신도들을 규합하여 천태종을 중창할 기틀을 마련하시게 된다.

그런데 초기부터 구인사 대중들의 수행생활에는 장차 천태종의 특징이 되는 여러 가지 이채로운 모습들이 발견된다. 첫째 기강이 매우 엄격한 가운데 재가자들도 수행에 함께 동참한 것으로, 이 점은 수행을 출가자들만의 독점적인 영역으로 여기던 기성의 관념을 크게 넘어서서 이후 천태종의 가장 두드러진 특색이 되었다. 둘째 평상시 재가자들은 낮에는 자신들의 농사일을 하고 저녁에 절에 모여 철야로 수행하지만 농한기 등에는 일정한 기간을 공부주간으로 정해 집중적인 수행을 했던 것으로, 이것 역시 재가자도 참여하는 천태종 안거제도의 초기적인 형태로 볼 수 있다. 그리고 무엇보다도 출가자든 재가자든 노동과 수행을 병행하는 선농일치의 모습이 보이는데, 천태종의 생활불교가 구인사 대중들에게는 처음부터 당연한 불교신행의 방식이었음을 보여 준다. 그때 수행의 구체적인 방법은 시기적으로 다양해서 '내가 뭐냐'를 주제로 한 참선도 있었지만, 천수다라니 주송처럼 주로 주력 수행이었으며 그것은 천태종 중창 이후에는 관음주송으로 통일되었다.

그러나 이 장에서 무엇보다 명심해야 할 사항은 대조사님은 스스로의 뼈를 깎는 노력을 통해 당신의 깨달음을 성취하셨다는 사실이다. 그리하여 대조사님께서 갖추셨던 미래에 대한 예지능력이나 사람들의 마음을 훤히 꿰는 통찰력은 모두 그와 같은 깨달음에서 기인한 것이다. 그리고 그런 점은 우리 천태종도들에게 찬란하기 그지없는 희망이 되고 있다. 대조사님은 진심으로 수행에 매진하기만 하면 언젠가는 누구나 진리를 깨닫고 스스로의 주인공이 될 수 있다는 가능성을 당신의 온몸으로 보여 주셨기 때문이다.

제 4 장

천태종 중창과
새 불교운동

상월원각대조사님께서 당시로서는 전국에서 가장 깊은 오지 중 하나였던 소백산 구인사에서 당신의 수행과 소규모 대중들의 교화에만 몰두하던 시절, 본서의 제1장에서 언급했던 것처럼 한국불교계는 비구·대처 간의 극단적인 갈등으로 피폐해질 대로 피폐해진 상황이었다.

조선시대를 거치면서 질적으로 심각하게 후락한 민간신앙의 바탕 위에 교계 지도층에서는 부처님 정신을 외면한 채 각종 폭력과 물리적인 충돌만이 일상화되어 있어 불교 본연의 모습을 회복할 새로운 불교운동의 필요성이 어느 때보다 절실하던 시기였다.

그런 가운데 대각을 성취하신 이후 대중들에 대한 교화가 어느 정도 성과를 내기 시작하자 대조사님께서는 천태종 재건을 선언하며 새 불교운동을 펼치셨다. 종단에서는 천태종이 고려 천태종을 계승하여 이 땅에 다시 자리 잡게 되었다고 하여 천태종 중창이란 말을 쓰는 것이 관례지만, 엄밀하게 말하자면 없어졌던 종단을 새로 개립하는 것으로 그에 따라 만들어진 새로운 제도와 조직 등은 사실상 창립에 해당하는 것이었다. 말하자면 고려 천태종을 중창하여 대한불교천태종을 창건한 것인데, 그 모든 과정이 대조사님의 염두에는 사실상 새 불교운동이었던 것이다. 이 장에서는 천태종 중창선언 이후 종단을 설립해 나가는 초기적인 과정에 관해 먼저 살펴보고, 이어서 관계기관에 등록된 명칭이 '천태종대각불교포교원'이던 시절 발간된 『개종이념開宗理念과 교지요강敎旨要綱』에 나타난 천태종 중창의 취지 및 '대한불교천태종'으로의 개명 이후 발표된 「대조사 교시문」에서 드러나는 천태종 창건에 깃든 대조사님의 포부에 대해 성찰해 보고자 한다. 그리고 그런 과정 속에서 대조사님이 왜 하필 천태종을 중창하시게 되었는지에 대한 해명이 자연스레 이루어질 것이다.

천태종 중창선언과 종단설립의 과정

구인사에서부터 서울과 경남·북, 강원도, 제주도 등 여러 지역으로 대조사님의 가르침이 점차 퍼져 나가기 시작하고 요청에 따라 전국 이곳저곳에서 대중들을 위한 법회를 개최하는 사이 새로운 종단 설립의 기운이 무르익어 마침내는 천태종의 재건을 선언하게 된다. 이 절에서는 천태종의 중창을 선언한 순간부터 종단이 체계를 갖추어 가는 과정을 당시의 주변 정황과 견주어 가면서 살펴보고자 한다.

1. 천태종 중창선언과 천태종대각불교 시절

『불멸의 등명』에 따르면 그 이전에 이미 종의회를 구성하고 종헌·종법을 제정한 대조사님은 1966년 8월 30일 당시 하안거에 참여한 대중들을 상대로 천태종 중창을 선언하시게 된다. 이후 필요한 서류 등 제반사항을 준비하여 1967년 1월 24일 문교부로부터 등록신청을 인가 받게 되었는데, 당시는 대한불교조계종 이외에는 종단으로 인정받지 못했으므로 '천태종대각불교포교원'이 등록단체명이었으며 단체의 헌장도 '천태종대각불교교헌'이었다. 따라서 종무행정이 문화공보부로 이관되어 종무과가 신설되고 정부의 대불교정책이 변화하면서 1969년 12월 18일 '대한불교천태종'으로 종명변경신청서를 제출하여 등록갱신이 허가되기까지의 시기를 천태종대각불교 시절이라고 불러야 한다.

그런데 천태종의 중창을 이 시기에 선언하게 된 것은 당시 정부가 펼치던 종교정책과도 긴밀하게 관련되어 있었다. 말하자면 당시의 정부는 비구·대처 분쟁을 빌미로 1962년 5월 31일 불교재산관리법을 제정하고 나서 그해 12월 정책적 압박을 통해 비구 측과 대처 측이 통합한 대한불교조계종을 반강제로 등록시킨 후 한동안 다른 사찰들의 등록을 허가하지 않았다. 그러다 전통사찰이 아닌 사설사암들에 대한 행정권 강화가 필요해지자 그 무렵에 이르러서 종단으로 인정하지는 않지만 불교단체의 등록을 어느 정도 완화한 것이다. 같은 예로 본래 불입종佛入宗이었던 지금의 관음종觀音宗은 1966년 대한불교불입종포교원으로 등록하였다가 1972년 대한불교불입종으로 개명하고 1988년에 다시 대한불교관음종으로 개칭한 것이고, 지금의 진각종眞覺宗 역시 처음에는 심인불교心印佛敎라는 명칭을 사용했다.

아무튼 천태종대각불교포교원으로 문교부에 단체등록이 되고 나서 1967년 2월 최초의 득도식得度式을 거행하여 29명의 수도자가 도첩度

牒을 받았는데, 그중에는 윤원복, 송종경, 이득주, 김원호 등 재가자들도 포함되어 있었다. 또 그해 정월부터 추진하고 있던 구인사에서 영춘까지의 차도 건설을 5월에 준공하였고, 초파일을 맞아서는 그 전날 전야제를 봉행한 후 당일에는 우리나라 사찰로서는 최초로 영춘까지 시가지에서의 제등행렬을 하였다. 그리고 8월에는 구인사 일대 국유임야 178정보를 정부로부터 대부받아 조림사업을 시작했는데, 본래 10개년 계획으로 추진하려 했으나 불과 3년 만에 목표를 달성하게 된다. 또한 같은 해 여름부터 본격화된 구인사 요사 건축 불사를 통해 여러 건물들을 짓기 시작했는데, 1969년에는 한 해에 10여 동의 건물이 한꺼번에 구인사 안에 세워지게 된다.

그런데 당시 천태종 중창을 기도했던 취지는 종단에 보관되고 있는 천태종대각불교 명의의 『개종이념과 교지요강』 및 『신도회규약信徒會規約(憲章)』을 통해서 알 수 있다. 두 권 모두 손으로 필경하여 등사해서 제본한 것으로 앞의 책은 4·6배판 표지를 제외한 본문 12면이고 뒤의 책은 본문 13면인데, 발간 연도나 출판사항이 나와 있지 않아 천태종 대각불교 초기에 만들어진 것으로 추정할 수 있을 뿐이다. 그 내용은 이 장의 제2절에서 상세히 검토하기로 한다.

2. 대한불교천태종으로의 개명과 종헌·종법 선포

앞에서 언급한 것처럼 '천태종대각불교포교원'으로 문교부에 등록하였다가 마침내 '대한불교천태종'으로의 개명이 이루어진 것은 1969년 12월 18일의 일이었는데, 그럴 수 있었던 정황에는 당시 비구·대처 간의 분쟁이 정부의 불교정책에 영향을 미친 것이었다. 1962년 12월 비구 측과 대처 측이 통합한 '대한불교조계종'이 불교재산관리법에 의거하여 종단으로 등록하고 한동안 분규가 잦아드는 듯했으나, 1964년에 대처 측이 인사권 편중 등의 문제를 제기하며 탈종하여 해방 직후 사용했던 명칭인 '한국불교조계종'을 표방하며 지루한 법정분쟁을 시작했으나 1969년 대법원에서 최종적으로 패소하기에 이르렀다. 결국 대처 측은 1970년 1월 '한국불교태고종'으로 등록하여 별도 종단의 길을 걷게 되는데, 그런 상황에 대처하기 위하여 정부는 종교 관련 업무를 문교부에서 문화공보부로 이양하고 종무과를 신설하여 대처 측의 종단등록을 받아들이려 했던 것이다. 그리고 그를 기화로 군소 불교단체 가운데 제법 규모를 갖춘 곳들 역시 종단 등록을 하려고 한 것인데, 대조사님께서는 그런 정황을 미리 예견하셨던 듯하다.

예를 들면 1969년 동안거 중이던 1월 16일에 2차 득도식을 거행하여 96명에게 도첩을 수여하면서 천태종도 생활규범 선서식을 같이 거행했는데, 이때 선포된 '천태종도 생활규범'이란 지금도 천태종 출·재가 종도들이 공통된 계율로 수지하고 있는 십선계十善戒가 바로 그것이다. 그리고 그 다음 날인 1월 17일에는 구인사 설선당說禪堂에서 1천여 명의 신도들이 참석하여 천태종 중앙신도회 창립식을 거행하고 표결을 통해 초대 신도회장으로 박형철 씨를 선출하였으며, 같은 해에 신도회

부산지부가 결성되었다. 또 그해 1월에는 당시 단양역에서 영춘까지만 운행하던 정기버스의 구간을 구인사까지 연장하도록 했으며, 11월 11일 '대한불교천태종 종헌'을 제정하고 마침내 11월 18일 대한불교천태종으로의 개명신청이 받아들여져 대한불교조계종 이외에는 제일 먼저 종단으로서의 존재를 인정받게 되었다. 또한 지금은 디자인을 약간 개선해서 사용하고 있으나 '천태종 종기宗旗'를 제정하여 처음 사용하기 시작한 것도 1969년의 일이었다.

그리고 1970년 1월 5일은 음력으로 11월 28일로 대조사님 탄신일이었는데, 그날 대한불교천태종 종헌 선포식을 거행하고『천태종약전』역시 같은 날 발간하였다. 그래서 종단에서는 해마다 음력 11월 28일에 대조사님 탄신제와 더불어 종헌 선포기념식을 열고 있다.

이어서 1971년 2월 10일에는 천태종 중앙청년회가 창립되었고, 5월 중에는 다시 백자리 산1번지 256정보의 국유임야를 대부받아 2차 조림사업을 시작하는데 이 역시 5개년 계획을 3년 만에 완료하게 된다.

한편 1971년 5월 1일에는 현재 종단의 각종 법요와 행사 때마다 봉독하는 '실상實相은 무상無相이고 묘법妙法은 무생無生이며 연화蓮華는 무염無染이다'로 시작되는 「대조사 법어」가 발표되었고, 8월 10일에는 『천태종성전』이 발간되었다. 「성전편」「실행편」「의식편」「교상편」「교리편」「종사편」의 여섯 부분으로 이루어진『천태종성전』은 본 내용만 신국판 총 687면으로 당시로서는 결코 작지 않은 책자였는데,『불멸의 등명』에 의하면 앞서 발간했던『천태종약전』이 '간략한 개요만을 담고 있고 교리의 고유술어와 용어가 많아 초심자에게 어렵다'는 이유로 1971년 초부터 편찬 작업을 시작했다고 한다. 당시 대조사님께서『천태종성전』의 내용을 얼마나 중요시했는가는 1971년 10월에 개정·공포한 종헌에『법화경』및 법화경 주석서와 더불어『천태종성전』을 소의경전으로 등재한 것에서도 알 수 있다. 그리고 이어서 10월 26일 있었던 대구 대법회 중에는 천태종을 중창하게 된 취지와 더불어 천태종도들의 삼대강령이 수록되어 있는「대조사 교시문」을 발표하며 대한불교천태종의 명실상부한 조직과 이념적 지표들이 완성되었다.

제2절

『개종이념과 교지요강』 속 천태종 중창의 취지

앞에서 언급한 것처럼 천태종대각불교포교원 시절의 자료 중에 현재 확인할 수 있는 것은 종단에서 보관하고 있는 천태종대각불교 명의의 『개종이념과 교지요강』 및 『신도회규약(헌장)』의 두 가지 필경 등사본이다. 그 가운데 『개종이념과 교지요강』은 크게 「개종이념과 방향」 「천태종대각불교 개종의 취지」 「기본강령(종지)」의 세 부분으로 이루어져 있으며 새로운 종단을 설립하는 목적과 지향점을 구체적으로 적시하고 있는데, 이 절에서는 그 각각의 상세한 내용에 대해 살펴보고자 한다.

1. 천태종의 기원과 고려 천태종의 의의

『개종이념과 교지요강』의 첫 장인 「개종이념과 방향」에는 다시 작은 제목으로 '천태종의 기원'과 '대각국사大覺國師가 입교立教 개종開宗한 의의'를 다루고 있다.

먼저 '천태종의 기원'에 대해서는 다음과 같은 설명을 베풀고 있다.

원래 천태교학은 중국 수나라의 지자대사(538~596)가 심오한 오
득悟得에 기초를 두고 불교경전의 최상승경이며 대승경전인 법화
경을 깊이 연구하여 조직한 사상으로서 그가 수행하던 천태산이
란 산명에 따라 천태종으로 개종한 것을 그 연원으로 하며 그 심
원한 교리는 이후 중국 불교사상 주류가 되어 남북조의 불교사
상을 통일하고 송조宋朝의 각종각파의 교리에 깊이 침윤浸潤되고
영향을 끼친바 있다.

먼저 천태 지자대사가 『법화경』을 소의경전으로 창건한 중국 천태종
의 기원과 그 역사적 영향력에 대해 기술하고 있는 것이다. 그리고 이어
서 한반도에 전래된 법화사상과 천태사상에 대한 설명이 이어지고 고려
시대에 대각국사가 송나라 유학 후 마침내 개창한 고려 천태종을 언급
하고 있다.

우리나라에서는 신라의 원효대사를 비롯하여 고려조에 이르기까
지 현광, 법융, 체관 등 여러 조사들이 천태학에 큰 관심을 가지
고 호국통일이념과 결부하여 정밀히 연구하고 숭상하여왔으나
종파로서는 성립되지 못하여오던중 고려의 의천義天 대각국사

(1055~1101)께서 국가적견지에서 크게 분발한바 있어 고려 선종 2년
(1085) 4월에 만난萬難을 극복하여 도송구법渡宋求法을 하게 되었
으니 즉 당시 중원의 고승 대덕을 역방심교歷訪尋交하여 천태종을
중심으로 화엄·율·선 등 각종각파를 종합연구하고 특히 지자
대사의 탑전에 나아가서 천태교학 선양의 서약을 세우고 고려 선
종 3년(1086) 6월에 귀국하여 아국我國 천태종을 조직 개창開創하
므로서 실로 고려 불교계에 참신한 면목과 불교사상 중요한 지
위를 갖어오게 하였다.

그런데 위의 인용문들에서 드러나는 것처럼 중국 천태종에 대한 기사
는 간결하고 우리나라에서의 전승과 대각국사에 의한 개종에 좀 더 비
중을 두고 있는 것을 알 수 있는데, '천태종대각불교'의 '대각'이 '대각국
사'의 '대각'이었음을 깨닫게 한다. 그리고 이어지는 '대각국사의 입교
개종한 의의'의 항목을 네 단락으로 나누어 제법 긴 문장들로 다루고
있는 것을 보면 그런 사실이 더욱 확연하다.

첫째 국가적 요망에 따라 고려 불교를 개혁하고 화쟁사상和諍思
想으로서[30] 불교를 통일화하여 국민사상의 귀착점을 확립한 점이

---

30 인도의 대승불교가 크게 나누어 공사상을 강조한 중관학파(中觀學派)와 인식심리적 측면을
강조한 유식학파(唯識學派)로 나뉘어 대립한 이후 중국불교에서는 천태종과 화엄종, 법상종,
선종 등이 각기 개립되어 발전함으로써 종파불교(宗派佛敎)가 그 가장 두드러진 특징이 되었

다…

둘째 우리 국토실정과 한국민족의 특수성에 적합한 창조적 불교를 세우고 불교통일사상과 실천운동을한 점이다…

셋째 종합불교관을 세우고 교教와 관觀의 겸수兼修로서[31] 불교수행의 정로正路로 삼은 점이다…

넷째 국사께서 천태창종과 더부러 수행한 장경모집藏經募集과 간경사업은 위대한 호국적인 의의를 갖고있다…

역시 대각국사가 고려 천태종을 개립하게 된 역사적 의의에 대해 높이 평가하고 있는 모습이 확실히 드러나고 있는데, 대체로 고려 천태종 창건 당시의 상황이 오교五敎·구산九山의 교종과 선문으로 난립하여 종파 간 대립이 치열하던 시절 그 모든 종파를 화합시켰다는 점과 정혜쌍수定慧雙修의 수행전통을 세워 교학연찬과 참선수행이 조화를 이루는 승풍을 진작시켰다는 점을 강조하고 있다. 그리고 교장도감敎藏都監을 설치하여 『신편제종교장총록新編諸宗敎藏總錄』 3권을 편집한 대각국사의 개인적 업적을 들어 동양문화사 속에 고려의 국위를 크게 선양한 점 역시 빼놓지 않고 있다. 그리고는 '이조 세종 6년에 종파폐합으로 비록

는데, 신라의 원효(元曉)는 화쟁(和諍)이라는 방법으로 인도 이래 중관사상과 유식사상의 중재를 이루어 내어 그때부터 한국불교의 중요한 특징은 통화불교(統和佛敎) 내지 통불교(通佛敎)라고 하게 되었다.

31 교관쌍수(敎觀雙修)라고도 한다. 경전공부와 선정수행을 함께 닦아야 한다는 것으로, 정혜쌍수(定慧雙修), 해행병중(解行並重) 등과 같은 뜻이다.

천태종은 선종에 합종되었지만 한국불교의 근간을 이루어 법맥이 면면히 금일에 흐르고 있다'고 하면서 '대각국사의 입교 개종한 의의' 항목을 끝맺고 있는데, 여기에서 중국 천태종이 아닌 고려 천태종을 계승하는 새로운 종단을 창단함으로써 당신의 새 불교운동에 역사적 정통성을 부여하고자 했던 대조사님의 의도가 확인된다. 말하자면 조선시대에 다양한 종파가 모두 선교양종으로 통합된 이래 선가의 전통만이 잔존하여 비구와 대처 측이 각각 대한불교조계종과 한국불교조계종을 주장하며 조계종이라는 이름에 집착할 때 대조사님은 천태종이라는 전통적이면서도 신선한 이름으로 독자적인 불교운동을 모색했던 것이다. 그리고 그런 사실은 이어지는 글들에서도 확연히 드러난다.

2. 새로운 종단을 건립하는 목적

『개종이념과 교지요강』의 두 번째 장인 「천태종 대각불교 개종의 취지」는 다음과 같은 전문前文으로 시작되고 있다.

> 일직부터 현종주인 상월대사께서는 역사적으로 혁혁한 전등傳燈을 지닌 아국我國 천태종의 입교개창의 이념이 오늘의 사회현실에 부합요청됨을 절감하여오던 차 서기1945년 홍법호국弘法護國과 제세도생濟世度生의 대원을 세우고 소백산 녹연화지麓蓮華地에 구인사를 창건하고 청정도량을 마련하여 과거의 퇴색된 낡은 체재

를 지양하고 혁신적이고 진취적인 새로운 체재로서 시대와 호흡
을 같이 하며 움직여나가는 생명의 새 불교운동을 위하여 전심수
도·전법도생·사회교화에 힘쓰므로서 교세는 날로 발흥하여 서
기1967년 1월 24일 정부에 정통천태종으로 의법등록을 필하고
이제 명실히 상부한 대교단의 확립을 이루게 되었다.

  말하자면 고려 천태종이 개창된 이념이 오늘날의 현실에 부합하여 구
인사를 터전으로 그동안 벌여 왔던 새 불교운동의 교단을 천태종이라
는 이름으로 등록했다는 것이다.
  그리고 나서 '개종취지의 개요'라는 작은 제목으로 천태종대각불교라
는 새로운 종단이 지향하는 목표를 다음의 세 가지 사항으로 설명하고
있다.

    첫째 근대적 불교 건설로 구세도중救世度衆…
    둘째 통화적統和的 불교의 확립으로 파종시폐派宗時弊를 시정함에
    있다…
    셋째 누구나 신앙하고 수행할 수 있는 대중중심의 불교를 건설
    한다…

  본문의 기술이 결코 짧지 않아 우선 개요만을 살펴볼 수 있도록 발췌
해서 인용한 것인데, 그 구체적인 내용들에 대해 하나하나 자세히 살펴

보기로 한다.

첫째 근대적 불교 건설로 구세도중

불교가 우리 국토에 전래된지 천육백여년 정치의 지도원리가 되고 국민의 정신 자량이 되어 진정한 도의생활과 찬란한 정신문화를 창조하였을뿐 아니라 국가민족과 홍체興替의 운명을 함께하여 왔던 것이다.

불교는 진리의 샘터이며 동양정신문화의 진수로서 자비와 지혜의 얼은 우리 겨레의 혈관속에 맥맥히 흐르고 생명과 함께 약동하고 있을 것이다.

그러나 오늘의 사회상은 문자 그대로 오탁악세五濁惡世현상에 직면하여 퇴폐한 국민정신! 타락한 도의생활! 혼란한 사회질서 등은 구도사생九度四生의 중생이 파란과 고해에서 허덕이고 있으니 이는 오로지 물질문명이 급속도로 발달함에 따라 인간의 정신이 날로 쇠약하고 필경은 물질의 노예적 생활을 면치 못하는데 근본원인이 있는 것이다. 참된 행복의 생활을 건설함에는 우주와 인생의 근본진리인 불교의 바른 신앙과 실제적수행으로서 지난날의 현실도피적인 불교의 구태를 벗고 참신하고 생기있는 유신 재건으로 국민정신의 지표로 삼고자함에 있다.

첫 번째로 제기하는 근대적 불교란 물질문명이 급속도로 발달하고 있음에도 인간의 정신이 날로 쇠약해져 물질의 노예가 되어가는 것을 국민정신이 퇴폐하고 도의생활이 타락하며 사회질서가 혼란해지는 근본원인으로 보아 과거 정치의 지도원리가 되고 국민정신의 자량이 되었던 불교 본연의 찬란한 정신문화를 바른 신앙과 실제적 수행으로 되살려 내자는 것이다.

둘째 통화적 불교의 확립으로 파종시폐를 시정함에 있다.

불교의 진리와 방편이 원래 무량호대無量浩大한바 모든 선지식들이 이 점을 많이 이용하여 각종각파를 세워 포교홍법에 힘써 왔으나 현하 우리 불교계는 각자 각파의 망집妄執으로 종파간 서로 시비를 일삼고 심지어 적대시까지 하여 사회의 비평 조소를 면치 못하여 불교계에 암영暗影을 주고 있다. 설혹 각종의 주장이 시대변천에 따라 서로 다른 점이 있을지라도 불교의 근본진리가 동일하고 동근同根 불제자의 입장에서 통화적 불교의 확립을 기하고저 하는 것이다.

두 번째는 통화적 불교를 이야기하고 있는데, 파종시폐派宗時弊라는 구절이 눈에 크게 들어온다. 비구·대처의 분규가 계속 이어지고 있던 그 무렵의 폐해를 당사자들에 대한 구체적인 지적 없이 기술하면서도 그를 시정할 새 종단의 역할과 의지를 강하게 천명하고 있는 것이다. 이것은 앞에서 언급한 것처럼 대각국사가 고려 천태종을 개립했던 중요한 의의 중 하나가 당시 선·교 간의 극심한 대립을 화해·통합시켰다는 점과 관련이 있다. 말하자면 대조사님께서 새로 창건하는 종단의 이름을 천태종으로 했던 가장 중요한 이유 가운데 하나가 바로 통화적인 불교의 건설이었던 것이다.

그리고 세 번째는 대중 중심의 불교를 이야기하고 있다.

> **셋째 누구나 신앙하고 수행할 수 있는 대중중심의 불교를 건설한다.**
> 재래의 불교는 그 의식제도면에 있어서 산간생활을 하는 수행승려 중심으로 조직되어 있어서 세간생활을 하는 사람으로서는 불교의 참다운 신자가 되려면 모든 의무와 책임 직업까지도 불고不顧하게 되었으니 이와같은 실정하에서는 대중이 선법善法의 가피를 입기 어려웠고 결국 일부 소수인의 독선불교로 끄치어 불교가 부진한 큰 원인을 이루었던 것이다.
> 분업이 발달하고 다사다기한 오늘날 누구나 각자 생업에 종사하면서 불법승佛法僧 삼보三寶에 귀의歸依하고 계정혜戒定慧 삼학三學의 실수實修로서 각자의 생활과 사회를 일층 빛내는 근대적 종단을 건설함에 있다.

말하자면 지나치게 수행승려 중심적인 산간불교를 해방시켜 일반대중도 수행에 참여하고 생활 속에 부처님 가르침을 구현할 수 있는 불교를 구축하자는 것이다. 결국 천태종대각불교를 개창하는 의도는 첫째, 국민정신의 지표가 될 수 있는 근대적 불교, 둘째, 파벌 간의 갈등을 봉합하고 화합시킬 통화적 불교, 셋째, 승려가 아닌 재가신도까지 포함한 대중 중심의 불교를 건립하고자 하는 데 있다는 것이다.

그리고 '시대적 사명감'이란 작은 제목을 달아 다음과 같은 내용으로 「천태종대각불교 개종의 취지」를 끝맺고 있다.

> 한국 불교중흥의 역사적 사명을 담부擔負한 천태종대각불교는 사부대중이 혼연일체가 되어 「참되게 믿고 참되게 닦고 참되게 행한다」는 기본원칙을 지키어 위축일로에 있는 불교계에 법륜法 輪을 재전再轉하고[32] 희망의 등화가 되며 줄기찬 노력과 불퇴전不 退轉의 각오로 위대한 창업의 역군이 되어 기필코 만선동귀萬善同 歸의[33] 불국토를 이룩할 것이다.

천태종대각불교라는 이름의 새 종단에 부여된 시대적 사명은 사부대 중이 혼연일체가 되어 올바른 불교를 세움으로써 불국정토를 이룩하

---

32 수레바퀴는 구를 때 그 용도를 다하고 있는 것처럼 불교의 진리, 즉 법은 사람들 사이에 전파
    될 때 진정한 가치가 있다고 할 수 있다. 그러므로 진리를 수레바퀴에 비유하여 법륜이라고 표
    현하는데, 본문에서는 멈추었던 진리의 전파를 다시 시작한다는 의미에서 법륜을 다시 굴린다
    고 하고 있다.
33 모든 선함이 한 곳으로 돌아간다는 의미로, 요즘 표현으로 하면 '공동선(共同禪, common
    good)이라고도 할 수 있다고 생각된다. 이 표현에 대해서는 본서의 제6장 제3절에서 보다 자
    세히 검토할 예정이므로 자세한 설명은 그 자리로 미룬다.

는 데 있다는 것인데, 특별히 '참되게 믿고 참되게 닦고 참되게 행한다'
는 글귀가 범상치 않아 보인다. 말하자면 대조사님께서 일평생 염원하
신 새 불교운동의 핵심이 이 짧은 글귀 안에 응축되어 있다고 보아도
무방할 것이기 때문이다.

3. 천태종대각불교가 나아갈 길

이어서 『개종이념과 교지요강』의 세 번째 장인 「기본강령(종지)」은 천
태종대각불교가 나아갈 길을 다음의 네 가지로 압축하고 있다.

> 1. 통화불교와 홍법호국사상의 구현체이며 고려문화의 위대한
>   창조자이신 대각국사의 입교개종의 대도를 받든다.
> 2. 회삼귀일會三歸一·제법실상諸法實相·성풍일여聖風一如의 천태교
>   의를 증득하고 광선유포함에 힘쓴다.
> 3. 자각각타自覺覺他의 대승불교大乘佛敎를 실수봉행實修奉行하여
>   불지견佛智見을 개현하며 교화이생敎化利生의 교도적 사명을 수
>   행한다.
> 4. 사부대중이 화합단결하여 불법이 중흥을 기하고 진호국가鎭
>   護國家와 제세도생濟世度生의 역사적 과업에 공헌한다.

역시 대각국사가 고려 천태종을 개창한 취지를 받들어 『법화경』과 천

태사상에 입각한 대승불교의 실천을 통해 국가적·사회적 교화에 전력한다는 의미를 담고 있는 것이다. 그런데 이렇듯 대각국사의 고려 천태종을 꾸준히 강조하고 있는 것은 중창된 천태종이 중국 천태종이 아니라 고려 천태종을 계승하고 있다는 사실에 대한 명백한 천명이라고 생각된다.

아무튼 이어지는 대목에서는 '삼대강요'라는 제목으로 다음과 같은 사항이 기술되고 있다.

1. 참다운 불교를 세운다(불법중흥)
   외방불교外邦佛教에서 자립성불교에로
   미신불교에서 정법불교에로
   둔세불교遁世佛教에서 구세불교에로
   기복불교에서 수도불교에로
   소승불교에서 대승불교에로

2. 참다운 생활을 이룩한다(眞人間의 창조)
   정신개조로서 인격완성 - 인간즉불人間卽佛
   각생활覺生活의 건설로 생활개조 - 생활즉불生活卽佛
   근면·검약으로 경제적자립 - 경제개선

3. 참된 사회를 세운다(불국토의 실현)

오계정신으로 제악막작諸惡莫作 - 사회정화

보시정신으로 사회봉공 - 사회복지

지은보덕知恩報德과 신의성실 - 도의재건

이상의 내용은 나중에 『천태종성전』에서의 '새 불교운동 삼대지표'를 떠올리게도 하고 「대조사 교시문」의 '삼대강령'과도 비교되는데, 새 불교운동이라는 같은 관념이 발전·정리돼 가던 도상에서의 발상이었다고 생각된다.[34] 한편 외방불교, 즉 다른 나라의 불교라는 단어가 눈에 띄는데, 당시 편재해 있던 왜색倭色을 지적한 것으로 보인다.

이어서 『개종이념과 교지요강』은 마지막으로 '실천요체(지도이념)'라는 작은 제목하에 다음 10개 항목을 나열하고 있다.

1. 종기宗紀·종강宗綱을 확립하고 건전한 종풍宗風을 진작하며 현실적인 지도체계와 신행·교화체제를 정립한다.

2. 종단은 출가재가4부중으로 구성하되 신분적 차별을 인정치 않으며 동등하게 삼보수호와 교단운영에 참여할 응분의 기회와 의무 및 권리를 갖고 건전한 종단건설을 기한다.

---

34 새 불교운동 삼대지표는 대중불교·생활불교·애국불교이므로 이 삼대강요와 견주어 본다면 참다운 불교는 대중불교에 해당하고 참다운 생활은 생활불교, 참된 사회는 애국불교에 해당한다. 또 『교시문』 삼대강령의 주제는 밝은 자아·밝은 생활·밝은 사회이므로 참다운 불교는 밝은 자아이고 참다운 생활은 밝은 생활, 참된 사회는 밝은 사회가 된다.

3. 실천적종파의 구현으로 자리이타의 이리원만二利圓滿을 기하고 불교의 생활과 대중화를 기한다.

4. 무속신앙을 지양하고 정각정행正覺正行으로 민족정신문화향상을 도모한다.

5. 출가수행자의 자질향상을 도모하여 전법도생하고 자격을 구비케 하고 성직자의 사회적 권위를 높인다.

6. 파종적시폐를 배제하고 통화불교 건설에 주력하며 형식적 의례의 치중을 지양하여 생명있는 종교활동을 전개한다.

7. 종교가 국가발전의 원동력인 점에서 사부대중이 일치단결하여 홍법·교화운동을 적극적으로 전개하므로서 국태이민國泰利民의 실익을 기한다.

8. 수행과 사회활동과의 조화를 도모하여 성실·관용·겸허·봉사의 시대적인 「불교인상」의 창조를 기한다.

9. 보시의존布施依存의 사원경제를 지양하고 자급자활의 생산적인 경제체제를 확립하여 합리적인 종단운영을 도모한다.

10. 불교에 대한 그릇된 인식과 견해를 시정하야 대중신앙심을 앙양하고 창의와 실천으로 불교적 생활화를 기한다.

출가와 재가의 신분적 차별을 인정하지 않고 동등한 기회와 의무 및 권리를 갖고 삼보수호와 교단운영에 참여할 수 있게 한다거나 불교의 생활화·대중화 및 자급자활의 생산적인 경제체제 확립을 통한 합리적인 종단 운영 등이 거론되고 있는 것에서 이후 대한불교천태종의 커다란 특색들이 이미 천태종대각불교 시절에 구상되어 있었음을 알 수 있는데, 사실 그런 모습은 천태종 중창선언 이전 구인사 대중생활에서도 발견되던 것이다.

한편『개종이념과 교지요강』과 함께 천태종대각불교 명의로 출간된『신도회규약(헌장)』의 본문 첫 면에는 다음과 같은 「5대강령」이 게재되어 있다.

1. 우리는 불타의 기본진리를 체득하여 자비와 지혜의 위덕을 완성한다.
2. 우리는 불·법·승 삼보에 지성귀의하고 계·정·혜의 실수 실천을 게을리 하지 않는다.
3. 우리는 참신하고 대중적인 불교운동을 전개하여 생활의 불교화를 이룩한다.
4. 우리는 자리이타정신의 대승보살도를 닦아 불교중흥의 등불이 된다.
5. 우리는 지은보덕과 중선봉행衆善奉行으로 사회정화에 앞장선다.

역시 천태종대각불교가 지향하는 새 불교운동이 어떤 것인가를 깨닫게 하는데, 한국불교계가 크게 침체되어 있던 당시 상황에서 실천과 생활화를 통한 올바른 불교를 회복하는 것 이외에 다른 것이 아님을 짐작하게 한다.

제3절

「대조사 교시문」과 대한불교천태종의 지향점

이 장의 제1절에서 언급했던 것처럼 1969년 12월 18일 대한불교천태종이라는 이름으로 종명이 개정되자, 그 직전인 11월 1일 제정했던 종헌으로 1970년 1월 5일 종헌선포식을 거행하고, 이어서 1971년 5월 1일 「대조사 법어」가 발표되며, 같은 해 8월 10일에는 뒤에 개정되는 종헌에 소의경전의 하나로 등재되는 『천태종성전』이 발간되고, 10월 26일에는 대구 대법회 중 「대조사 교시문」이 발표된다. 말하자면 대한불교천태종이라는 이름에 걸맞은 이념적 지표들을 짧은 시간 안에 차례대로 정립해 나감으로써 명실상부한 종단체계를 구축해 나가는 것인데, 이 절에서는 「대조사 교시문」의 내용을 통해 다시 한 번 천태종 중창의 취지를 살펴보고자 한다.

그런데 전체가 1천여 자로 구성된 「교시문」은 불교의 개요와 천태종의 역사 및 현재적 사명을 기술한 전문前文과 천태종도들의 적극적인 실천을 요구하는 삼대강령의 두 부분으로 이루어져 있다. 이 자리에서는 먼저 전문의 내용을 살펴보고 이어서 삼대강령에서 지향하는 대한불교 천태종 새 불교운동의 목표에 대해 고찰해 보고자 한다.

1. 「대조사 교시문」 전문의 내용

앞에서 밝힌 것처럼 「교시문」은 『불멸의 등명』에 수록되어 있는데, 불교의 개요와 더불어 천태종의 역사 및 현재적 사명을 서술하고 있어 그야말로 천태종을 중창하게 된 취지를 다시금 간결하게 표명하는 내용으로 되어 있다. 「교시문」 전문의 전체 문장을 몇 단락으로 나누어 살펴보기로 한다.

인류에게 참다운 생명의 원리原理를 열어 보이시고 올바른 생활법칙을 가르쳐 주시어 스스로 삶의 참다운 뜻을 깨우치고 생명의 참다운 가치를 창조케 하며 나아가 온 중생계를 각화覺化·정화淨化하며 온갖 죄악과 모순이 없고 광명과 정복淨福으로 꾸며진 이상세계理想世界를 구현하려 함은 부처님이 교敎를 세우신 근본 정신이시며 그 교지를 받들어 스스로 그 인격을 완성하고 나아가 사회 대중을 교화하여 지상地上에 불국정토를 실현함이 우리 불자佛子의 근본 사명이다.

「교시문」의 서두를 열고 있는 문장으로 부처님이 불교를 세우신 근본정신을 언급하고 이어서 불자들의 사명을 이야기하고 있다. 말하자면 참다운 생명의 원리와 올바른 생활법칙을 가르쳐 중생들 스스로 삶의 참다운 뜻을 깨닫고 생명의 참다운 가치를 창조하여 온 중생계를 깨달음으로 정화하여 죄악과 모순이 없는 광명과 깨끗한 복덕으로 꾸며진 이상세계를 구현하게 하려는 것이 부처님의 근본정신이라고 하고 있다. 따라서 그 교지를 받들어 스스로의 인격을 완성하고 나아가 일체 대중을 교화하여 지상에 불국정토를 실현하는 것이 불자들의 근본적인 사명이라는 것이다.

그리고 「교시문」은 다음과 같은 구절로 이어지고 있다.

> 돌아보건대, 불교가 우리 국토에 전래한 이후 정政·교敎의 지도원리가 되고 국민의 정신자양이 되어 나羅·려麗 천 년의 찬란한 문화사를 창조하였을 뿐 아니라 호국불교의 전통을 세워 왔으며 국가 민족과 그 홍체의 운명을 함께 하여 교운敎運이 융성할 적엔 국운도 융성하였고 교운이 쇠퇴할 적엔 국운도 쇠퇴하였다. 오늘 우리 겨레에게는 국가재건 민족중흥의 역사적 과업이 부여되어 있으며 아울러 천육백여 년 문화적 전통을 지녀온 우리 불교도들의 사명은 참으로 중대하다.

불교가 우리 민족에게 미친 영향을 신라와 고려 천년의 찬란한 문화사로 피력하며 국가재건과 민족중흥의 역사적 과업이 부여되어 있는 오늘날 불교도의 사명을 다음과 같이 구체적으로 지적하고 있다.

자비와 지혜를 바탕으로 한 민족 정신문화의 부흥으로 상실되어 가는 인간성을 다시 찾고 무너진 국민도의를 재건하며 혼탁한 사회악을 정화하여 복국이민福國利民의 실實을 거두어야 함이 우리의 지상 명제이다.

말하자면 자비와 지혜를 바탕으로 민족의 정신문화를 부흥하여 상실되어 가는 인간성을 다시 찾고 무너진 국민도의를 재건하며 혼탁한 사회악을 정화하여 국리민복을 실질적으로 이룩하는 것이 이 시대 불교도의 지상 명제라는 것이다. 특히 상실되어 가는 인간성, 무너진 국민도의, 혼탁한 사회상에 대해서는 다른 자리에서의 설법을 통해 보다 구체적인 내용을 확인할 수 있다. 『불멸의 등명』에 게재되어 있는 1971년 10월 27일, 다시 말해 「교시문」을 발표한 다음 날 부산 대법회에서 행한 대조사님의 설법요지이다.

불교는 인도에서 그 기원을 발하여 중국을 거쳐 우리나라에 전래되었는데, 이 불교가 한민족에게 정신문화의 꽃을 피워 왔다.
과학문명은 근세에 서구에서 발달하여 미국을 거쳐 한국에 들어왔는데, 이 과학은 인간의 정신면을 지도하는 방향을 갖고 있지 않다. 즉 과학문명은 본래로 인간세계를 초월하는 근원적인 바탕을 가지고 있지 못하다고 하겠다. 그러므로 과학문명의 일변도一邊倒적인 발달을 하게 되면 그 반비례反比例로 인간정신계는 황폐화하고 사회는 분열과 혼란과 타락이 우심해질 것이다.

오늘날 참된 자아自我를 망각해 가는 현실의 인간사회는 크나큰 위기에 직면하고 있다. 더욱이 우리나라는 서구의 문물과 사조가 파도처럼 밀어닥치고 이질적인 유물사상이 국토의 후반부를 점하고 있어 민족정신계의 큰 위기요 혼미라고 하겠다. 이와 같은 현대사회의 위기를 구출하려면 숭고한 원리와 근원적인 바탕에 입각한 인간 본연의 참된 주체성主體性이 회복되어야 하는 것이다. 즉 상실된 인간본성을 찾아야 하고 인간본성이 제 자리로 복귀해야 한다. 현대를 사는 불자佛子는 퇴폐화된 인간정신계를 구제할 크나큰 사명이 있다.

과학문명 일변도의 발달과 서구의 문물과 사조, 유물사상 등이 민족정신계에 초래된 위기의 원인이며, 인간 본연의 주체성 회복이 그 위기를 극복할 방안이라는 것이다. 그런데 여기에서 대조사님이 현대사회의 위기를 과학문명 일변도의 발달과 물질주의로 말미암은 인간 정신세계의 황폐화로 진단하고 상실된 인간 본성을 되찾기 위한 불자들의 사명을 강조하고 있는 것은 본서의 제1장 제2절에서 언급했던 일제 때부터 조선에 소개되기 시작한 근대 불교학 종사자들이 전망한 불교의 미래

역할과도 다르지 않다. 말하자면 평생 교학적 탐구에는 별다른 관심을 보이지 않으신 것 같고 오로지 수행 일변도의 실천으로 크나큰 깨달음을 성취하신 대조사님께서 통찰하신 세계가 돌아가는 모습은 당시 불교 지식인들의 학문적 역량을 아우르는 것이었다. 그런 사실은 종단을 건립하고 나서 이종익, 이항녕李恒寧, 서경수徐景洙 같은 당대 학자들을 초치하여 필요한 도움을 받으면서도 그들의 진심어린 존경을 샀던 대조사님의 풍모에서도 증명되고 있다.

그리고 「교시문」의 다음 구절은 천태종의 종지에 대해 기술하고 있다.

> 천태종天台宗은 천사백 년의 유구한 연원과 빛나는 전통을 지녀온 바 부처님이 세상에 출현하신 근본 사명을 밝히신 법화경法華經의 최상묘법最上妙法에 의하여 우주 인생의 실상實相과 모든 중생이 다 같이 성불하는 진리를 남김없이 드러낸 것을 그 종지宗旨로 한다.

중국 천태종으로부터의 1,400년 오랜 연원과 빛나는 전통을 내세우며, 부처님이 세상에 출현하신 근본사명을 밝힌 『법화경』의 사상에 근거하여 우주와 인생의 실상과 모든 중생이 다 같이 성불하는 진리를 남김없이 드러낸 것이 천태종의 종지라고 하고 있다. 중국 천태종의 소의경전도 『법화경』이므로 이상의 내용이 천태종의 종지라고 해도 크게 잘

못된 것은 아니지만, 인용문 안에서 언급하고 있는 내용은 천태대사의 독자적인 해석이 전혀 들어 있지 않은 『법화경』 그 자체의 사상이라는 점을 지적해 두고자 한다.

아무튼 「교시문」은 이어서 고려 천태종의 역사를 약설하고 있다.

> 그 교법敎法이 우리나라 신라시대부터 전하여 왔으나 법통이 잘 이어오지 않았는데 고려 중엽에 문종왕자文宗王子로서 출가出家한 대각국사大覺國師 의천義天께서 법화경 회삼귀일會三歸一의 진리로 모든 선禪·교종敎宗을 통섭 영도할 것과 국운융창을 기원하고자 중국에 건너가시어 천태교관天台敎觀을 받아오시고 그 종宗을 수립함으로써 종풍宗風과 교화가 세상에 크게 떨치고 고려 불교의 중심세력이 되어 왔다. 그러나 조선 왕조의 배불정책排佛政策으로 폐사廢寺 합종合宗할 적에 천태종은 선종禪宗으로 병합되었으니 얼마나 참담한 일이냐!

제2절에서 설명했던 『개종이념과 교지요강』에서 대각국사가 고려에 천태종을 개종한 의의를 네 가지로 나누어 자세히 설하고 있는 것에 비해 「교시문」은 같은 내용을 대단히 간략하게 다루고 있는데, 다른 것보다 『법화경』 회삼귀일의 정신을 통해 천태종으로 모든 선종과 교종을 통섭하여 영도하려 한 점이 강조되고 있다. 그러면서 조선 왕조에 의해 천태종이 선종에 병합된 사실을 안타깝게 느끼고 있다.

그리고 「교시문」은 다시 다음과 같이 이어진다.

대저 이 자연계와 인간계는 순환의 법칙에 지배되나니 저 거룩한
천태일승天台一乘의 대도大道가 길이 지하에 매몰될 리 없으므로
이제 다시 천태종을 세우게 되었다.

천태종 중창을 자연계와 인간계 순환의 법칙을 들어 설명하고 있다.
말하자면 고려 천태종의 중창 내지 대한불교천태종의 창건은 자연계
순환의 일부이며 인간 역사의 필연적인 전개 과정이라고 의미부여를 하
고 있는 것이다. 그러고는 천태종도들에게 다음과 같이 당부하고 있
다.

종도 여러분은 본 종의 역사적 의의意義와 시대적 사명을 되새기
어 정법중흥과 구국제세救國濟世의 성업聖業에 이바지하고 독실한
신행으로 본 종의 교지를 받들어 불교의 대중화大衆化·생활화生
活化로써 지상불국地上佛國을 실현할 것을 발원할 것이며 이것을
위하여 다음의 삼대강령을 성실히 실천할 것을 부처님 앞에 선서
할지어다.

천태종의 역사적 의의와 시대적 사명을 명심하여 정법을 되살리고 사
회를 구제하는 데 이바지할 것과 독실한 신행으로 불교를 대중화·생

활화함으로써 지상불국을 실현할 것을 발원하라고 한다. 그리고 이어지는 삼대강령의 실천을 선서하라고 하고 있는 것이다. 말하자면 이상의 내용이 천태종이 지향해 나갈 목표인 것이다. 이어지는 삼대강령은 그 목표를 실현하기 위한 구체적 실천과제라고 보아야 할 것인데, 그에 대해서는 항을 달리하여 보다 엄밀히 검토해 보기로 한다.

2. 삼대강령에 입각한 실천과제

우선 「교시문」에 나타나는 '삼대강령'의 내용을 그대로 옮겨 보면 다음과 같다.

1. 생명의 참뜻을 자각하여 밝은 자아(自我)를 개현(開顯)함으로써 인간 즉 불타(人間·卽·佛陀)의 진리를 체득한다.
2. 정법의 대도를 실천하여 밝은 생활을 창조함으로써 생활 즉 불법(生活·卽·佛法)의 이념을 구현한다.
3. 착실한 교화를 전개해서 밝은 사회를 건설함으로써 사회 즉 승가(社會·卽·僧伽)의 이상을 구현한다.

그런데 이 삼대강령의 내용은 1971년 10월 26일 「교시문」 발표에 앞서 같은 해 8월 10일 종단에서 발간한 『천태종성전』에 수록되어 있는 '삼대실천강령'과 그 내용에 있어서 대동소이함이 발견된다. 다시 말해

『천태종성전』에 수록되어 있는 삼대실천강령은 다음과 같다.

    1. 밝은 자기의 개발(光明佛性의 開顯)

    2. 밝은 생활의 창조(光明生活의 創造)

    3. 밝은 사회의 실현(光明世界의 實現)

    말하자면 『천태종성전』의 편찬을 준비하던 시절부터 천태종도들 모두가 실천해야 할 강령으로서 강구되고 있던 이상과 같은 관념이 「교시문」의 집필 과정에서는 더욱 구체화된 형태로 문장이 가다듬어진 것이라고 볼 수 있는데, '밝은 자기의 개발'은 '생명의 참뜻을 자각하여' 가능하다고 보고, '밝은 생활의 창조'는 '정법의 대도를 실천하여' 만들 수 있으며, '밝은 사회의 실현'은 '착실한 교화를 전개해서' 이룰 수 있다고 본 것이다.

    그런데 「교시문」에서는 같은 내용이 단 세 문장으로 정리되어 있지만, 『천태종성전』에서의 삼대실천강령은 훨씬 많은 내용으로 상당한 지면을 동원하여 부연 설명하고 있다. 말하자면 「성전편」 「실행편」 「의식편」 「교상편」 「교리편」 「종사편」으로 이루어진 『천태종성전』에서 제일 많은 지면을 차지하고 있는 것은 『법화경』 등 주요 경전들을 수록하고 있는 「성전편」으로 총 687면 중 355면을 차지하지만, 새 불교운동 삼대지표와 함께 삼대실천강령을 설명한 「실행편」도 128면을 차지하고 있어, 두 편만의 내용이 전체 책자의 70%를 차지하고 있다. 그리고 「실행편」에서는 삼대지표와 삼대실천강령만을 번갈아가며 여러 차례 거듭해서 설명하고 있는데, 그런 사실은 삼대지표와 삼대실천강령이 천태종의 새 불교운동에서 가장 핵심적인 이념이기 때문이라고 생각된다. 말하자면 대중불교·생활불교·애국불교를 의미하는 새 불교운동의 삼대지표가 당시 그릇되게 오해되고 있던 불교계 관행에 대한 종단 차원에서 회복해야 할 불교의 올바른 모습이고 대중적 목표라고 한다면, 삼대실천강령은 천태종도들 모두가 '밝은 자기를 개발하고 밝은 생활을 창조하여 밝은 사회를 실현'해야 하는 개인적 의무이자 행동지침인 것이다.

그렇다면 『천태종성전』에서의 삼대실천강령 내지 「교시문」의 삼대강령이 왜 그렇게 중요시되는 것일까. 사실 삼대실천강령이든 삼대강령이든 그 문구만 보아서는 크게 예사롭지 않은 부분이 없는 당연하고도 평범한 이야기로 흘려보내기 쉬운 내용인 것 같다. 물론 「교시문」의 삼대강령에서 '인간 즉 불타' '생활 즉 불법' '사회 즉 승가'라고 한 대목이 눈길을 끄는데, 불교의 궁극적 귀의처인 불佛·법法·승僧 삼보三寶를 인간·생활·사회에 배대하여 재해석하고 있는 것이 흥미롭기는 하다. 그런데 이런 해석이 오직 「교시문」에만 등장하는 것이 아니어서 『천태종성전』에서도 다음과 같은 도표가 발견된다.

〈3대강령〉
밝은 자기의 개발 = 광명불성의 개발 = 인간개조 = 전미개오轉迷

開悟 = 「인간즉부따」(佛)

밝은 생활의 창조 = 광명생활의 창조 = 생활개조 = 단악수도斷惡

修道 = 「생활즉달마」(法)

밝은 사회의 실현 = 광명사회의 실현 = 사회개조 = 화염성정化染

成淨 = 「사회즉승가」(僧)

- 3보구현의 이상세계

위의 도표에서 '전미개오'는 미혹해 있는 중생의 현실을 바꾸어 깨달음을 연다는 의미이고, '단악수도'는 사악함을 단절하고 도를 닦는다는 뜻이며, '화염성정'은 더러운 것을 정화시켜 청정함을 이루는 것을 가리킨다. 다시 말해 천태종도들의 삼대강령은 곧바로 '인간과 생활과 사회를 부처님과 부처님의 가르침 및 승가, 즉 불·법·승의 삼보가 구현된 이상세계로 만들어 나가기 위한 실천강령'이라고 이해할 수 있는 것이다.

3. 삼보에 대한 재해석, 인간·생활·사회

그런데 우리들의 일반적인 상식으로 '인간 즉 불타'나 '사회 즉 승가'라는 말은 그리 이해하기 어려운 것이 아닌 듯하다. 『열반경涅槃經』에서 천명한 '일체중생실유불성—切衆生實有佛性'이라는[35] 가르침을 모르는 불교인은 없을 것이고 사회도 승가와 같이 그 기본은 대중생활이기 때문이다. 그러나 실제 수행자들에게 자신이 과연 깨달음을 이룰 수 있을까 하는 문제는 그리 쉬운 것이 아니다. 말하자면 불성을 단순히 믿음의 대상으로 여기면 간단할 것 같지만, 자신의 안에 있는 불성을 스스로 개현한다는 것은 그것이 가능할까조차 의심스러운 대단히 어려운 과제이기 때문이다. 물론 그런 사실은 '사회 즉 승가'라는 말에서도 발견된다. 각기 생각이 다른 사람, 이교도, 다문화·다인종인이 모여 사는 일상의 사회가 승가와 같이 확고한 규율하에 통제될 수 있는가는 대단히 난망한 일이기 때문이다. 따라서 '인간 즉 불타'든 '사회 즉 승가'든 마땅히 그렇게 되어야 한다는 단지 당위적인 표현으로 이해되기 쉽다.

그러면 과연 그렇게만 이해하고 넘어가야 할까. 그렇다면 삼대강령의 사항들은 일반인들의 현실과는 동떨어진 그야말로 대단히 거창한 종교적 이상에 불과해질 것이고, 그렇게 될 수 있으면 좋겠지만 그럴 일이 없기 때문에 당장은 나와 아무 상관없는 일로 대중의 외면을 받는 가르침이 될 것이다. 따라서 그에 대한 올바른 이해를 위해 조금 어려운 이야기가 될지 모르지만 이 자리에서는 '전도顚倒'라는 불교경전들에

---

35 모든 중생에게는 부처님의 성품, 즉 깨달음을 이루어 부처님이 될 수 있는 소질이 내재되어 있다는 가르침.

자주 등장하는 단어에 주목해 보기로 한다.

> 얻을 바가 없으므로 보리살타菩提薩埵는[36] 반야바라밀다般若波羅
> 蜜多에[37] 의지하여 마음에 거리낄 것이 없고 거리낄 것이 없기 때문
> 에 두려움이 없어 전도된 헛된 생각을 멀리 떠나 구경究竟의 열반
> 에 이른다.[38]

이 인용문은 일반인들에게도 잘 알려져 있는 『반야심경般若心經』의 한 구절로 '전도'라는 단어가 나오는데, 이 외에도 불교경전에는 전도라는 단어가 생각 외로 대단히 자주 등장한다.[39] 상도常道나 바른 이치에 위배되어 무상한 것을 항상하는 것으로, 괴로움을 즐거움으로 여기는 것처럼 진리에 반하는 망견妄見을 이른다. 말하자면 뒤집혀 있는 견해 내지 상태라는 의미인데, 그 뒤집혀 있는 상태란 어떤 것일까.

---

36 보살(菩薩)의 다른 번역. 보살의 범어 보디삿트바(bodhi-sattva)를 본래 소리에 가깝게 번역한 것이다. 보살은 부처님의 전생이면서 대승불교도를 의미한다.

37 반야는 지혜를 의미하고 바라밀다는 건너편 언덕에 이르는 것으로서 반야바라밀다란 지혜의 완성을 의미하는데, 특별히 『반야경』에서 가르치는 지혜의 완성이란 공(空) 사상의 체득을 의미한다.

38 『般若波羅蜜多心經』(大正藏8, p.848c), "以無所得故, 菩提薩埵依般若波羅蜜多故, 心無罣礙; 無罣礙故, 無有恐怖, 遠離顛倒夢想, 究竟涅槃."

39 顛倒는 산스크리트어 '비파리타(viparita)', 혹은 '비파랴사(viparyāsa)'의 번역으로, 『大正新脩大藏經』과 『卍續藏經』을 모두 수록하고 있는 『CBETA 電子佛典』을 통해 검색해 보면 '전도라는 단어는 대·소승의 경론을 막론하고 모두 21,824회 등장한다. 또한 한역에서 간략히 '倒'로 표현되는 경우도 있으므로 그것까지 염두에 두면 훨씬 더 많은 경우에 이 단어가 등장하는 것을 알 수 있다.

『유마경維摩經』에는 '보살菩薩의 마음이 청정하기 때문에 국토가 청정하다'는 가르침을 듣고 사리불舍利弗이[40] '그렇다면 석가모니부처님은 보살이던 시절 얼마나 부정한 마음을 지니셨기에 석가모니부처님의 이 국토가 이리도 부정한가' 하는 의문을 품게 된다. 그러자 부처님께서 '장님이 보지 못한다고 해와 달이 부정하다고 하겠느냐'고 반문하신다. 말하자면 중생의 마음이 부정하기 때문에 부처님의 국토를 청정하지 못하게 보는 것일 뿐 본래 부처님의 국토가 부정한 것은 아니라는 가르침이다.[41] 다시 말해 사리불이 전도되어 있어 석가모니부처님의 이 땅을 청정하지 않게 보지만 부처님의 지혜로 보면 청정하기 그지없다는 것으로, 부처님에게 인지 내지 인식되는 이 땅은 오로지 청정하다는 의미이다.

그런데 여기에서 청정하다거나 부정하다는 표현은 비유적인 것으로, 그 본래 의미는 진리에 입각하여 진리대로 드러나는 것이 청정한 것이고 그것을 그렇게 보지 못하는 것이 부정한 것이다. 말하자면 불교의

---

40 석가모니부처님의 10대 제자 중 첫 번째로 지혜가 가장 출중했던 이. 팔리어로는 사리풋타로 사리자(舍利子)로 번역되기도 한다.

41 『維摩詰所說經』권上(大正藏14, p.538c), "爾時舍利弗承佛威神作是念:'若菩薩心淨, 則佛土淨者, 我世尊本爲菩薩時, 意豈不淨, 而是佛土不淨若此?' 佛知其念, 即告之言:'於意云何? 日月豈不淨耶? 而盲者不見.' 對曰:'不也, 世尊! 是盲者過, 非日月咎.' 舍利弗! 衆生罪故, 不見如來佛土嚴淨, 非如來咎; 舍利弗! 我此土淨, 而汝不見.' 爾時螺髻梵王語舍利弗:'勿作是意, 謂此佛土以爲不淨. 所以者何? 我見釋迦牟尼佛土淸淨, 譬如自在天宮.' 舍利弗言:'我見此土丘陵坑坎·荊蕀沙礫·土石諸山·穢惡充滿.' 螺髻梵言:'仁者心有高下, 不依佛慧故, 見此土爲不淨耳! 舍利弗! 菩薩於一切衆生, 悉皆平等, 深心淸淨, 依佛智慧, 則能見此佛土淸淨.'"

근본진리는 '연기緣起'라고 하여 '모든 것은 그럴 만한 조건에 의해 그렇게 이루어지고 있다'는 가르침이다. 그리고 그런 조건을 떠나 독자적으로만 존속할 수 있는 것은 아무것도 없기 때문에 모든 것은 무상無常이고 무아無我라고 한다. 다시 말해 끊임없이 변화하는 과정 속에 있고 그 실체라고 할 만한 것이 없다는 뜻이다. 흔히 무상에 대해서는 많은 사람들이 쉽게 이해하지만 무아라는 말에 대해서는 글자 그대로 '내[我]가 없다[無]'고 받아들여 오해하는 경우가 많은데, 이 자리에 이렇게 앉아서 이 글을 쓰고 있는 내가 없다는 의미가 아니라 나의 본질이라고 할 만한 것이 없다는 뜻이다. 왜냐하면 내가 존재한다고 하는 것은 우리들의 착각, 즉 전도된 생각일 뿐 나는 정확히 표현하자면 현상하고 있기 때문이다. 내가 존재한다면 나는 변하지 않는 나여야 하고 그렇다면 성장하지도 않고 늙어 가지도 않아야 한다. 그렇지만 나는 어머니와 아버지 몸을 받고 태어나 지금까지 이렇게 성장해 왔고 또 늙어 언젠가는 죽어 갈 것이다. 내가 이렇게 변화하고 있는 것은 모두 그럴 만한 조건들에 의지하고 있기 때문으로, 내가 어느 순간 다른 사람 혹은 다른 짐승이나 초목이 되지 않는 것 역시 그럴 만한 조건이 나를 형성하여 이렇게 현상하도록 하기 때문이다.

이 이야기를 다른 말로 다시 한 번 설명하자면 불교에서는 모든 것은 변한다고 가르치지만, 기실 변하지 않는 것이 하나 있다. 바로 변한다는 그 사실만큼은 변하지 않는다. 그것을 우리는 법法 혹은 진리라고 부른다. 말하자면 불교에서 바라보는 이 세상은 법에 따라 현상하는 것으로, 그것을 법계法界라는 말로 부르기도 한다. 그러므로 경전에서 설명하는 연기나 공호이란 표현은 우리들이 살아가고 있는 바로 이 세상에 대한 설명인데, 많은 이들은 그것을 특정한 어떤 관념 내지 형이상학적인 이치로 논구하는 경향이 있다. 전도되어 있다는 표현도 그런 현상을 가리키는 것이다. 부처님은 분명히 우리가 살아가는 이 세상의 이치를 깨우치려 가르침을 시작하셨는데, 중생들은 아직도 습관적으로 달을 가리키는 손가락만 보고 있는 것이다.

다른 이야기로 비유를 들어 설명하겠다. 흔히 '아는 대로 행동하기 어렵다'는 말을 하는 사람이 있다. 아니, 이 세상 모든 사람들이 아는 대로 행동하지 못하고 살아간다. 그렇지 않으면 이 세상은 성인군자로 넘쳐날 테니 말이다. 그런데 그렇게 말하는 사람이 안다고 하는 것을 잘 살펴보면 사실은 아는 대로 행동하며 살아간다는 것을 알게 된다. 말하자면 횡단보도가 아닌 곳에서 무단횡단하면 안 된다고 알고 있지만, 간혹 무단횡단을 하며 살아가는 것은 남이 안 보는 곳에서 전후좌우를 잘 살펴 안전하게 건너면 된다는 사실도 알고 있기 때문이다.

이처럼 어느 경우에도 인간은 전략적인 판단을 통해 스스로의 선택을 한다. 부처님은 인과의 도리를 가르치셨고 모든 일은 인과에 따라 이루어진다는 것을 알면서도 습관적으로 인과에 반하는 전략적 판단을 일삼는 것이 인간이라는 말이다. 그렇지만 자신의 욕구와 이해관계를 우선시하는 그런 전략적 판단에도 불구하고 중생들은 결국 인과의 사슬을 벗어나지 못한다. 아무리 애를 써도 결국 중생의 삶 그대로가 부처님 법 안에서 이루어지고 있는 것이 인간의 역사이다. 그러므로 그런 습관적인 전략적 판단을 잠시 내려놓으면 어떻게 될까. 자연의 운행에 스스로의 몸을 맡길 수 있게 된다.

　그러므로 '인간 즉 불타'나 '사회 즉 승가'라는 말 역시 마찬가지라고 할 수 있다. 그것은 당위이기도 하지만, 우리 개인의 습관적인 전략적 판단을 내려놓으면 그대로 드러나는 진리 그 자체가 된다. 말하자면 인간은 이제 그저 자기 앞의 이해득실이나 추구하는 이기적인 인간이 아니라 주위 모든 이들과 공감할 수 있는 지혜와 자비의 화신으로서의 부처님일 수 있고, 사회는 온갖 차별과 불통을 넘어서 진정한 평등과 화합이 구현되는 이상적인 공동체로서의 승가일 수 있는 것이다. 모든 존재는 오로지 진리만을 그 실체로서 현상하기 때문이다. '생활 즉 불법'이란 그런 생활을 말한다. 순간적인 이해득실에 따라서가 아니라 온갖 이기심을 내려놓고 자연의 이치에 순응하여 살아간다면 굳이 불법이 무엇인가를 따지지 않아도 부처님 가르침이 자신의 생활 속에 구현되고 있을 것이기 때문이다. 같은 의미를 대조사님은 '바른 마음과 바른 생각을 가지고 생활하면 모두가 다 바로 된다'고 가르치셨다는 조갈천 스님의 증언이 있다. 말하자면 불·법·승의 삼보가 저 멀리 다른 데 있는 것이 아니라 우리의 자각 여부에 따라 이미 구현되어 있는 인간·생활·사회의 본모습일 수 있다는 것으로, 천태종도들은 그 같은 사실을 인지하여 스스로를 자각하고 생활태도를 바꿔 사회를 교화할 책무를 지니는 것이다.

그런데 「대조사 교시문」의 '인간 즉 불타' '생활 즉 불법' '사회 즉 승가'를 이렇게 해석할 수 있는 근거가 사실 천태교학에서 비롯된 것이다. 대조사님의 종교사상을 다룰 본서의 제8장 제1절에서 본격적으로 검토할 내용이지만, 천태대사가 불교 전체의 경전들을 그 가르침의 내용으로 분류한 '화법사교化法四敎' 중 특히 『법화경』의 사상을 지칭하는 '원교圓敎'가 방편 즉 진실의 가르침이기 때문이다. 말하자면 우리들이 살아가고 있는 현실은 그 업에 따라 천차만별의 근기가 존재하고 그에 따라 제도의 방편 역시 다양해질 필요가 있지만, 올바른 지혜의 눈으로 볼 때 그 모두는 결국 모든 중생들을 부처님의 지견으로 이끄는 한 길 이외에 다른 것이 아니라는 것이다.

그렇다면 대조사님께서 왜 하필이면 천태종을 중창하시려 했는가의 취지도 명료해진다. 비구 측이 대한불교조계종, 대처 측이 한국불교조계종이라 하여 제각기 조계종이라는 이름을 자신들 정통성의 기반으로 삼으려 다투던 당시 대조사님은 대각국사가 개창하여 교·관의 겸수로 수행풍토를 쇄신하고 제 종파를 통섭했던 고려 천태종의 영광을 재현하려 하셨다. 그런 점은 천태종의 「종헌」에 본존本尊을 석가모니불로 하고 종조宗祖를 대각국사로 하고 있는 점에서도 발견된다. 그러나 그것은 지나간 시대의 구습이 될 수도 있을 각종 의례나 관습들을 되풀이하려 한 것도 아니고, 호한하기 그지없으며 지나치게 현학적인 중국 천태종의 교학 모두를 되살리려 한 것도 아니었다. 다만 불·법·승 삼보에 대한 재해석을 통해 인간·생활·사회 올바른 도리를 깨우치고자 『법화경』의 사상을 바탕으로 한 새로운 종단의 건립을 통해 진리가 진리 그 자체로 통용되는 불국토를 건립하시려 했던 것이다.

■ 소 결小結

　조선시대와 일제강점기를 거치면서 불교의 민간신행이 질적으로 크게 후퇴해 있는 가운데 해방 이후 비구·대처 간의 극단적인 알력으로 한국불교계는 피폐해질 대로 피폐해져 불교 본연의 모습을 회복할 새 불교운동이 그 어느 때보다도 절실한 상황이었다.

　그런 가운데 대각을 성취하신 이후 대중들에 대한 교화가 어느 정도 성과를 내기 시작하자 상월원각대조사님께서는 천태종을 중창할 것을 선언하며 당신이 염원해 오신 새 불교운동의 첫걸음을 떼셨다. 당시 정부의 불교정책에 따라 처음에는 '천태종대각불교포교원'이라는 이름으로 단체등록을 하여 『개종이념과 교지요강』 책자를 발간하는 등 필요한 제반의 작업에 매진하다 이후 정책변화에 따라 '대한불교천태종'으로 개명하면서는 새로운 종헌을 선포하고 「대조사 법어」를 발표하며 『천태종성전』을 발간하고 또한 「대조사 교시문」을 발표하시어 중앙신도회 및 중앙청년회 창립 등과 더불어 종단의 이념적·조직적 기반을 차례대로 구축해 나가셨다. 물론 새로운 종단이라고는 하나 그 지향하는 바는 불교의 대중화·생활화 등 구인사 대중생활에서부터 지속해 온 '참되게 믿고 참되게 닦고 참되게 행하는 불교'를 건립하는 것이었다.

그리고 대조사님께서 특별히 천태종을 중창하시고자 한 것은 대각국사가 고려 천태종을 개립하여 당시 대립만을 일삼던 선·교의 여러 종파들을 통섭하고 교학연찬과 참선수행이 조화를 이루는 승풍을 진작시킨 찬란한 전통을 계승하여 새로운 시대에 걸맞은 실천적으로 수행하고 교화하는 불교교단을 건설하려는 의도였다. 말하자면 비구 측과 대처 측이 각기 대한불교조계종과 한국불교조계종을 표방하며 조계종이라는 이름으로 자신들의 정통성을 확보하려 하던 시절 전통의 교단이면서 그 역사적 의의가 시대적 상황에도 부합하는 종단이 천태종이었던 것이다. 그러므로 같은 천태종이지만 중국 천태종이 아닌 고려 천태종을 계승하고 있는 것이 오늘날의 대한불교천태종이며, 그「종헌」에 본존을 석가모니불로 하고 종조를 대각국사로 하고 있는 점이 뚜렷한 증거이다.

그렇다면 대조사님께서는 새로운 교단을 통해 어떤 목표를 달성하시고자 하셨을까. 종단적인 차원에서는 본서의 제6장에서 본격적으로 논의할 새 불교운동 삼대지표를 통한 올바른 불교의 회복이었고, 그 궁극적인 목적은 종도들의 교화를 통해 이 땅에 불국정토를 구현하는 것이었다. 그런 사실은 특별히「교시문」가운데 제시되고 있는 천태종도들의 삼대강령을 통해서도 확인되는데, '인간 즉 불타' '생활 즉 불법' '사회 즉 승가'라는 삼보의 재해석을 통해 누구나 참되게 수행하고 착실히 교화해 나가면 우리들의 현실사회에 삼보구현의 이상적인 불국토가 실현되리라 대조사님은 확신하고 계셨던 것이다.

제5장

출·재가를 위한
새로운 수행법

대한불교천태종을 창건하신 상월원각대조사님께서 새로운 종단의 각종 이념적 지표와 조직적 제도들을 확립해 나가시면서 천태종만의 수행법도 제시하셨는데, 잘 알려져 있는 대로 '십선계十善戒'와 '관음주송觀音呪誦'이 그것이다. 불교에서의 수행은 흔히 계戒·정定·혜慧 삼학三學이라고 해서 생활 속에 가려야 할 행위규범[戒]과 정신을 통일하고 마음을 다스리는 수련[定] 및 지혜를 닦는 공부[慧]의 세 가지를 드는데, 십선계가 바로 그런 행위규범이고 관음주송이 정신을 집중하는 수련이다.

　　또한 먼 과거의 여섯 부처님부터 석가모니부처님까지를 과거칠불過去七佛이라고 하는데, 그 일곱 부처님의 공통된 지침이라는 다음과 같은 칠불통계七佛通戒[42]가 있다.

　　　제악막작諸惡莫作 : 모든 악을 짓지 말고
　　　중선봉행衆善奉行 : 모든 선을 받들어 행하며
　　　자정기의自淨其意 : 스스로 그 마음을 깨끗이 하는
　　　시제불교是諸佛教 : 이것이 모든 부처님 가르침

42　이 게송은 경전들에 예전부터 존재하는 것이었지만, 필자의 조사에 따르면 그것을 '칠불통계'라고 부른 것은 천태대사가 최초였던 것 같다. 다시 말해 천태대사가 설한 『법화현의(法華玄義)』권2에 그 최초의 용례가 발견된다.

여기에서 모든 악을 짓지 않고 선을 행하는 것이 십선계이고, 스스로 그 마음을 깨끗하게 하는 것이 관음주송인 것이다. 이 장에서는 그런 십선계와 관음주송에 대해 자세히 고찰해 보고자 하는데, 거기에도 천태종다운 특색이 나타나고 있어 어쩌면 천태종의 진정한 정체성이 드러난다고도 할 수 있기 때문이다.

천태종 출·재가 공통의 계율, 십선계

대조사님께서는 천태종 중창을 선언하고 천태종대각불교포교원을 관계기관에 등록한 직후인 1967년 2월 20일 최초의 득도식得度式을 거행하셨는데,『불멸의 등명』에 따르면 그때 도첩을 받은 이들은 모두 29명으로 그중에는 윤원복, 송종경, 이득주, 김문호 등 재가자의 이름도 보인다. 말하자면 출가자가 아니더라도 도첩을 주었다는 것은 그들을 모두 대조사님의 제자로 받아들였다는 의미이며, 그들은 이후 중앙신도회와 신도회 전국 지부의 구성 등에서 상당한 역할을 하게 된다. 이어서 천태종의 2차 득도식은 1969년 1월 16일 동안거 중에 열렸는데, 모두 96명이 도첩을 받았다고 한다. 그 자리에서는 '천태종도 생활규범' 선서식도 있었는데, 앞서 득도식에서 수계授戒한 내용과 그때 선서한 생활규범이 모두 십선계였다.

1. 십선계의 구체적 내용과 그 성격

십선계의 내용은 잘 알려져 있는 것처럼 석가모니부처님 당시부터 설해지던 십선+善 혹은 십선업+善業이라고도 하는 것으로, ① 살생殺生, ② 투도偸盜, ③ 사음邪婬, ④ 망어妄語, ⑤ 기어綺語, ⑥ 양설兩舌, ⑦ 악구惡口, ⑧ 탐貪, ⑨ 진瞋, ⑩ 치癡의 십악+惡을 짓지 않는 것이다. 말하자면 십악, 즉 열 가지 악행이란 ① 남을 해치는 살생과 ② 도둑질하는 투도, ③ 남녀 간의 건전하지 못한 관계인 사음의 세 가지가 몸으로 짓는 악업이고, ④ 거짓말인 망어, ⑤ 아첨인 기어, ⑥ 이간질인 양설, ⑦ 욕설인 악구의 네 가지가 입으로 짓는 악업이다. 그리고 ⑧ 탐, ⑨ 진, ⑩ 치, 즉 마음에서 일어나는 탐욕과 분노와 어리석음이 마음으로 짓는 세 가지 악업이다. 그런데 석가모니부처님은 그 열 가지 행위를 하지 않는 것이 착한 일이라는 입장에서 십선업이라고 하신 것이고, 천태종에서는 그것을 계율로 받들기 때문에 십선계라고 하는 것이다. 그 십선계의 내용을 『불멸의 등명』에 따라 천태종도 생활규범 선서식에서 발표된 표현대로 열거하면 다음과 같다.

첫째, 모든 생명을 애호하고 자타의 생명가치를 존중히 한다.
둘째, 남의 권리와 소유를 침해하지 않고 정의의 생활을 한다.
셋째, 남녀 간의 윤리를 지키며 정결한 행위를 가진다.
넷째, 바르고 실다운 말을 하며 진실한 생활을 한다.
다섯째, 거칠고 사나운 말과 남을 괴롭게 하는 말을 하지 않는

다.

여섯째, 이간이나 해롭게 할 말을 여의고 화합의 말을 한다.

일곱째, 깊이 생각하고 살펴보는 말과 사리에 맞는 말을 한다.

여덟째, 간탐심을 내지 않고 근면·검소한 생활을 한다.

아홉째, 성내거나 원망하는 마음을 여의고 인욕·관용의 마음을 지닌다.

열째, 미망迷妄과 망견妄見을 버리고 인과의 도리를 믿으며 정리正理를 어기지 않는다.

그러면 이와 같은 십선계에는 어떤 의미가 담겨 있는 것일까. 우선 석가모니부처님이 말씀하신 선과 악의 규정에 대해 살펴보자. 부처님은 열 가지 악행을 먼저 규정하고 나서 그것을 하지 않는 것이 선행이라고 하셨다. 말하자면 선이란 악을 짓지 않는 것이라는 입장에서 대단히 소극적인 행동으로 비춰질 수 있는데, 과연 그렇기만 한 것일까.

우리들은 평소 무수한 선과 악의 규정들에 얽매여 살아가고 있다. 물론 대체로 선이 좋은 것이고 악은 나쁘다는 것을 모르지는 않지만, 어떤 경우에는 그 선과 악의 규정이 충돌하는 경우도 없지 않다. 예를 들어 거짓말은 나쁜 것이지만 진실을 말해서 또 다른 사람이 곤란해지는 경우는 어떻게 받아들여야 할까. 또한 많은 이들이 사회정의를 외치지만 간혹 그들이 요구하는 사회정의가 또 다른 사회정의와 충돌할 때 과연 어떤 것을 선이라고 판단해야 할까. 사람들의 악행을 방지하기 위해 사회에는 사법질서라는 것이 있고 국가 간에는 무수한 국제기구와 중재재판소가 있어 나라끼리의 갈등을 해소하고자 하지만, 현실적으로는 억울한 죄인도 있을 수 있고 국제적으로는 전쟁이라는 최악의 사태도 왕왕 빚어지고 있는 것이다. 또한 목적이 선한 것이라고 해서 그것을 달성하려는 모든 수단이 선으로 정당화될 수 있을까. 어떤 이들은 전체의 안녕을 위해 소수의 희생은 불가피하지 않느냐는 태도를 취하지만, 그것은 경우에 따라서 그저 다수의 의견에 편승해 스스로의 판단을 포기하고 남들 뒤에 숨어 버리는 비겁함이 될 위험이 많다.

그렇다면 부처님께서 설하신 십선은 어떤 입장일까. 자신이 아무리 옳더라도, 또 잘못을 저지르는 사람을 바로잡으려 모두를 위해 하는 일이라도 반드시 지켜야 하는 원칙이 있어야 한다는 것이다. 말하자면 물리적인 폭력이라든가 강압이나 기만에 의한 언사 같은 수단은 아무리 목적이 정당하더라도 그것을 합리화시켜 주지 못한다는 것이다. 그러므로 목적이 정당한 만큼 수단도 정당해야 한다는 것이고, 그것이 부처님께서 설하시는 선이다. 따라서 우리들의 일반적인 법 감정과는 달리 진정한 선은 거친 감정 너머 철저히 이성적인 곳에 있다고 생각된다. 이 점은 우리 사회에서 사형제나 종교적 양심에 의한 병역거부 등에 대해서도 많은 생각을 하게 만든다. 아무튼 부처님의 십선은 어떤 경우에도 지켜져야 하는 것으로서의 성격이 강하다. 더불어 남들은 쉽게 알아차리지 못하는 우리들 마음속의 은밀한 탐욕과 분노와 어리석음까지도 스스로 경계해야 할 악행이라는 것이 부처님의 입장이다. 그리고 부처님 당시 초기불교에서 가장 궁극적인 수행법인 팔정도八正道[43] 가운데 바른 생각, 바른 언어, 바른 행동의 내용이 십선이다. 그런데 바로 그러한 가르침을 대조사님께서는 천태종의 계율로 정립하신 것이다.

2. 십선계 채택의 불교사적 의의

한편 이상과 같은 십선의 도리를 천태종의 계율로 삼아 출·재가 모든 스님과 신도들의 생활규범으로 삼은 것은 석가모니부처님 이래 전 세계 불교사적으로도 커다란 의의를 지니고 있다.

우선 우리가 흔히 계율이라고 쓰는 말은 사실 계戒와 율律이라는 두 단어를 합친 합성어인데, 엄밀하게 말하자면 계는 재가자들이 수지하는 오계五戒나 사미沙彌·사미니沙彌尼가[44] 수지하는 십계十戒처럼 불교적 가치관을 행동으로 실천한다는 자발적 의지표현의 의미가 있다. 그래서 초기불교 시절 부처님의 재가신자가 되기 위해서는 삼보에 귀의하고 오계를 실천하기만 하면 되었다. 반면에 율은 출가자들이 승가 안에서 공동생활을 하는 데 필요한 생활규정과도 같은 것이었다. 특히 율 조항들은 수범수제隨犯隨制라고 해서 승려들 중 누군가 과오를 범

---

43 초기불교의 여러 가르침 가운데 팔정도가 진정한 열반에 이르는 가장 수승한 수행법이라는 말씀은 초기경전의 여러 곳에 등장한다. 팔정도는 ① 바른 견해[正見], ② 바른 생각[正思], ③ 바른 언어[正語], ④ 바른 행동[正業], ⑤ 바른 생활[正命], ⑥ 바른 노력[正精進], ⑦ 바른 기억[正念], ⑧ 바른 집중[正定]으로 이루어져 있다.
44 비구와 비구니가 되기 위해 수습 중인 출가수행자를 말한다.

하면 그에 따라 부처님께서 '그래서는 안 된다'는 식으로 하나하나 제정하시게 된 것으로, 『사분율四分律』을 기준으로 보면 비구 250계나 비구니 348계처럼 자잘하면서도 수많은 조항들로 이루어져 있다.

그래서 석가모니부처님께서도 당신의 입적入寂을 앞두고 시봉을 들던 아난阿難에게[45] '오늘부터는 모든 비구의 의사를 들어 사소한 계율[小小戒]은 폐기하라'고[46] 말씀하셨다. 아마도 시대상황이나 사회관습 등의 변화에 맞추어 당신의 사후에라도 계율이 융통성 있게 운용되기를 바라셨던 것으로 생각된다. 사실 부처님의 근본 가르침이 '모든 것은 그럴 만한 조건에 의해 이루어진다'는 연기사상인 것처럼 불교의 계율 역시 상황에 따라서는 지킬 수도 지키지 않을 수도 있다는 개차법開遮法을 적용하고 있어, 한번 정해진 것은 무조건 지켜야 하는 부처님 당시 이웃종교인 자이나교의 계율과는 애초부터 다른 것이었다. 자이나교도들은 오늘날에도 살생하지 말라는 계율 때문에 논밭을 갈다 벌레를 죽일 수 있기 때문에 농사를 짓지 않으며 무소유無所有의 계율 때문에 일부 분파의 수행자들은 나체로 생활하고 있다.

그러나 부처님의 사후 교단을 계승한 마하가섭摩訶迦葉은 그 사소한 계율이 구체적으로 어떤 조항들인지 알 수 없다는 이유로 모든 계율을

---

45 부처님의 10대 제자 중 다문제일(多聞第一)이라고 하며, 부처님을 항상 가까이에서 시봉했던 사람이다. 본래 부처님의 사촌동생이었는데, 늘 부처님의 가르침을 들을 수 있었으므로 가장 많이 들은 이가 된 것이다.
46 『長阿含經』권4(大正藏1, p.26a), "自今日始, 聽諸比丘捨小小戒."

그대로 수지하기로 한다. 물론『율장律藏』의 어떤 조항들은 명백히 부처님이 입적한 이후에 제정되었을 것으로 보이지만,[47] 아무튼 마하가섭의 조치로 그렇게 잡다한 율 조항이 2,500년이나 지난 오늘날까지도 정통성이란 명분으로 바뀌지 않고 그대로 전해 내려오고 있다. 이런 사실은 종교라는 것의 전통이 얼마만큼 고치기 어려운 것인가를 단적으로 보여 주는 일례이기도 하다.

그런데 한국불교의 전통종단들은 대승불교大乘佛敎를 표방하면서도 수지하는 계율은 소승계小乘戒라는 모순을 지니고 있다. 사실 대승불교의 기원에 관해서는 오늘날까지도 상당 부분 명확히 확인되지 않고 있는데,『범망경梵網經』등에서 설해지고 있는 몇몇 대승계大乘戒는 존재하지만 승단의 구체적인 생활을 규정하는 대승의 율이 발견되지 않고 있다는 점에서 인도에서는 대승교단이 따로 존재하지 않았다고 추정하는 근거가 되고 있다.[48] 따라서 대승종단을 표방했던 중국의 각 종파에서도 율은 소승의 율을 채택할 수밖에 없었던 것인데, 그런 사정이 오늘날 한국불교의 전통 종단들에서도 여전히 답습되고 있는 것이다.

그에 비해 대한불교천태종은 대조사님께서 아무것도 없는 데서 새로

---

47 예를 들면『四分僧戒本』(大正藏22, p.1029b), "不得佛塔內宿, 除爲守視應當學." 이 조항은 衆學法 중 하나로 '佛塔을 지키기 위해서가 아니라면 그 안에서 잘 수 없다고 배워야 한다'고 하지만, 불탑이 있다는 것은 이미 석가모니부처님이 入寂한 이후라는 것을 의미한다.

48 말하자면 大乘의 가르침을 공부하는 승려들도 小乘의 僧院에서 함께 생활했으며, 같은 律에 따라 행동하지 않을 수 없었을 것이라고 한다. 이런 점에 관한 가장 최근의 학설은 폴 윌리엄스·앤서니 트라이브, 안성두 역,『인도불교사상』(서울:도서출판 씨아이알, 2013)이나 조성택,『불교와 불교학』(파주:돌베개, 2012)을 참조하기 바란다.

창립했기 때문에 부처님 이래의 또 다른 전통적 가르침인 십선업으로 계율을 삼을 수 있었다. 그런데 이런 사실은 단순히 대승교단에서 소승의 율에 따라 생활한다는 모순을 극복했다는 것 이상의 의미를 가진다. 사실 소승의 율은 2,500년 전 제정된 것으로서 오늘날의 생활에 적용하기 어려운 것들이 한두 가지가 아니다. 단적인 예로 출가수행자는 금전을 소지해서도 안 되고 탁발托鉢 이외의 방법으로 생계를 해결해서도 안 된다. 그러므로 오늘날에도 소승의 율을 고집한다는 것은 사실상 계율을 온전히 지키지 않고 있는 것일 뿐 아니라 타인을 속이는 위선인 것이다. 아무튼 십선계를 계율로 삼은 천태종은 현대사회의 생활에 보다 걸맞은 행동규범을 지니게 되었고, 이후 다른 면에서도 자유분방한 새 불교운동의 면모를 과시할 수 있게 되었다. 실제로 천태종에서 새로 정립되고 정비된 신행의 제도나 방식들은 십선계의 예에서 보듯 전통의 정신을 계승하되 전통이라는 명분 때문에 구태를 반복하는 것이 아니었는데, 그런 사실은 뒤에 언급할 대중불교의 실천과 더불어 전 세계 불교역사상 최초의 진정한 대승교단이 탄생했다고도 할 수 있는 것이다.

3. 십선계를 수지하는 올바른 태도

그러면 대조사님께서 제정하신 십선계를 천태종도들은 어떻게 수지해야 할까. 먼저 재가자들의 가장 일반적인 계율인 오계와 십선계를 비교해 보면 오계는 '① 살생하지 마라, ② 도둑질하지 마라, ③ 사음하지 마라, ④ 거짓말하지 마라, ⑤ 술 마시지 마라'로 모두 겉으로 드러나는 행위와 관련되어 있으며, 술을 마시지 말라는 조항을 제외하고는 모두 십선업에 들어 있는 것이다. 반면에 십선계에는 탐욕과 분노, 어리석음에 빠지지 말라는 내용이 포함되어 있어 마음속으로 짓는 악업도 경계하고 있다.

그런데 이와 관련하여 천태종 중창선언 이전 구인사 대중생활 당시 대조사님께서 대중들의 기강에 대해 강조하신 대목을 상기해 볼 필요가 있다. 본서의 제2장에서 언급했던 것처럼 대조사님께서는 특별히 대중생활에서 지녀야 할 올바른 마음가짐에 대한 말씀을 많이 하셨는데, 누군가 비뚤어진 생각이나 동료들을 시기·질투하는 마음을 먹고 있으면 대중들이 모인 자리에서 누군지는 지적하지 않으면서 넌지시 그런 생각 버리라고 타이르고 그런데도 고치지 않으면 다음 날은 대중 전체에게 기합을 내리셨다고 한다. 또한 발걸음이나 행동거지에 대해서도 무척 엄격하셨는데, '마음이야 어떻게 빨리 변하지 않더라도 행동거지는 생각만 있으면 바로 바꿀 수 있는 것 아닌가' 하는 말씀을 하셨다는 것이다. 그리고 종단 창건 이후 살생과 관련해서는 '어부가 가족들을 먹여 살리기 위해 고기를 잡는 것은 죄가 되지 않지만 취미로 낚시를 하는 것은 엄중한 죄가 된다'고 하셨다는 신도들의 증언이 있다. 또한 도둑질하지 마라는 항목과 관련해서는 '내 것이 아니면 쳐다도 보지 마라, 소 털끝만 한 것도 공것이 없다'는 대조사님의 가르침을 기억하고 있는 신자도 있고, 더불어서 '돈을 꿔 줄 때 이자 많이 받지 말고 갚지 못해도 싸우지 말 것이며 상대가 갚을 수 있도록 잘되기를 축원해 주라'고 하셨다고 한다. 교통사고를 당하더라도 '상대편이 보상해 주는 대로 받지 절대 많은 돈을 요구하지 말라'고 하셨고, 화투놀이와 지나친 화장, 성형수술 등을 금하셨다는 말씀도 있다.

그러므로 이런 이야기들을 통해 우리들이 십선계를 어떻게 수지해야 하는가에 대한 해답을 찾을 수 있다. 앞에서 계율은 불교적 가치관을 행동으로 실천한다는 자발적 의지표현의 성격을 지니고 있다고 했는데, 천태종도는 늘 자신이 불자임을 자각하고 스스로의 마음가짐에 각별히 유의해야 한다. 탐욕과 분노와 어리석음은 자신도 모르게 자주 찾아오는 중생의 일반적인 습성이지만, 그렇기 때문에 늘 자기 자신을 살피는 노력이 필요하다. 또한 불교의 계율은 상황에 따라 지킬 수도 있고 지키지 않을 수도 있는 융통성이 있다고 했지만, 그것은 아주 특별한 경우의 일이고 자신의 욕망 때문에 함부로 적용할 수 있는 것이 개차법은 아니다. 다시 말해 우리들이 불자라는 사실을 명심한다면 마음가짐에서부터 행동거지나 언사까지도 스스로 성찰하여 철두철미하게 변해야 하고 어떤 경우든 계율은 반드시 지키겠다는 각오가 필요한 것이다.

또한 계율은 모든 불교수행의 기초가 된다. 말하자면 계율을 지키는 데서부터 수행이 시작되는 것으로, 예를 들면 중국 천태종의 창시자인 천태대사가 자신의 참선수행법을 설명하고자 지은 『천태소지관天台小止

觀』에도 제일 첫머리에 지계청정持戒淸淨이 강조되고 있다. 그러므로 다음 절에서 설명할 관음주송의 수행 역시 계율을 올바로 지키려는 마음가짐이 그 밑바탕에 있어야 제대로 된 성과를 얻을 수 있는 것이다.

제2절

관음주송 수행법과 대중적인 반향

앞에서 언급했던 것처럼 대조사님은 15세 때의 백일기도에서와 같이 구인사 정착 후 몇 년 동안은 따르는 제자들과 함께 천수다라니 내지는『천수경』독송에 전념했다. 그러다가 간화선看話禪과[49] 비슷한 '내가 뭐냐'는 주제의 참선을 1년 반 동안 하기도 하고 '궁궁을을강강' 같은 동학에서 유래된 주문이나 '대방광불화엄경' 같은 경제經題를 염송하는 등 다양한 수행의 방법을 시도하셨는데, 대한불교천태종을 건립하고 나서는 '관음주송'으로 대중들의 수행법을 통일하셨다.[50] 종단에서는

---

49 우리나라 선종의 주된 수행법으로, '이뭣고' 등의 화두(話頭)를 갖고 그것을 의심하는 방식으로 정신을 통일시키는 참선을 말한다.

50 『불멸의 등명』에는 1969년부터 관음주송을 수행했다는 기록이 나오지만, 1971년 8월 발간된 『천태종성전』에는 '준제다라니'를 당시 종단의 통일된 수행법으로 삼으려 했던 것이 아닌가 하는 대목이 있고 대조사님께서 1972년 관음주송 백만독을 권하셨다는 증언도 있어, 1971년 말이나 1972년부터 관음주송으로 통일되었다고 추정된다.

관음주송이라는 단어보다 '관음기도' 혹은 '관음정진'이라는 말을 자주 쓰는데, 본서에서는 '관세음보살'을 칭명하지만 그것을 주문처럼 외울 뿐 수행 중에 특별한 관념觀念을 보태지 않는다는 점에서 관음주송으로 부르기로 한다. 한편 이 자리에서는 관음주송의 방법과 그를 통해 얻어지는 여러 가지 공덕들을 고찰하기에 앞서 먼저 불교수행 일반의 신비적 성격에 대해 살펴보려 한다. 대중들 사이에는 수행의 효능이나 수행 중에 나타나는 특이현상 등 수행과 관련해서 논리적으로 쉽게 설명하기 어려운 부분들이 분명히 존재하기 때문이다.

1. 불교수행 일반의 신비성 문제

널리 알려진 바와 같이 불교는 수행의 종교이다. 교조 석가모니부처님의 수행과 깨달음에서부터 불교라는 종교가 탄생했고, 이후 모든 불교의 유파들은 나름대로 자신들의 수행법을 통해 해탈解脫 또는 성불成佛이라는 종교적 목표를 달성하려 노력해 왔기 때문이다.

그러면 그와 같은 수행은 무엇 때문에 필요할까. 우리들의 일상은 늘 자신의 생각에 의해 행동한다. 그래서 나름대로 성공적인 결과를 초래하기 위하여 매 순간 주위의 상황을 객관적으로 살피고 최대한 이성적인 사유를 통해 판단하려 하지만, 그런 일상의 사유는 습관적으로 자신도 모르는 사이 자기 자신의 욕망[貪]과 감정[瞋], 무지[癡] 등에서 발단한 경우가 대부분이다. 또한 대부분의 사람들은 자신의 생각이 자기 자신이라고 굳게 믿지만, 사실 생각이라는 것처럼 자신의 마음대로 되지 않는 것도 없다. 참선 등을 통해 정신을 집중해 보려 하면 오히려 평소보다 심하게 무수한 잡념이 떠올라 마음을 한곳에 모으기 어려웠던 경험이 불교를 공부하는 사람이라면 누구에게나 다 있을 것이다. 따라서 일상의 사유에서 벗어나 보다 나은 초월적 자아를 경험하기 위한 방법이 수행이라 할 것이다.

그런 수행을 불교에서는 예로부터 계·정·혜의 삼학으로 나누어 설명해 왔다. 인간의 모든 행위[業]가 몸[身]과 입[口]과 생각[意]의 세 가지에 의한 것으로 본다면 그 몸과 입, 생각의 행위를 일정 정도 제한하거나[戒] 집중과 몰입을 통해 다스림으로써[定] 지금까지의 일상적인 인식과는 다른 올바른 지혜를 획득한다는[慧] 것이다.

그러면 수행은 어떤 원리에서 이루어지는 것일까. 앞서 불교의 수행은 몸과 입과 생각의 조절을 통해 행하는 것이라 했는데, 그것은 바로 인간의 마음[心]과 육체[身]가 상호 유기적인 연관관계 속에 있다는 전제를 통해 가능한 것이다. 예를 들면 사람들은 화가 나면 자신도 모르게 숨이 가빠지고 맥박이 빨라지는 생리현상이 동반되는데, 평소 호흡을 가다듬어 고르게 쉬는 수련을 오래 지속한 사람은 불시에 떠오르는 울화를 어느 정도 쉽게 제어할 수 있다. 따라서 이런 원리에 입각한 수행은 특정한 행위나 호흡, 발성 등 신체적 조건을 제어하여 마음을 가다듬고 정신을 통일하여 삼매三昧와 같은 특정한 정신상태에 도달하려고 하는 것이다.

그런데 수행이라는 일련의 행위에는 일정 정도 신비적인 측면이 있다는 것을 알아야 한다. 먼저 수행의 신비적인 측면의 첫 번째는 특정한 수행을 실제 해 본 사람과 한 번도 경험해 본 적이 없는 사람 간에 존재하는 그 수행의 증험證驗에 대한 믿음과 불신의 문제일 것이다. 예를 들면 한의학韓醫學에서는 인체의 기氣에 대해 인정하고 그를 통해 병증病症을 진단하고 치료한다. 그러나 대부분의 일반인들이 그 기라는 존재를 알기는 어렵다. 한의학에서 경락經絡이라고 설명하는 기도氣道도 해부학적으로는 증명이 되지 않는다. 다만 단전호흡 등을 일정 정도 수련한 사람들은 대부분 자신의 몸 안에 흐르는 기의 현상을 감지하게 된다. 이 경우 수행의 신비적 성격은 특정 과정을 거치면 모두 알 수 있는 것이지만 그 과정을 거치지 않은 사람에게는 여전히 알 수 없는 것이 되는 것이다.

　　두 번째 수행의 신비적 영역은 과연 그 수행이 실제 효과가 있는지, 효과가 있다면 그것을 구체적으로 어떻게 증명할 수 있는지의 문제이다. 사실 수행을 하고 있는 사람도 자신에게 어느 만큼의 변화가 있고, 그래서 자신은 지금 과연 어떤 단계에 와 있는지 본인도 알기 어렵다. 그래서 지금도 어느 정도는 같은 일들이 일어나고 있지만, 과거 자연과학이 마침내 모든 진리를 밝혀 줄 것이라고 믿었던 실증주의實證主義의 맹신이 대중들의 마음속에 깊이 자리 잡았던 시절에는 동양의 종교나 정신문화가 비현실적이라고 쉽게 배척받았던 이유이기도 하다. 그러나 오늘날 발달된 과학기술과 사례연구 등을 통해 명상이나 수행이 인간에게 어떤 영향을 미치고 있는가에 대한 탐구들이 활발히 일어나고 있다. 특히 정신병리학이나 뇌腦과학 분야에서의 연구들이 활발하여 뇌파腦波의 변화 등을 살펴 수행에 관한 일단의 효과에 대해서 대체로 인정하고 있지만, 그 전반적인 양태에 대해서는 아직까지도 완벽하게 밝혀내지 못하고 있는 것이 현실이다.

그리고 세 번째 신비적인 영역은 그 수련의 경지에 따라 수행자 자신의 일반적인 인지認知에 천차만별의 차이가 나타나는 것에 관한 문제이다. 말하자면 산 위에 있는 사람은 산 위뿐 아니라 산 아래에 무엇이 있는지도 볼 수 있지만 산 아래 있는 사람은 산 위를 알 수 없다는 비유를 들어 수행을 설명하는 경우에 해당하는 것이다. 다시 말해 우리 천태종도들은 대조사님께서 성취하신 수행의 성과를 보고 또 대조사님이 권하시는 말씀에 따라 수행을 시작했지만, 실제 대조사님께서 도달하신 경지가 과연 어떤 것인지는 짐작조차 할 수 없다. 따라서 필자 자신도 나름 수행자의 일원이지만, 지금 하고 있는 수행의 끝이 어디까지 이어질지 쉽게 단언할 수 없는 성격을 지니고 있는 것이 수행인 것이다.

2. 관음주송 수행의 구체적 방법

그런데 관음주송을 행하는 구체적 방법을 살펴보기에 앞서 천태종에서는 관음주송의 수행을 달리 관음기도라고도 한다는 사실에 먼저 주목하고자 한다. 실제로 종단에서는 구인사에서의 3일 관음기도를 무척 중요시하는데, 최초로 천태종에 귀의하는 신자들은 누구나 총본산 구인사에 와서 4박 5일 동안 관음주송을 수행할 것을 권하고 있다. 여기서 3일 관음기도가 4박 5일인 것은 구인사를 찾아가는 날과 나오는 날을 제외한 온전한 3일을 가리키는 것이다. 그리고 기도라는 말에서도 짐작할 수 있듯이 그 수행의 토대에는 관세음보살에 대한 믿음이 자리 잡고 있다. 말하자면 구태여 『법화경』 「관세음보살보문품」이나 『화엄경』 『아미타경阿彌陀經』 등 경전의 전거를 인용하지 않더라도 대중들에게 널리 알려져 있는 관세음보살의 중생구제 정신에 의지하여 무언가 간절히 바라는 바가 있는 이들이 기도라는 이름을 통해 스스로 수행에 동참하게 하는 것인데, 이것은 간화선에서 이야기하는 이른바 수행에 요긴한 세 가지[三要]를 생각하게 한다.

> 참선에는 모름지기 세 가지 요긴한 것을 갖춰야 하니, 하나는 큰 믿음의 뿌리[大信根]이고 둘째는 크게 분발하는 의지[大憤志]이며 셋째는 크게 의심하는 마음[大疑情]으로, 그 하나라도 빠지면 다리가 부러진 삼발이 솥과 같아 끝내 못쓸 그릇이 되고 만다. [51]

서산대사가 지은 『선가귀감禪家龜鑑』에 나오는 구절로, 말하자면 간

---

51 『禪家龜鑑』(卍續藏經63, p.738c), "參禪須具三要, 一有大信根, 二有大憤志, 三有大疑情, 苟闕其一, 如折足之鼎, 終成廢器."

화선이 끝내 깨달음을 이룰 수 있으리라는 큰 믿음을 가지고 크게 분발하여 화두에 대한 크나큰 의심에 몰두하는 것이 수행의 첩경이라고 한다면, 관음기도는 각자의 소원이 화두에 대한 의심을 대신하는 것이다. 관세음보살을 믿고 반드시 해 내겠다는 의지가 있어야 관음기도를 시작하겠지만, 자신의 바라는 바가 간절하면 간절할수록 수행의 태도가 더욱 절실할 것이기 때문이다.

그리고 본격적인 수행에 앞서 수행자는 대중방에 자리를 잡고 허리를 세워 단정히 앉은 뒤 호흡을 가다듬고 눈을 가볍게 감는다. 가부좌跏趺坐나 반가부좌가 권장되지만 익숙하지 않은 사람에게 굳이 강요하지는 않는다. 관음주송의 요체는 무엇보다 정신집중이기 때문에 오히려 정신집중을 방해할 번잡한 형식을 강권하지는 않는다. 손은 금강권金剛拳이라 하여 엄지손가락을 다른 네 손가락으로 감아 주먹을 쥐고 손등이 아래를 행하도록 하여 두 무릎 위에 놓는다. 이 역시 반드시 지켜야 하는 것은 아니어서, 자신만의 집중을 위해서 합장을 하는 사람도 있고 좌선을 할 때처럼 엄지손가락을 서로 맞대고 두 손을 포개어 배꼽 아래 두는 사람도 있다.

다음 본격적인 수행에 앞서 먼저 전면을 향해 합장을 하고 부처님께 귀의한 후 자신의 소원을 밝히는 축원祝願을 한다. 앞서 관음주송을 관음기도라고도 한다고 했듯이 수행의 목적, 다시 말해 자신의 바라는 바를 먼저 부처님께 토로하는 형식이라 할 수 있다.

그리고 이어서 '관·세·음·보·살, 관·세·음·보·살, 관·세·음·보·

살…' 식으로 연이어 뚜렷한 목소리로 관세음보살을 부르기 시작한다. 보통 대중들이 함께 수행할 때는 앞에서 누군가 함께 외울 수 있도록 목탁으로 리듬을 잡아 주는 경우도 있다. 아무튼 소리를 내어 관세음보살을 연속해서 부르므로 소리와 함께 숨을 다 내쉬고는 순간 빠르게 숨을 들이쉬어 다시 관세음보살을 부른다.

그런데 이렇게 관세음보살을 부르는 동안 주의해야 할 것은 일체의 다른 생각을 하지 않는 것이다. 자신이 축원했던 기원의 내용이 무엇이고 관세음보살이 자신을 어떻게 도와줄지 등 모든 생각을 멈추고 오직 '관·세·음·보·살' 정근에만 집중해야 한다. 그래서 그럴 수 있는 방법으로 지금 입으로 내고 있는 자신의 소리를 자신의 귀로 들으라고 한다. 사실 생각을 집중한다는 것은 말처럼 쉬운 일이 아니다. 우리들의 생각이라는 것은 자신의 의도와 상관없이 조금만 틈을 보이면 끊임없이 다른 데로 흐르게 마련이다. 그때 그런 자신을 살펴보면 입으로는 관세음보살을 연속해서 부르고 있지만 그 소리는 자신의 귀에서 멀어져 있고 머릿속은 어느덧 잡념이 지배하고 있는 것을 깨닫게 된다. 그러나 그랬다고 그런 자신을 책망할 필요는 없다. 그것이 수행상에 나타나는 자연스러운 현상이기 때문이다. 다만 다시금 자세를 가다듬어 자연스레 관세음보살 주송 소리에 집중하기만 하면 된다.

한편 어느 정도 잡념에서 벗어나 정신의 집중이 이루어지면 제일 먼저 부딪치는 경계가 졸음이다. 일정한 리듬으로 일정한 소리를 반복하다 보면 차츰 자율신경이 안정되면서 온몸이 편안해지고 자연스레 수면의 욕구가 고개를 드는 것이다. 그런데 필자의 경험으로 보면 그런 상태에서는 생리적으로 수면을 청하는, 다시 말해 잠들기에 적합한 호흡을 하고 있음을 깨닫게 된다. 천태종 2대 종정 남대충 대종사께서 생전에 필자에게 관음주송 중 호흡이 가장 중요하다는 말씀을 하신 적이 있고 나중에 대중들 앞에서도 같은 가르침을 내리신 적이 있는데, 천성이 우둔한 필자는 그 말씀에 담긴 이치를 한참 뒤에야 깨달은 것이다. 말하자면 쏟아지는 수마睡魔를 견뎌 내고 수행을 지속해야 하는데, 그때는 졸음이 수행을 방해한다는 사실을 명심하여 수면을 물리칠 수 있는 주송을 해야 한다. 즉 '관·세·음·보·살' 주송을 하면서 호흡을 가능한 깊게 하여 혼미해지려는 정신을 주송에 집중시키는 것인데, 그를 통해 자연스럽게 단전호흡이 이루어지며 졸음으로부터도 자신을 지킬 수 있다. 대조사님께서도 주송 수행 중 잠이 쏟아질 때는 숨을 깊이 들이쉬고 내쉬는 수식관數息觀을[52] 가르치셨다는 증언이 있다. 그러므로 수행중 무엇보다도 중요한 것은 스스로 졸음에 빠지지 않으려는 강한 의지인 것이다.

그리고 관음주송을 마칠 때는 다시 한 번 전면을 향해 합장을 하고 귀의와 축원을 한다. 1년 365일 개방되어 있는 구인사 대중방에서는 동절기와 하절기에 따라 약간의 차이는 있지만 일과에 따라 이와 같은 관음주송 수행이 하루에 11시간 이상 지속된다.

---

52 들숨과 날숨을 '하나, 둘, 셋' 하며 집중하여 헤아리는 호흡법을 말한다.

그런데 이와 같은 관음주송의 수행법은 불교의 다른 수행법들과는 차이가 나는 독특한 것이라고 할 수 있다. 예를 들면 불·보살의 명호를 외운다고 해서 가장 먼저 비교되는 것이 정토종淨土宗의 염불수행念佛修行인데, 중국 정토종이 처음부터 칭명염불稱名念佛을 했던 것도 아니고 2조인 도작道綽(562~645) 이후 본격화된 칭명염불도 극락왕생極樂往生을 목적으로 하는 것이어서 아미타불阿彌陀佛에 대한 관념을 떠날 수는 없는 것이었다. 오히려 일정한 발성을 통해 수행한다는 점에서 인도의 만트라 요가와 가깝다고 볼 수 있는데, 이화여대 철학과 교수 한자경은 그의 책 『명상의 철학적 기초』에서 만트라 요가에 대해 다음과 같이 기술하고 있다.

> 만트라 요가는 소리를 이용하여 정신 집중을 행함으로써 절대적인 합일의 경지에 이르고자 하는 것이다. 스스로 특정 단어 또는 특정 구절을 적당한 소리로 또는 내적으로 반복하여 말함으로써 산만하게 흩어진 마음을 단 하나의 소리로만 집중하는 것이다. 그렇게 함으로써 그 오직 하나의 의식 속에서 의식자와 의식된 것이 더 이상 분리되어 있지 않은 하나를 체험하는 것이다.

그러나 관음주송에서 관세음보살의 명호 그 자체가 주문과 같은 역할을 한다는 입장에서 만트라 요가와 유사한 수행이라고 할 수 있어도 만트라 요가의 연장선상에 있다고 할 수 있는 밀교密教에서의 진언수행

眞言修行과는 확연한 차이가 있다. 다시 말해 밀교에서의 진언은 삼밀三密, 즉 신밀身密·구밀口密·의밀意密이라고 하여 그 진언을 외울 때 함께 하는 수인手印과 관상觀想이[53] 동반돼야 하지만, 앞서도 밝혔듯이 관음주송은 오로지 구칭염불만으로 정신을 집중시키는 것이다. 그리고 정토종의 염불수행은 아미타불의 본원력本願力에[54] 의지하므로 타력교他力教라고 하였고 여타의 수행에 비해 쉽다는 의미에서 이행도易行道라고 하였으나, 관음주송은 관세음보살의 명호를 외우기는 하지만 무엇보다도 정신집중이라는 스스로의 수행에 주안점을 두고 있으므로 자력교自力教라고 할 수 있으며 졸음과 해태懈怠 등의 장애를 헤치고 부단한 노력을 통해 성취하려 애쓴다는 점에서 난행도難行道라고 할 수 있는 것이다.

그런데 이상과 같은 이행도·난행도 논쟁을 떠나 막상 관음주송의 방법을 대중들에게 가르치신 대조사님은 기성 종단의 참선에 비해 관음주송이 훨씬 빠른 성과를 낸다는 점에서 '참선은 맨손으로 땅을 파서 길을 내지만 관음주송은 도구를 써서 길을 닦는 것과 같은 이치'라는 말씀을 하셨다고 2대 종정스님은 증언하고 있다. 말하자면 당신도 대

---

53 불상의 손 모습과 같이 손으로 짓는 여러 가지 특정한 상징체계와 마음속에 떠올려야 하는 생각을 말한다.

54 정토종은 아미타부처님이 보살로 계실 때 세운 원력(願力), 즉 '중생들이 간절히 원하면 누구든지 나의 국토에 태어나 좋은 환경에서 수행하여 성불(成佛)할 수 있게 하겠다'는 서원에 의지하여 아미타불의 국토인 극락(極樂)에 왕생(往生)할 것을 목표로 '나무 아미타불'을 염불수행하는 종파이다.

중들을 데리고 한동안 참선수련을 행하신 대조사님께서 참선의 공덕을 부정하신 것은 아니지만, 근기가 서로 다른 사람들을 한데로 이끌기 위해 보다 성취가 빠른 방법으로 관음주송을 제시하신 것이다. 이 점 역시 새 불교운동 삼대지표의 첫 번째인 대중불교의 실현을 위한 가르침이었다고 생각된다.

3. 관음주송의 여러 가지 공덕

한편 관음주송을 수행하면 여러 가지 공덕이 나타나는데, 필자는 가장 일반적인 현상으로 얼굴색이 밝아지고 음식섭취와 소화가 왕성해지며 심리적으로 안정되는 현상을 발견한다. 사실 관음주송을 통해 스스로 자신의 질병에서 벗어나는 경우가 많은데, 그와 관련하여 오랜 동안 직접 요가수련을 하였고 인도 요가사상으로 박사학위를 취득한 이태영은 관음주송이 지속적인 발성을 통해 생체의 리듬을 바로잡는다는 데 주목하여 다음과 같이 밝히고 있다.

인간의 육체나 정신작용은 물론 하나의 진동체이다. 이 진동체는 모든 소리에 영향을 받는데, 스스로 자신이 내는 소리의 진동에 의해서도 영향을 받는다. 그런데 염불은 일정한 소리를 내며 반복하는 파동이다. 이렇게 질서 있고 조화로운 파동운동은 인간의 육체적·심리적 파동에 영향을 준다. 이것을 리듬편승이라고 하는데, 만약 염불과 같이 일정한 리듬의 파동이 인간의 내부에 전달되면 인간의 생리적·심리적 리듬은 그 염불의 리듬과 동조하게 된다. 물론 이러한 리듬에 의해서 자율신경계의 실조는 물론 그 밖의 불균형에 의한 육체적·심리적 질병이 치료되는 것은 말할 나위가 없다. 불교에서 염불에 의해 심신의 질병을 치료한 예는 얼마든지 있기 때문에 여기서 이러한 현상을 더 이상 부연 설명할 필요는 없을 것이다. 단지 과학적인 상세한 설명은 생략하지만 염불이 단순한 종교심리적인 효과에 한정된 것만이 아니라 과학적인 실증이 가능하다는 것을 염두에 두기 바란다.

실제로 당시의 의료실태가 열악했기 때문인지 대조사님 시절부터 구인사를 찾아오는 이들의 소원 중에는 질병치료가 가장 많았는데, 그런 사람들 중에 관음주송을 통해 소원성취를 이룬 경우가 많은 사실은 숨길 수가 없다.

그러나 보다 중요한 것은 관음주송 도중 왕왕 신비적인 체험을 하게 된다는 것이다. 말하자면 고도로 정신이 집중된 상태에서 현실에서는 있을 수 없는 경험을 하게 되는데, 그 내용은 사람에 따라 천차만별이라 한마디로 정의하기 어렵다. 주로 관음주송 도중 깜박 졸거나 비몽사몽 간에 나타나는 체험이고, 그것이 반드시 수행의 긍정적인 효과라고 보기도 힘들다. 오히려 수행자의 무의식이 빚어 내는 허깨비 같은 착각일 수 있는데, 중국 천태종의 창시자 천태대사는 『천태소지관』에서

'만일 마음을 도道의 문에 안정시킬 수 있으면 도가 높을수록 마魔가 성하게 되니, 그 때문에 마사魔事를 잘 알아야 한다'며[55] 다음과 같이 말한다.

> 어떤 사람이 좌선을 하는데 마가 나타나 호랑이나 이리로 변해 찾아와도 그런 나머지 수행자를 잡아먹은 일을 일찍이 본 적이 없고, 역시 마가 남녀로 변해도 그런 나머지 부부가 될 수 있었던 일을 일찍이 본 적이 없다.[56]

대조사님의 가르침을 잇고 있는 천태종에서도 신도들이 관음주송 중에 불·보살을 친견하거나 아주 좋은 꿈을 꾸었다고 해도 그것은 수행이 깊어지는 과정일 뿐 특별히 거기에 매달리지 말고 평소처럼 수행에 매진하라고 가르친다. 그런데 그와 같은 신비체험과 관련해 천태대사는 올바른 수행방법에 대해 다시 이렇게 설명한다.

> [마사개] 만일 질질 끌면서 물러가지 않으면, 다만 바른 생각으로 두려움을 일으키지 말고 목숨을 아끼지 않으며 마음을 바르게

하여 흔들리지 않게 하고, 마계魔界의 여如가[57] 바로 불계佛界의
여임을 알아야 한다. 만일 마계의 여와 불계의 여가 하나같아 둘
이 아니면, 곧 마계에서 버릴 것이 없고 불계에서 취할 것이 없어,
곧바로 불법佛法이 스스로 앞에 나타날 것이며 마의 경계가 소멸
할 것이다.[58]

석론釋論에 이르기를, '제법諸法의 실상實相을 제외하고 그 나머지
일체가 모두 마사이다'라고 하였다. 게偈 가운데 설명한 바와 같
으니, '만일 분별하고 생각하면 그것이 곧 마라魔羅의 그물이며,
흔들리지 않고 분별하지 않으면 그것이 곧 법인法印이다'라고 하
였다.[59]

두 번째 인용문에서 석론이란 용수龍樹의 『대지도론大智度論』을 가리
키는 것으로 그 권20의 내용을[60] 거론한 것인데, 본문 중의 마라란 악
마를 의미하고 법인이란 진리의 증좌를 뜻한다. 말하자면 정신집중 도

---

57 여기서 여(如)란 진여(眞如) 혹은 여여(如如)와 같은 의미로, 현상 이면에 자리 잡고 있는 진실
    을 뜻한다.
58 앞의 책(pp.157-158), "若遲遲不去, 但當正念, 勿生恐懼, 不惜軀命, 正心不動, 知魔界如, 卽是
    佛界如. 若魔界如佛界如, 一如無二, 則於魔界無所捨, 於佛界無所取, 卽佛法自當現前, 魔境
    消滅."
59 앞의 책(p.161), "釋論云, 除諸法實相, 其余一切, 皆是魔事. 如偈中說, 若分別憶想, 卽是魔羅
    網, 不動不分別, 是則爲法印."
60 『大智度論』(大正藏25, p.99b), "復次, 除諸法實相, 餘殘一切法盡名爲魔. 如諸煩惱·結·使·欲
    ·縛·取·纏: 陰·界·入: 魔王·魔民·魔人, 如是等盡名爲魔."

중 어떤 경험을 하든 거기에 흔들리지 말고 바른 수행을 계속하면 점점 더 깊은 집중이 이루어지면서 마침내는 제법의 실상에 도달할 것이라는 이야기인데, 그것은 참선이든 관음주송이든 마찬가지라고 생각된다. 다시 말해 그것이 마사일지라도 이상의 신비적인 체험이 거듭되는 가운데 흔들리지 않고 수행에 집중해 나가면 언젠가 진정한 삼매가 가능하다는 것이다.

또한 관음주송 도중 종교심리학에서 말하는 회심(回心, conversion)이 일어나는 경우들도 발견된다.[61] 흔히 천태종 신도들 사이에선 '구인사에서 기도하면 한 가지 소원은 꼭 이루어진다'는 속설이 있지만, 사실 관음주송을 아무리 열심히 해도 세속적인 소망이 모두 이루어질 리는 없을 것이다. 그런데도 10년, 20년 천태종의 사찰에 찾아와 열심히 관음주송을 하는 이들은 아직도 소원이 이루어지지 않았거나 아니면 또 다른 소원들이 그리 많아서일까. 그렇지는 않을 것이다. 굳이 이유를 설명하자면 그렇게 오랜 세월 수행을 계속하는 신도들은 어떤 단계에선가 자신에게 찾아온 회심의 사실을 토로하는 경우가 있다. 또는 스스로 말하지 않아도 변모된 생활자세에서 회심의 경험이 있었던 사실을 짐작하게 한다.

종교학에서는 회심이 어떤 계기로 찾아오는 것인지는 모르지만 그와

61　종교적 현상으로서의 回心에 관해서는 김재영, 『심리적 종교심리학의 회심이론』, 『종교연구』 33집(한국종교학회, 2003, pp.17-40)과 岸本英夫 저, 박인재 역, 『종교학』(서울·김영사, 1983)을 참고하기 바란다.

같은 현상이 있는 것만은 인정하고 있다. 말하자면 일반인들의 신앙 체제에 청원태請願態·희구태希求態·체주태諦住態가 있어, 기복신앙적인 모습이 청원태이고 경전 등에 깊은 감명을 받고 오로지 종교의 외길에 전념하게 되는 모습이 희구태이며 일상적인 생활을 초월한 궁극적 가치를 직관적으로 체득하여 그 속에서 사는 모습을 체주태라고 한다. 그런데 회심은 한 개인의 신앙체제가 어떤 계기를 통해 급격히 변화·고양되면서 나타나는 현상으로 추정되고 있는 것이다.

한편 정신과 의사인 전현수는 기도를 통해 나타는 몽중가피夢中加被라는 현상을 정신의학과 연관하여 다음과 같이 설명하고 있다.

정신분석이나 정신치료에서도 환자가 자신의 문제를 해결할 때 대부분 꿈에서 먼저 나타나고 그 다음 현실생활에서 그것이 표현된다. 예를 들면 항상 기가 죽어 있고 다른 사람에게 자기표현을 못하는 사람이 정신치료를 통해 위축이 풀리고 기가 살아나면 꿈에서 남에게 이기거나 자신을 당당하게 표현하는 꿈을 꾼다. 그런 후에 실제생활에서 자연스럽게 된다. 꿈에 나타난다는 것은 무의식에도 변화가 왔다는 것을 의미하기 때문에 정신치료에서는 환자가 꿈에서 좋아져야 비로소 그 좋아진 것이 환자 마음속에 군건히 자리 잡았다고 인정한다. 의식이 정신세계를 차지하는 비율은 10% 정도이고 나머지 90%는 무의식이다. 따라서 무의식에 깊은 변화가 있지 않고는 신체적 병이든 정신적 병이든 낫기가 어렵다.

 정신의학에서 중시하는 꿈을 통해 관찰되는 무의식의 변화를 언급한 것인데, 앞에서 언급한 신비체험과 더불어 관음주송 중의 회심도 우리들 무의식 속에서의 어떤 변화라고밖에 생각할 수 없다. 아무튼 회심이 일어난 사람들에게는 새로운 가치관에 따라 살아가고자 하는 새 인생이 열리는데, 그를 통해 그들은 심리적으로 안정된 가운데 도덕적이고 윤리적인 인격을 완성해 가게 되고 나아가 편안하고 원만한 삶을 살게 된다.

 그런데 이상과 같은 관음주송의 수행법은 천태종 신자들의 신행생활을 크게 바꿔놓았다. 천태종이 창건되기 이전 기존의 종단들에서 신자들의 신행은 그저 사찰의 불공佛供에 동참하여 재물을 보시하며 복을 기원하거나 석가탄신일과 칠석, 백중 등에 절을 찾아가 등을 다는 것이 일반적이었다. 좀 더 열성적인 신자가 법회에 참석해서 법문을 듣고 경전공부에 참여하며 사경寫經 등을 행하는 경우도 있지만, 전체 불교신자 중 그들이 차지하는 비중은 극히 미미할 정도이며 그런 사정은 오늘날에도 크게 개선되었다고 하기 어렵다. 그런데 천태종의 신자들은 법회 때마다 관음주송을 수행하는 것은 물론 일과가 끝난 저녁시간 각자의 집에서나 혹은 회관에 모여 시간이 허락하는 만큼 스스로 관음주송에 정진하게 된 것이다. 이런 현상은 물론 대조사님의 가르침에 의해 시작된 것이지만, 기성의 불교신행 관행을 크게 뒤바꿔 놓은 것이다. 그래서 그저 항간의 소문을 듣고 절에 가서 며칠 편안히 쉬는 줄 알고 구인사를 찾았다가 잠도 재우지 않고 수행하라는 등살에 무척 당황했다는 초창기 신자의 증언이 있을 정도이다.

그리고 이러한 변화에 대해 종교학자인 이효원은 자신의 한 논문에서 현대 한국불교의 특징으로 피안彼岸보다는 차안此岸에서의 개인적 구원에 더 치중하는 경향이 있다는 전제하에 관음주송으로 대표되는 천태종의 신행행태에 대해 다음과 같이 평가하고 있다.

관음염불을 통하여 인간이 지향하는 차안적 구원을 의도함으로써 삶 전체를 종교 아닌 것이 없는 현실로 구체화해 버리는 것이다. 현실이 구원된 삶이 되어 버리면 현실 삶은 그 자체가 바로 정토가 되어 버린다. 바로 이곳, 이 순간, 현실에서 열반과 해탈을 위한 모든 조건이 성립되는 것이다. 단지 '관세음보살'이라는 다섯 글자를 염송하는 것만으로 해탈의 경지까지도 경험이 가능해지는 것이다.

그런데 대조사님은 이상과 같은 관음주송 백만독百萬讀을 권하셨다. 1972년 몇몇 신도들과의 개인적 친견 시간에서 어떤 신자의 '관음주송을 아무리 해도 별 감응이 없는 것 같습니다'라는 말에 '얼마나 했기에, 백만 번 해 봤니' 하고 말씀하셨다는 것이다. 말하자면 어쩌다 몇 시간 수행하고는 '이만하면 제법 열심히 한 것 아닌가' 하는 자만심을 경계하신 것으로, 수행에는 그만큼 오랜 기간 끊임없는 매진이 필요하다는 말씀이었다. 그러고는 그를 기화로 1973년 동안거 대중설법에서 '관음주송을 백만독 하면 모든 업장이 소멸되고 소원이 성취되며 성불成佛도 할 수 있다'고 가르치셨다는 것이 현 종정 사서실장 박덕수朴德水 스님의 증언이다. 그런데 이런 사실은 그 무렵 이미 천태종의 수행법이 관음주송으로 통일되어 있었다는 간접적인 증거이기도 하다. 지금도 종단에서 일정한 기간을 정해 신도들의 관음주송 백만독 특별법회를 자주 개최하고 있는 것은 이상과 같은 대조사님의 가르침에 의한 것이다.

■ 소 결 小結

상월원각대조사님은 천태종대각불교포교원을 관계기관에 등록한 직후인 1967년 2월 최초의 득도식을 거행하여 29명에게 도첩을 수여하고 1969년 1월에는 2차 득도식을 열어 96명을 제자로 받아들이셨는데, 그때 수계한 내용이 십선업의 가르침을 계율로 삼은 '십선계'였다. 말하자면 부처님이 제시하신 열 가지 악행, 즉 살생, 도둑질, 사음과 거짓말, 아첨, 이간질, 욕설 및 마음속의 탐욕과 분노와 어리석음을 금하신 것으로, 2차 득도식 때는 그것을 '천태종도 생활규범'이라고도 하셨다. 또한 그때 도첩을 받은 제자 중에는 재가신자도 포함돼 있어 출·재가 공통의 계율로 십선계가 채택된 것이다.

그런데 이와 같은 일은 동아시아 대승불교권의 모든 전통종단들이 대승의 정신을 표방하면서도 계율은 현실적으로 실천 불가능한 소승의 율을 수지한다는 모순을 해소한 것일 뿐 아니라 현대사회라는 변화된 환경 속에도 얼마든지 적용 가능한 생활규범을 출·재가가 공통으로 수지하게 됨으로써 불교역사상 최초로 진정한 대승교단이 출범하게 되었다는 의의를 지니는 것이다.

한편 대한불교천태종으로 개명한 이후에는 그 전까지 출·재가자의 다양한 수행법을 '관음주송'으로 통일하였는데, 관음주송은 전래의 관음신앙에 의지하지만 실제 주송의 과정에서는 오직 관세음보살을 부르는 소리에만 집중하여 다른 생각을 하지 않고 정신을 통일함으로써 삼매를 이루는 방식에서 다른 수행법들과 차별화된다. 말하자면 정토교의 염불수행이 아미타불의 본원력에 의지하므로 타력교인 데 비해 관음주송은 스스로의 실천에 더 많은 방점이 찍혀 있으므로 자력교이고, 흔히 염불은 참선에 비해 쉬운 길이라는 입장에서 이행도라고 하지만 관음주송은 수마 등 수많은 난관을 극복하며 매진해야 성과를 얻을 수 있다는 입장에서 난행도이다. 그런 점은 특히 대조사님께서 백만독이라고 해서 관음주송 백만 번은 해 보라는 가르침에서도 드러난다.

그리고 관음주송을 수행하면 여러 가지 공덕을 성취하게 되는데, 필자의 관찰에 의하면 흔히 얼굴색이 좋아지고 음식 섭취와 소화가 왕성해지며 심리적으로 안정되는 현상이 발견된다. 그리고 그런 연장선상에서 지병이 치유되는 효과도 자주 거론된다. 그렇지만 관음주송의 보다 중요한 공덕은 수행 중 여러 신비 체험을 거듭하며 진정한 삼매에 들어 언젠가는 대조사님과 같은 대각을 성취할 것이라는 사실이며, 그렇지 않더라도 오랜 수행을 통해 많은 이들이 종교학에서 이야기하는 회심의 체험을 하게 된다는 사실이다. 한번 회심이 일어난 사람들에게는 새로운 가치관에 따른 새 인생이 열리는데, 그를 통해 그들은 심리적으로 안정된 가운데 도덕적이고 윤리적인 인격을 완성해 가게 되고 편안하고 원만한 삶을 살게 된다.

　그런데 이상과 같은 관음주송 수행은 재가신자들의 신행생활을 크게 바꿔 놓았다. 천태종이 창건되기 이전 기존의 종단들에서 재가자들의 신행은 그저 사찰의 불공에 동참하여 복을 빌거나 석가탄신일과 칠석, 백중 등에 절을 찾아가 등을 다는 것이 일반적이었다. 그렇지만 천태종의 신자들은 법회 때마다 관음주송을 수행하는 것은 물론 일과가 끝난 저녁시간 각자의 집에서나 혹은 회관에 모여 시간이 허락하는 만큼 스스로 관음주송에 정진하게 된 것이다. 이런 현상은 기성의 불교신행 관행을 크게 뒤바꿔 놓은 것으로, 대한불교천태종이 건립됨으로써 한국불교계에 일으킨 커다란 변화 중의 하나인 것이다.

제 6 장

새 불교운동을 위한
구체적 지침

천태종 중창선언 이후 새 불교운동의 전개를 위해 다각도로 노력해 온 상월원각대조사님께서 그 새 불교운동의 이념적 기초를 확고히 정립하신 것은 1971년 8월 10일 『천태종성전』의 발간을 통해서였다. 이 책은 그해 10월경 개정·공포된 「종헌」에 『법화경』 및 그 주석서와 더불어 천태종 소의경전으로 등재할 정도로 중요시되었는데, 그중에서도 핵심이 되는 내용은 「실행편」의 부분이었다.

거기에서는 '대중불교·생활불교·애국불교'로 표방되는 '새 불교운동 삼대지표'와 '삼대실천강령'이 주된 내용을 이루고 있는데, 그중 삼대실천강령은 제4장에서 언급했던 것처럼 조금 뒤에 발표되는 「대조사 교시문」의 '삼대강령'과 표현만 다를 뿐 같은 내용으로 천태종도들 모두의 개인적 의무이자 행동지침이고 불국토 구현의 원리를 제시한 것이었다.

그에 비해 새 불교운동 삼대지표는 대조사님께서 기도하신 종단 차원에서 회복해야 할 불교의 본래 모습이자 대중운동적 목표라고 할 수 있다. 그리고 그 대중운동적 목표는 이후 대한불교천태종의 제반사업에 다양한 형태로 깊은 영향력을 미치는데, 이 장에서는 그 삼대지표 하나하나에 깃들어 있는 진정한 의미와 그 의의에 대해 살펴보고자 한다.

<u>제1절</u>

대중불교, 대중이 주체가 되는 대승교단

새 불교운동 삼대지표의 첫 번째 항목은 '대중불교'의 실현이었다. 물론 불교의 혁신을 도모하는 사람들에게 불교의 대중화 혹은 대중의 불교화는 빼놓을 수 없는 과제였던 것이 사실이다. 그러나 중요한 것은 그런 구호가 아니라 그것을 어떻게 구현해 낼 수 있는가의 방법론이었다. 대조사님께서는 대중불교의 가장 중요한 과제로서 출·재가의 구별 없는 수행생활과 종단운영 참여를 꼽으셨는데, 이 절에서는 그런 사실에 대한 원론적인 정의와 더불어 그 의의에 대해 자세히 살펴보고자 한다.

1. 대중불교에 대한 원론적 정의

그러면 천태종의 새 불교운동 삼대지표 중 대중불교란 처음부터 어떤 의미로 제시되었을까. 『천태종성전』에 등장하는 대중불교에 대한 원론적인 정의를 검토하기 이전에 그런 관념이 형성되는 과정에서의 유사한 고려들을 먼저 살펴보고자 한다.

우선 앞에서 언급했던 천태종대각불교 명의로 발간된 『개종이념과 교지요강』 「천태종대각불교 개종의 취지」 편에는 '개종취지의 개요'의 세 번째로 '누구나 신앙하고 수행할 수 있는 대중중심의 불교를 건설한다'고 하면서 그 자세한 내용을 다음과 같이 부연 설명하고 있다.

> 재래의 불교는 그 의식제도면에 있어서 산간생활을 하는 수행승려중심으로 조직되어 있어서 세간생활을 하는 사람으로서는 불교의 참다운 신자가 되려면 모든 의무와 책임 직업까지도 불고不顧하게 되었으니 이와같은 실정하에서는 대중이 선법善法의 가피를 입기 어려웠고 결국 일부 소수인의 독선불교獨善佛敎로 끄치어 불교가 부진한 큰 원인을 이루었던 것이다.
> 분업이 발달하고 다사다기한 오늘날 누구나 각자 생업에 종사하면서 불법승삼보에 귀의하고 계정혜삼학의 실수實修로서 각자의 생활과 사회를 일층 빛내는 근대적 종단을 건설함에 있다.

여기에서는 재가자가 불교인이 되기 어려운 현실을 비판하면서 현대사회의 특징으로 분업이 발달해 있는 상황을 언급하며 '각자의 생활과 사회를 일층 빛내는 근대적 종단'을 목표로 한다는 것이다.

또한 「기본강령(종지)」 편의 '실천요체(지도이념)' 중에는 다음의 내용들이 눈에 띈다.

> 2. 종단은 출가재가 사부중으로 구성하되 신분적 차별을 인정치 않으며 동등하게 삼보수호와 교단운영에 참여할 응분의 기회와 의무 및 권리를 갖고 건전한 종단건설을 기한다.
> 7. 종교가 국가 발전의 원동력인 점에서 사부대중이 일치단결하여 홍법·교화운동을 적극적으로 전개하므로서 국태이민國泰利民의 실익을 기한다.

특별한 설명이 필요하지 않을 정도로 간결한 언명이지만, 분명히 드러나는 의지는 각별히 사부대중 중 재가자의 역할에 많은 기대가 담겨있음을 알 수가 있다.

그리고 이와 같은 논의들이 『천태종성전』의 간행과 더불어 '대중불교'라는 분명한 슬로건 내지 목표로 등장하게 된 것이다. 『천태종성전』에서는 '새 불교운동 3대지표'를 거론한 다음다음 면에 '3대지표의 요체'라는 제목으로 다음과 같이 3대지표의 각 항목과 관련된 보다 구체적인 실천과제들이 수록되어 있다.

> 대중불교 　 「가람불교伽藍佛教」에서 「민중불교」에로
> 　　　　　　 「출가出家불교」에서 「재가불교」에로

	「염세주의불교」에서 「구세주의불교」에로
생활불교	「기복불교」에서 「작복作福불교」에로
	「우상불교」에서 「실천불교」에로
	「유한遊閑불교」에서 「생산불교」에로
애국불교	「국민도의 재건」에 주력한다.
	「사회정화운동」에 노력한다.
	「복지사회건설」에 이바지 한다.
	「민족중흥과업」에 헌신한다.

또한 그보다 뒷부분에는 '3대지표의 요지'라는 제목으로 다음과 같이 설명하고 있다.

본종에서는 본종단이 지향할 바의 지표로서
1. 「대중불교」를 실현한다.
2. 「생활불교」를 실천한다.
3. 「애국불교」를 건립한다.
를 내세웠다.
다시 말하면 불교의 「대중화·생활화·국민화」를 의미한 것이다.

그러고는 '대중불교 실현의 방안'으로 상기 '3대지표의 요체'를 다음과 같이 해설한다.

1. 「가람불교에서 민중불교에로」라고 함은 재래우리나라에서는 어떤 절을 본위로 하여 그 절에 가야만 불교가 있고 절을 떠난 불교는 없다고 생각한 「가람불교」의 관념을 처부수고 불교는 온 인류의 것, 사회의 것이라는 원칙에서 특히 민주民主시대에서의 온 국민대중이 같이 믿고 실천하는 불교를 실현하자는 것이다.

2. 「출가불교에서 재가불교에로」라고 함은 재래 우리나라 불교는 세속을 떠나서 입산수도해야만 「불교인」이 되고 세속에 있는 재가자在家者는 불교인이 될 수 없는 것으로 생각해 왔다. 그러나 오늘에는 진리는 온 인류가 평등하게 알고 배우며 실천해야 한다는 원칙에서 출가 본위의 불교를 재가본위로 전환하자는 것이다.

여기에는 재래 불교신앙의 행태에 대한 철저한 비판이 담겨져 있는데, 사찰이나 출가자 중심의 불교는 불교의 진리를 올바로 실현하고 있는 것이 아니라고 하고 있다. 그래서 사찰을 떠나 민주시대의 사회 속에서 재가자 본위로 평등하게 알고 배우며 실천하는 불교로 전환하자는 것이 대중불교라는 것이다.

그런데 앞에서 언급한 '3대지표의 요체'에 따르면 마땅히 '염세주의불교에서 구세주의불교에로'를 설명해야 할 대목에는 어쩐 일인지 다음과 같은 구절이 등장한다.

3. 「전수불교에서 통속불교에로」라고 함은 재래 우리나라 불교
   는 전문적으로 불교를 연구하고 공부하는 전문가만이 하는
   불교가 되어 있었다. 그것은 불교는 알기 어렵고 공부하기도
   어려운 때문이었다. 그런데 오늘날에는 진리는 태양과 같이
   그 빛이 온 누리에 고루 전달되어야 한다는 원칙에서 전문적이
   고 특수한 불교진리의 전달방법을 버리고 일반이 다 같이 믿
   고 알고 실천할 수 있는 방법을 취하게 되었다. 그러므로 본
   종에서도 옛적 중국적인 천태교리와 실천법은 너무나 심오하
   고 어려워서 일반인은 알기도 어렵고 믿고 실천할 수 없었으
   므로 우리는 그 교리와 실천법을 가장 평이하고 통속적인 것
   으로 개편하게 되었다. 특히 실천법이 그러하다.

   인용문의 '전수불교'는 한자 표기가 없는데, 전수專修라고 보아야 할
것 같다. 말하자면 불교를 신행한다고 하면서 한평생 어려운 경전 더
미 속에 묻혀 머리로만 불교의 진리를 찾겠다고 애쓰는 폐해를 지적한
것이다. 그러므로 통속불교란 그런 전문적인 지식에 의지하지 않더라
도 생활 속에서 부처님의 가르침을 실천할 수 있는 실질적인 불교신행
의 자세라고 할 수 있겠는데, 통속이라는 표현이 일반적으로 부정적인
것에 반해 여기에서는 세속과 소통할 수 있다는 입장에서 긍정적으로
쓰인 것을 알 수 있다.
   아무튼 염세주의불교를 비판할 자리에 전수불교와 관련된 내용이 등

장하는 것은 아마도 책의 발간을 준비하는 과정에서 모종의 문제가 있었던 것으로 추측되는데, 가장 쉽게 생각해 볼 수 있는 것은 처음에 구체안으로 '전수불교에서 통속불교에로'라는 항목을 염두에 두고 준비해 오다 막판에 '염세주의불교에서 구세주의불교에로'로 확정되어 혼선이 빚어졌다고 추정해 볼 수 있다. 그런데 천태종대각불교 명의의 『개종이념과 교지요강』「기본강령(종지)」편의 '삼대강요' 가운데 하나인 '참다운 불교를 세운다(불법중흥)'의 구체적 항목으로 '둔세불교遁世佛教에서 구세불교에로'라는 구절이 등장하고 '전수불교'와 관련될 만한 것은 일체의 언급이 없는 것으로 보아 오히려 위에 인용한 구절이 최종적으로 편입되었다고 보는 것이 더 상식적일 것 같다. 실제로 위의 인용문을 제외한 모든 대목에는 일괄적으로 '염세불교에서 구세불교에로'로 통일되어 있기 때문이다. 또한 전수불교의 대표적인 예로 중국의 천태교의와 실천법을 들고 있는 것도 예사롭지 않다.

그런데 『천태종성전』의 맨 앞에 위치한 '성전 간행사'에도 다음과 같은 역시 쉽게 간과할 수 없는 범상치 않은 대목이 눈에 띈다. '대저 인생이란 그 삶의 뜻을 추궁하고 그 삶의 값을 구현하려는 이지理智의 자각력自覺力과 이상理想의 창조력을 지닌 고귀한 생명체이니'로 시작되는 간행사는 불교의 전체 사상을 『법화경』 사상으로 예시한 다음 천태종 중창의 사연을 전하며 책의 편제를 설명하고 있는데, 그 마지막 부분에 이런 기사가 나온다.

[대한불교천태종은] 특히 신앙과 실천면에 중점을 둔 것으로서 중국 천태종이 철학적인 이론 면에 치중한 것과 다르다. 교상·교리편 은 실은 참고로 한 것이고 본종의 교의로 한 것은 아니다. 본종 은 성전·실행·의식 3편으로 족하다.

『천태종성전』은 앞에서 언급했던 것처럼「성전편」「실행편」「의식편」 「교상편」「교리편」「종사편」의 여섯 부분으로 이루어져 있는데, 중국 천 태종의 교의에 대해 본격적으로 설명하고 있는「교상편」과「교리편」은 참고로 실었을 뿐이라고 한다. 그리고 대한불교천태종의 입장에서는 『법화경』등 주요 경전의 내용을 담은「성전편」과 지금 설명하고 있는 「실행편」및 종교의례에 필요한 법요문구를 실은「의식편」으로 족하다 는 것이다.

　그러므로 같은『천태종성전』안에서도 심각한 단층의 현상을 보이고 있다고 해야 한다. 앞에서 언급했던 것처럼『불멸의 등명』에는『천태종 성전』간행을 위해 사계斯界의 권위 있는 학자와 종단 간부를 편집위원 으로 위촉했다는 내용이 나오고 '성전 간행사'의 말미에도 사계의 권위 자를 모시고 엮어 냈다는 기술이 보이지만 사계의 권위자가 누구였는 지는 밝히고 있지 않아 알 수가 없다. 아무튼『천태종성전』의 내용 안 에서 단층이 발견된다는 것은 당시 권위 있는 학자들로부터 천태교학 이나 천태종 역사 부분을 집필 받아 수록하면서 예의「실행편」같은 부 분의 내용은 대조사님의 의중이 깊이 게재되었던 것으로 생각해 볼 수 있다. 「실행편」의 기술에서는 전문 학자가 아닌 일반 서민적인 어투가 등장하는 것도 같은 이유가 되겠다. 그런데 애초 성전의 집필자들에게 보다 쉬운 기술을 부탁했지만, 전문 학자들이 집필한 「교상편」과 「교리편」의 내용은 전문용어와 술어들의 개념 설명과 나열에 머물러 일반인에게는 여전히 어렵기만 하여 대조사님의 의중에 위배되었던 것 같다. 그러자 책의 발행을 앞둔 막바지에 위에 인용한 대목을 삽입하고 발간사에서도 같은 내용을 강조하여 부분적으로나마 보완하고자 한 것으로 여겨지는 것이다.

아무튼 대조사님께서 천태종 중창선언을 할 때 그 천태종이 고려 천태종에 초점을 맞췄다는 사실은 이미 언급했지만, 위의 두 인용문에 의거하면 중국의 천태교의에 대해서는 너무 어렵고 철학적이라는 입장에서 일정 정도 부정적이었다는 사실을 확인할 수 있다. 그런 사실에 대해서는 대조사님의 종교사상을 집중적으로 살펴볼 본서의 제8장에서 상세히 다루었다. 여기서는 전수불교가 되었든 염세주의불교가 되었든 그런 모습들이 대중불교와 배치되는 그간의 잘못된 불교신행의 모습이었다는 사실을 확실하게 명심해 둘 필요가 있다.

2. 불교혁신 방안으로서 대중불교의 의의

그러면 이와 같은 대중불교의 지향이 대조사님의 새 불교운동에서 지니는 의의는 무엇일까. 먼저 생각해 볼 수 있는 것은 본서의 제1장 제2

절에서 언급했던 것처럼 근대에 제기된 여러 가지 한국불교의 혁신책 내지 개혁안에서 불교의 대중화가 빠진 적이 한 번도 없었다는 사실이다.

우선 권상로의 「조선불교개혁론」에서는 '불자를 위한 교육제도 정립'과 '구습과 폐쇄성을 탈피한 개방적 입장' '일체 중생이 함께 성불함을 목표로 하는 평등정신'을 개혁의 이념으로 삼아야 한다고 했다. 또한 한용운은 『조선불교유신론』에서 '염세와 독선적인 수행 비판' '대규모 선학관 건립으로 참선교육 내실화' '승려의 결혼 허용' '사원의 도시 건립' '포교사 교육 강화'를 외쳤고, 이영재는 「조선불교혁신론」에서 '포교와 교육 강화'를 이야기했다. 그런데 이와 같은 불교의 대중화 방안들은 당시로서는 구체적인 실천이 어려운 탁상공론으로 그친 감이 없지 않다. 그리고 보다 실천적인 입장에서 백용성은 불교 대중화의 기초작업으로 삼장역회를 조직하여 어려운 한문경전의 한글 번역과 보급에 힘을 기울이고 대중포교를 위해 서울(당시의 경성) 봉익동에 대각사를 설립하고 대각교운동을 전개했지만, 여전히 그것은 승려 중심이었고 대중들을 주체로 받아들이기에는 미흡한 것이었다. 예를 들어 불교경전의 한글 번역은 불교의 대중화를 위해 중요한 사업이지만, 그것을 읽고 이해해야 할 대중들을 객체로 삼고 있다. 또한 경전의 번역보다 더 중요한 사실은 그 경전에 담긴 정신을 어떻게 현실상황과 관련하여 대중들이 이해하기 쉬운 이야기로 설명할 수 있을지에 대한 고민이다. 오늘날까지 불교의 대중화를 고민하는 모든 이들에게 불교경전의 현실은 그 경전 내지 대부분의 경전들에 대한 상당한 사전지식이 있어야 문구 그

대로의 의미를 이해할 수 있다는 사실이다. 그리고 그것은 대조사님의 새 불교운동이라는 입장에서『천태종성전』에 전문 학자들이 제시한 교과서적인 천태교학도 마찬가지였던 것으로 보인다.

그에 비해 천태종 새 불교운동에서 '대중불교'의 양상은 관음주송으로 수행법을 통일하여 특히 구인사에서의 3일 관음기도라는 형식으로 재가신자들도 최소 온전한 3일간을 수행에만 집중해 보는 기회를 제공하고, 십선계를 출·재가 모두의 계율로 삼으며 승려들의 위의威儀도 현실생활에 적합하도록 비교적 자유로울 수 있게 배려했다는 점이다. 또한 재가자 안거제도나 구인사를 비롯한 천태종 말사 기도실의 24시간 개방에서도 보이듯 재가자의 불교신앙도 그 핵심은 실천적인 수행이라는 점을 대중들에게 뚜렷이 각인시켰다는 점을 간과할 수 없다. 그래서 구인사의 상주 승려가 몇 명 되지 않아 지방에 파견하거나 상주시키는 것은 상상도 할 수 없었던 여건에도 불구하고 자발적으로 조직되고 자율적으로 운영되는 지역의 신도조직들이 하나둘 일어나 단기간에 전국조직을 완성하게 된 것이다. 전 동국대 교수 권기종은 그의 논문「21세기 새 불교운동으로서의 대중불교」에서 천태종의 대중불교 노선은 결과적으로 ① 사원의 도시화, ② 사원의 개방화, ③ 수행 공동체, ④ 사부대중의 일체화를 이룰 수 있었다고 지적하고 있다.

그리고 인도에서 대승교단의 생활규범을 규정하는 대승의 율이 발견되지 않고 있는 것에서 실질적인 대승불교만의 교단은 존재하지 않았던 것으로 추정된다는 사실을 앞에서 언급했지만, 대승불교를 표방했던 중국이나 한국 전래의 종단들 역시 재가자를 승단의 동반자로 받아들였던 적은 없으며 소승계를 수지할 수밖에 없었으므로 역사상 진정한 대승교단은 일찍이 어디에도 없었다고 할 수 있다. 그런데 위에서 언급한 수행의 측면뿐만이 아니라 재가신자를 종회의원으로 받아들이는 등 행정적인 면에서도 천태종의 '대중불교'가 목표했던 것은 바로 그 대중이 진정한 주체가 되는 대승교단의 설립이었다고 하지 않을 수 없는 것이다.

또한 대중불교에는 『법화경』의 핵심사상인 회삼귀일會三歸一의 정신이 깃들어 있다. 말하자면 각기 독자적인 불교수행의 방식이 궁극적으로는 부처님의 가르침을 올바로 깨닫기 위한 한 가지 목표로 통일될 수밖에 없으며, 그러기 위해서는 서로 다른 근기의 대중들을 다양성의 긍정이라는 측면에서 포용할 수 있어야 하는 것이다. 자세한 내용은 대조사님의 종교사상을 다룰 본서의 제8장 제1절에서 확인하기 바란다.

생활불교, 삶의 현장에 구현되는 불법

새 불교운동 3대지표의 두 번째 항목은 '생활불교'의 실천이다. 역시 불교의 생활화 내지 생활의 불교화가 불교의 내실화를 강구하는 사람들에게 빼놓을 수 없는 화두지만, 대한불교천태종이 천명하는 생활불교에는 또 다른 어떤 의미가 담겨 있는 것일까. 이 절에서는 그에 대해 상세히 살펴보고자 한다.

1. 생활불교에 대한 원론적 정의

앞서 언급한 대로 『천태종성전』에 기술된 '3대지표의 요체'에는 생활불교가 '기복불교에서 작복불교에로' '우상불교에서 실천불교에로' '유한불교에서 생산불교에로'로 되어 있다. 그런데 『개종이념과 교지요강』에서 이런 내용과 관련된 구상을 찾아보면 「기본강령(종지)」 편 '3대강요'의 첫 번째 '참다운 불교를 세운다'에 '미신불교에서 정법불교에로' '기복불교에서 수도불교에로'가 보이고, 두 번째 '참다운 생활을 이룩한 다'에 '각생활覺生活의 건설로 생활개조'와 '근면·검약으로 경제적 자립' 이라는 항목이 보인다. 또한 같은 편 '실천요체(지도이념)'에는 다음과 같 은 기술들이 나타난다.

4. 무속신앙을 지양하고 정각정행으로 민족정신문화향상을 도 모한다.

8. 수행과 사회활동과의 조화를 도모하여 성실·관용·겸허·봉 사의 시대적인 「불교인상」의 창조를 기한다.

9. 보시의존의 사원경제를 지양하고 자급자활의 생산적인 경제 체제를 확립하여 합리적인 종단운영을 도모한다.

10. 불교에 대한 그릇된 인식과 견해를 시정하야 대중신앙심을 앙양하고 창의와 실천으로 불교적 생활화를 기한다.

그리고 앞 절의 '대중불교'와 '생활불교'를 함께 언급한 대목이 역시 천태종대각불교 명의의 『신도회규약(헌장)』 첫 쪽의 「오대강령」 안에 등 장한다.

3. 우리는 참신하고 대중적인 불교운동을 전개하여 생활의 불교 화를 이룩한다.

아무튼 천태종대각불교 시절에도 같은 구상들이 논의되고 있었다는 사실을 염두에 두고 『천태종성전』에서 밝히고 있는 생활불교에 대한 정의를 살펴보기로 한다. 「실행편」 '3대지표의 요지'에는 생활불교의 요체에 대해 다음과 같이 설명하고 있다.

1. 「기복불교에서 수복불교에로」라고 함은 재래의 우리나라 불교는 산속 절에서 부처님을 모시고 사는 승려이기 때문에 오로지 기복신자의 주머니를 들여다보고 살아왔으므로 부처님에게 불공하고 시주를 하면 복이 온다는 것만 선전하여 왔으므로 세속에서 절을 찾는 사람들은 쌀되박이나 가지고 절에 불공을 하러 가는 것이 신도이다. 그러나 부처님은 그 밥 한 그릇 받아 자시고 복을 꼭 주는 것이 아니다. 그것은 부처님의 교리에 어긋나기 때문이다.

   그러므로 이제부터는 그런 어리석은 기복불교보다 참된 불교 교리에 의하여 제가 복을 지어 나가는 올바른 불교를 해야 하겠다. 자기가 직접 지성으로 기도하고 염불한다거나 온갖 착한 일을 하고 모든 나쁜 짓은 하지 않는 것이 바로 복을 지어 나가는 일이다. 나쁜 짓을 하면서 부처님 앞에 밥 한 그릇 떠놓고 나를 잘 보아 달라고 한다면 그것은 1종의 「와이로」 행사이다. 부처님은 그런 「와이로」를 받아들이지 않을 것이다.

'3대지표의 요체'에서는 '작복불교作福佛教'라고 표현되어 있는 것이 여기에서는 '수복불교修福佛教'로 되어 있지만, 여전히 기복불교가 부처님의 교리에 어긋나는 것을 비판하며 스스로 지성으로 '기도하고 염불한다거나 온갖 착한 일을 하고 모든 나쁜 짓은 하지 않는 것'이 복을 지어 나가는 일이라고 한다. 특히 나쁜 짓을 하면서 부처님 앞에 밥 한 그릇 떠 놓고 자신을 잘 봐 달라고 하는 것은 부처님께 뇌물을 행사하는 것과 같다고 하면서 당시 생활 속에 일제의 잔재였던 일본어 와이로 [회뢰賄賂, わいろ]라는 단어가 등장하고 있다. 그리고 다음의 구절이 이어진다.

> 2. 「우상불교에서 실천불교에로」라고 함은 재래불교에서는 1종의 우상적인 신앙만을 본위로 하여 왔다. 부처님은 모든 사람에게 복을 준다는 우상관념의 신앙이다. 그런데 오늘날과 같은 과학시대에는 통하지 않는다. 그러므로 우리는 모든 것을 실천해 나가야 한다는 원칙에서 단순한 우상숭배보다 부처님의 진리를 믿고 그대로 실천하고 불교를 해야 하겠다.

앞서 언급한 수복불교 내지 작복불교와 더불어 실천불교라는 것도 기복이나 우상숭배로 잘못 알려진 불교에서 벗어나 올바른 부처님의 가르침으로 돌아가 바르게 믿고 실천하는 불교를 이야기하고 있다. 특히 위의 수복불교를 설명하는 문구들과 함께 실천불교를 설명하면서도 '불교를 한다'는 어구가 눈에 띄는데, 보통 '기독교를 믿는다'고 하는 데 비해 불교를 신信·해행解行·중증證의 차제로 설명한『대승기신론大乘起信論』[62] 이래 불교는 행하는 것이라는 오랜 관념이 투영된 표현인 것이다.

아무튼 이어서 생산불교에 대해서는 다음과 같이 기술하고 있다.

3. 「유한불교에서 생산불교에로」라고 함은 재래불교는 승려나 신도나를 보면 대체로 유한계급이었다. 승려도 유의유식遊依遊食 주의인가 하면 신도들도 대부분 먹고 입고 여유가 있는 유한계급칭[층의 오기]에서 심심풀이 삼아 절에를 다니고 불교를 믿는다는 것이 상례이다. 그러니 불교와 생산과는 거리가 멀어지게 되었다.

뿐만 아니라 불교를 신봉하는 사람은 대부분이 염세주의적이어서 세속을 떠나서 은둔隱遁생활을 하는 것을 그 생활규범으로 생각하게 되며 생산을 등지게 되는 것이 정상적이라고 보게 되었다.

그리하여 놀고먹는 자·비생산계급이 되거나 또는 불교는 유한계급의 오락도구시娛樂道具視하는 것이 통례가 되어 왔다.

---

62 『大乘起信論』(大正藏32, 眞諦譯, pp.575-583, 實叉難陀譯, pp.583-591),『佛典解題事典』(東京:春秋社, 1983, 2판 4쇄, pp.157-158) 참조.

그것은 지난날의 큰 범과犯過요 악폐이다. 그것은 불교인이 많을수록 나라는 병들고 백성은 폐물이 되어야 한다는 결과 밖에 가져오지 않게 된다.

그러므로 본 종단에서는 그런 나쁜 폐단을 근본적으로 혁신하여 종도는 더욱 생산에 힘써서 국토개발·생산개척등에 힘을 기울여서 스스로의 그 생업을 윤택하게 할 뿐 아니라 국력의 부강을 기도하도록 한다.

역시 기성 불교계의 염세적이고 운둔 지향적인 성향과 더불어 놀고먹는 악습을 철저히 비판하면서 생산불교를 강조하고 있는데, 생산의 장려는 스스로의 생업을 윤택하게 할 뿐 아니라 국력을 부강하게 하는 원동력이 됨을 지적하고 있다.

그런데 여기에서 생산불교와 관련하여 한 가지 지적하고 넘어가야 할 사항이 있다. 사실 석가모니부처님 당시의 계율에 의하면 출가자는 생산활동뿐 아니라 금전의 소유조차 엄격히 금지되었다. 수행자들이 세간의 욕망에 사로잡히지 않게 하기 위해서였는데, 그래서 분소의糞掃衣를[63] 입고 탁발托鉢에 의존해 살아가도록 했던 것이다. 그러나 불교가 종교를 절대왕권 이외의 치외법권으로 인정하지 않던 중국에 전파되고 나서는 사정이 달라지는데, 특히 국왕이 얼마나 후원하느냐에 따라

63　남이 버린 헌옷이나 옷감 따위를 기워서 만든 옷.

특정 종파가 번성하기도 하고 때로는 왕권의 탄압에 의한 법난法難에 시달리기도 하게 된 것이다. 그러자 중국의 선종禪宗은 깊은 산속으로 들어가 직접 경작하며 생활하는 자급자족의 전통을 세움으로써 국가 권력에 의한 제약에서 벗어나 자유롭게 스스로를 유지할 수 있었다. 백장 회해百丈懷海의 '하루 일하지 않으면 하루 먹지 말라'는[64] 말씀은 그때 나온 것이다. 그리고 대조사님을 위시하여 구인사 대중들이 초창기부터 노동과 수행을 병행했던 것도 같은 맥락에서 볼 수 있다.

따라서 이상을 종합해 볼 때 생활불교라는 언어 안에 담겨 있는 함의는 비단 복을 짓기 위해[作福] 적극적으로 실천하고[實踐] 생업에도 힘을 기울이는[生産] 불교만이 아니라 조선시대 이후 크게 위축되어 있던 불자들의 사기를 앙양하여 스스로의 삶 속에 불교적 가치관을 올바로 구현시킬 수 있는 실천적인 불교를 지향하고 있는 것이 아닌가 생각된다. 그리고 그것은 종래의 관습적이고 타성적인 믿음이 아니라 적극적이고 생동감 넘치는 신행으로의 신앙회복이 그 궁극의 목표였다고 사료된다.

2. 신앙회복 방안으로서 생활불교의 의의

불교의 생활화는 굳이 불교개혁을 이야기하는 사람들만의 전유물은

---

64 『敕修百丈清規』(大正藏 48, p.1119b), "一日不作一日不食."

아니다. 불교의 지도적 인사들은 누구나 신자들에게 불교의 생활화를 권장한다. 그런데도 불교의 생활화가 만족할 만하게 이루어지는 경우가 별로 없는 것은 무슨 까닭일까. 신심信心을 탓하는 사람들도 있겠지만, 현대사회의 복잡다단한 삶 속에서 언제나 부처님의 가르침이 지향하는 방향을 명료히 알기가 어렵기 때문이다. 또한 안다 해도 그렇게 실천하기에는 그 결과가 자신에게 반드시 득이 된다고 확신하기 어렵기 때문일 것이다. 불자들은 대부분 부처님이 인과因果를 가르친다는 사실을 모르지 않는다. 그러나 우리들의 판단은 늘 인과를 따르고 있지만은 않다.

흔히 사람들은 '아는 대로 행동하기 어렵다'는 말을 하지만, 그러나 아는 대로 행동하기 어려운 것이 아니라 아는 만큼 행동하고 있는 것이다. 앞에서도 얘기했지만, 예를 들면 횡단보도가 없는 곳에서 또는 보행신호가 아닐 때 무단횡단하면 안 된다는 사실을 우리들은 잘 알고 있다. 그러나 우리가 알고 있다는 내용을 잘 반추해 보면 사실 자동차의 왕래가 드문 시간 좌우를 잘 살펴보면서 안전하게 건너면 된다는 사실도 알고 있는 것이다. 이처럼 우리들의 일상적인 전략적 판단은 그것이 비록 성현의 말씀이라 할지라도 무작정 믿고 따르기가 쉽지 않다.

반면에 천태종 새 불교운동의 생활불교는 그 뿌리를 종단 창건 이전 구인사에서의 수행공동체 생활에 두고 있음을 기억할 필요가 있다. 먹을 것이 귀하고 물자가 부족하던 시절 옥수수죽 등으로 연명하며 수행과 노동을 병행할 수밖에 없었던 것은 저절로 생활 그 자체가 수행이고 불법이라는 강한 인식을 대중들에게 심어 줬을 것이다. 또한 그런 상황에서 행동거지 하나하나 대중생활에서의 마음 씀씀이 하나하나에도 엄격했던 대조사님의 가르침은 불자들의 참된 믿음이 어디에 있어야 하는가를 일깨워 줬을 것이다. 대조사님의 가르침 중 조갈천 스님이 기억하고 있는 '바른 마음과 바른 생각을 가지고 생활하면 다 바로 된다'는 말씀이 바로 그것이다. 그리고 대조사님 자신이 모든 노동에 솔선수범했다는 사실은 구인사 수행공동체만이 아니라 생업을 갖고 생활해야 하는 세속 재가자들의 고단한 삶에 대해서도 깊은 이해가 있었을 것으로 판단된다. 그래서 전통을 계승하되 그것을 무작정 따르기보다 그 참된 정신을 찾아 생활 속에서 합리적인 방안을 추구했던 대조사님의 새로운 제도들은 현실적일 수밖에 없었다. 그리고 그런 가운데 제창한 생활불교는 그 가르침에 귀 기울이는 신자들을 깊이 감화시켰던 것으로 생각된다. 그 결과 구인사 대중들이 낮에는 노동하고 밤에는 수행하던 주경야선晝耕夜禪의 전통이 천태종 전체 재가신자의 가정에서도 이어지고 있다는 사실은 그것을 분명히 증명하고 있다.

한편 생활불교는 본서의 제4장에서 거론했던 「대조사 교시문」 삼대강령에 등장하는 '생활 즉 불법'의 이념을 종단적 과제로 제시한 슬로건으로 보아야 한다. 우리가 불교를 수행하는 현장이 바로 우리들의 생활이어야 하며 우리들 생활의 현장에는 이미 부처님의 가르침이 그대로 발현되어 나타나고 있기 때문이다. 그러므로 생활불교에는 본서의 제8장 제1절에서 언급할 천태교의의 화법사교化法四教 중 원교圓教, 즉 『법화경』의 진정한 의미라고 천태대사가 주장한 '방편 즉 진실'에 대한 대조사님의 통찰이 그 사상적 기초를 이루고 있다고 할 수 있다. 말하자면 온갖 인연에 의해 여러 가지 차별과 모순이 발생하는 우리들 삶의 현장이 바로 부처님의 진리가 현현하고 있는 법계에 다름 아니라는 것인데, 그런 사실을 깨닫기 위해서는 중생의 습관적인 사유, 즉 전략적인 생각을 내려놓고 믿음과 계율에 입각한 실천이 필요한 것이다.

아무튼 전 동국대 교수였고 천태종에서 설립하여 운영하고 있는 금강대학교 총장을 역임했던 정병조鄭柄朝는 자신의 한 논문에서 이와 같은 생활불교의 의의에 대해 다음과 같이 평가하고 있다.

주목되는 점은 상월스님이 진단한 기성의 불교는 기복불교·유한불교·우상불교의 테두리 안에 머물고 있다는 점이다. 현대 한국불교의 취약함을 압축한 의미 있는 견해이다. 불교는 중생을 계도해야 함에도 불구하고 스스로의 안일에 빠져들게 되었고, 따라서 대중들은 생활과 떨어진 기복불교의 허상에 매달리게 된 것이다. 기복은 이기적 행복 추구에 대한 집착이며 유한불교는 현실에 안주하는 매너리즘을 경계한 표현이다. 우상불교는 불교의 본 면목을 외면하고 있는 형식주의를 가리킨다. 따라서 생활불교의 핵심은 생산불교, 즉 받는 불교에서 주는 불교, 복을 바라는 믿음에서 복을 짓는 인연을 쌓는 불교에로의 질적인 변환이라고 말할 수 있다.

제3절

애국불교, 민주시대에 걸맞은 복지사회 건설

천태종 새 불교운동 3대지표의 세 번째 항목은 '애국불교'의 건립이다. 그런데 종래 천태종의 애국불교는 한국불교 전래의 호국불교와 연관하여 그 연장선상의 것으로 이해되는 경우가 많았지만, 깊이 생각해 보면 그렇지 않다는 사실을 깨닫게 된다.[65] 이 절에서는 그에 대해 상세히 검토해 보고자 한다.

1. 애국불교에 대한 정의와 그에 대한 추론

『천태종성전』에 등장하는 애국불교에 대한 설명은 대단히 간결하다.

---

65 애국불교에 관해서는 필자의 논문인 김영주, 「대한불교천태종 3대 지표 중 애국불교 - 삼제원융에 입각한 이해를 중심으로」, 『동아시아불교문화』 제24집(동아시아 불교문화학회, 2015, pp.217-244)를 참조하기 바란다.

다음 「애국불교의 건립」의 과제로서

1. 국민도의 재건

2. 사회정화 운동

3. 복지사회 건설

4. 민족중흥 과업

등의 과제는 별도로 그 구체안을 세워서 실현하기로 한다.

요는 다음 3강령에 나오는 「밝은 생활[활의 오자] 창조」는 「국민

도의」의 기본과제가 규정되었고 「밝은 사회 실현」의 과업에는

「사회정화」「복지사회건설」 등도 관계 되었다.

그러나 그 구체방안과 실현방법은 자세히 나와 있지 않으므로

따로 계획하기로 한다.

그것이 곧 「민족중흥과업」에 이바지하는 길이다.

말하자면 '국민도의 재건' '사회정화 운동' '복지사회 건설' '민족중흥
과업'이라는 네 가지 슬로건을 제시하면서도 그 구체적인 방안에 대해
서는 다음으로 미루고 있는 것이다. 다만 국민도의 재건은 삼대실천강
령의 '밝은 생활의 창조'와 관련되어 있고, 사회정화 운동과 복지사회
건설은 '밝은 사회의 실현'과 관계가 있어, 그것들의 총체적인 노력이 민
족중흥의 과업에 기여한다고 하고 있는 점에서 불교의 사회화를 위한
방안이 애국불교였던 것은 분명하다고 생각된다.

그런데 이렇게 『천태종성전』에 수록되어 있는 애국불교에 대한 설명

이 너무 간단해서 관련한 사항들을 면밀히 검토하기 위해 다시 천태종 대각불교 시절에 간행된 『개종이념과 교지요강』에 등장하는 밀접한 대목들을 살펴볼 수밖에 없는데, 「천태종대각불교 개종의 취지」 편에는 '시대적 사명감'이라 하여 이런 문장이 게재되어 있다.

> 한국 불교중흥의 역사적 사명을 담부擔負한 천태종대각불교는 사부대중이 혼연일체가 되어 「참되게 믿고, 참되게 닦고, 참되게 행한다」는 기본원칙을 지키여 위축일로에 있는 불교계에 법륜法輪을 재전再轉하고 희망의 등화가 되며 줄기찬 노력과 불퇴전의 각오로 위대한 창업의 역군이 되어 기필코 만선동귀萬善同歸의 불국토를 이룩할 것이다.

그리고 「기본강령(종지)」 편의 '3대강요' 가운데도 다음과 같은 구절이 등장한다.

> 3. 참된 사회를 세운다(불국토의 실현)
>   오계정신으로 제악막작諸惡莫作 - 사회정화
>   보시정신으로 사회봉공社會奉公 - 사회복지
>   지은보덕知恩報德과 신의성실 - 도의재건

또한 '실천요체(지도이념)' 가운데 다음 항목들 역시 애국불교와 관련이 있어 보인다.

    7. 종교가 국가발전의 원동력인 점에서 사부대중이 일치단결하
       여 홍법·교화운동을 적극적으로 전개하므로서 국태이민國泰
       利民의 실익을 기한다.
    8. 수행과 사회활동과의 조화를 도모하여 성실·관용·겸허·봉
       사의 시대적인 「불교인상」의 창조를 기한다.

  이들을 종합해 보면 불자들이 참다운 신앙을 통해 자신의 생활에서 부처님의 가르침을 실천하다 보면 그 영향력이 사회에도 미쳐 살기 좋은 세상이 이룩된다는 관념으로 이해해 볼 수 있겠다. 그리하여 국민도의가 재건되고 사회가 정화되며 복지사회가 건설되어 민족중흥의 과업이 이루어진다는 것이다.

  그런데 여기에서 왜 하필이면 '애국'이라는 단어가 쓰인 것인가에 대한 의문이 든다. 한국불교에는 전래의 호국불교라는 대단히 대중적이고 친숙한 개념이 있기 때문이다. 그와 관련하여 천태종 초기의 역사를 상세히 다루고 있는 『불멸의 등명』에는 다음과 같은 기술이 있다.

    애국불교 건립의 방안은 형식적인 호국불교에서 실질적인 애국불
    교를 이룩하는 데 있는 것이다. 오늘의 조국 현실에 있어서 불교가
    국리민복國利民福과 국민정신 계도의 역할을 수행하자는 것이다.

말하자면 호국불교는 형식적이어서 실질적인 애국불교를 세웠다는 것인데, 사실 둘 사이의 개념 차이가 명료하지 않다. 『불멸의 등명』에는 대조사님께서 『천태종성전』을 발행한 이후 2차로 증보판 발간의 계획을 세운 바 있지만 갑작스러운 입적으로 중단되었다는 기록이 보이는데, 이후 오늘날까지 보다 진전된 애국불교에 대한 해설은 어디에도 보이지 않고 있다. 따라서 여러 학자들의 논문에서 애국불교를 호국불교의 연장선상에서 해석하려는 경향이 아직까지도 보이지만, 앞으로의 상세한 연구가 필요한 부분이라고 할 수 있겠다. 다만 여기에서 한 가지 추정해 볼 수 있는 것은 상해 임시정부 이래 대한민국의 법통을 이어받아 1948년 정부가 수립되면서 도래한 시민사회의 분위기이다. 물론 정부 수립 이후 6·25전쟁과 4·19혁명, 5·16군사쿠데타 등 어수선한 정국이 이어지지만, 어쨌든 주권재민主權在民의 민주공화국으로서 시민적 자각들이 모든 국민들에게 있었다는 사실은 과거 왕조시대와는 엄연히 다른 사회적 기조를 형성하고 있었을 것이다. 따라서 지난 시대의 유물인 호국불교와는 다른 시대적 언어가 필요했을 것이고, 그것이 애국불교가 아니었나 생각된다. 특히 시민사회적 입장에서 요청되는 애국이라는 사회적 미덕을 내세움으로써 시대의 요청에 부응하는 새 불교운동의 시의성을 천명한 것으로 보인다. 그런 사실은 대조사님의 가르침 중에 '민주시대' '주권재민' 같은 단어들이 자주 등장하는 것에서도 확인할 수 있다.

그런데 애국이라는 단어에는 피해 가기 어려운 오해의 소지가 늘 따라다닌다. 국가주의 혹은 전체주의의 어두운 그림자가 그것이다. 일제 식민지배 시절 황도불교皇道佛敎라고 하여 불교가 친일 앞잡이 역할을 했던 사실은 대조사님께서도 직접 목도하셨을 것이다. 전 동국대 교수 권기종은 그의 논문 「소백산 구인사와 상월대조사」에서 이렇게 이야기 하고 있다.

> 일반적으로 애국불교라고 하면 편협된 국가주의에 집착하는 것 이 아닌가 하는 의구심을 가지지 않을 수 없다. 그러나 애국불교 의 세부적 실천방안을 보면, 배타적 성격의 애국이 아니라는 것 을 알 수 있다. 민족중흥의 과업에 헌신하자는 것이나 민족 도의 道義 재건에 힘쓰자는 것은 민족이라는 국한된 의미가 없는 것은 아니지만, 한국불교가 이 민족의 중흥과 이 민족의 도의를 재건 하자는 것은 지극히 당연한 애국이다.

그러면서도 '인류의 보편적 종교가 특정 지역과 국가를 위한 집단이 되 는 것은 위험한 일'임을 지적하고 있다. 실제로 대조사님 입적 후인 1975 년 발간된 『천태종약전』 재판의 9면은 다음의 내용으로 채워져 있다.

〈삼대지표三大指標〉

1. 애국 불교(국민 도의 앙양, 사회 정화 운동, 복지 사회 건설, 민족 중흥 과
   업)에 헌신한다.

2. 생활 불교(지혜 복덕 창조, 주경 야선 정진, 생산 불교 개척)를 실천한다.
3. 대중 불교(승속 공명 신앙, 정대 교화 사업, 구세 근업 불국)를 건설한다.

　여기서는 대중불교·생활불교·애국불교에서 애국불교·생활불교·대
중불교로 순서가 바뀌어 있다. 이렇게 순서가 뒤바뀐 삼대지표가 오늘
날에도 혼용되고 있는데, 1969년 3선 개헌이 공표되어 1971년 박정희
가 대통령에 세 번째 다시 당선되며 1971년 12월 국가비상사태를 선포
하고 1972년 10월유신을 단행하며 1974년 1월에는 긴급조치를 선포
하는 시대적 상황과 무관치 않다고 생각된다. 즉 당시 정부여당이 집
권연장을 위해 전체주의의 압박을 강화해 나가던 시절 대조사님께서
갑자기 입적하신 종단은 잠시 혼돈의 상태에 있었고, 그때 편찬된 『천
태종약전』 재판에는 당시 사회적 분위기와도 타협할 수 있을 듯한 구
호인 애국불교가 맨 앞에 자리 잡게 된 것으로 보인다. 물론 대조사님
이 제창하신 애국불교의 구체항목에도 당시 냉전의 상황을 전체주의의
명분으로 몰아가기 위해 3선 개헌 공표 직전인 1968년 12월 5일자로
반포된 「국민교육헌장」의 유명한 문구인 '민족중흥'이 등장하는 것도
사실이지만, 같은 표현은 「국민교육헌장」이 반포되기 전에 발행되었을[66]

66　『국민교육헌장』이 처음 반포된 것은 1968년 12월 5일이지만, 정확한 발간 시기를 알 수 없는
　　『개종이념과 교지요강』은 천태종대각불교포교원을 등록한 1967년 1월 24일 이후 대한불교천
　　태종으로의 개명을 준비하기 시작했던 1969년 초 이전에 간행된 것으로 보아야 하기 때문에
　　『개종이념과 교지요강』이 더 앞섰다고 추정할 근거는 충분하다.

『개종이념과 교지요강』에서도 발견되며, 실제 문제가 되는 '반공反共을 국시國是로 한다'는 것에 대해서는 어디에도 그에 동조하는 내용을 찾아볼 수 없다.[67] 오히려 대조사님은 정치와 종교의 관계에 대해 다음과 같이 가르치셨다는 내용이 『법어록』에 등장한다.

> 인간의 마음을 바르고 맑고 풍요롭게 하는 종교와 인간의 현실 생활을 바르고 맑고 풍요롭게 하는 정치는 수레의 두 바퀴와 같아서 어느 쪽을 결하면 원활하게 나아갈 수 없느니라… 현대는 주권재민主權在民의 시대로서 국민 한 사람 한 사람이 바른 정치의식을 갖고 정치를 지키며 정치를 잘 하게 하는 권리와 책임이 있으므로 결코 정치에 무관심이 되어서는 아니 되느니라.

종교인도 바른 정치의식을 지녀야 하며 결코 정치에 무관심해서는 안 된다는 것이다. 그리고 박정희가 3선 개헌을 도모하려 할 때 대조사님께서는 그를 염려하며 '한 번 쉬었다가 다시 나와도 될 텐데, 그렇지 않으면 본인이 상할 텐데' 하셨다는 제자들의 증언이 있다.

---

67 이런 사실이 대조사님께서 용공(容共), 다시 말해 공산주의를 용인했다는 것은 아니다. 대조사님은 출가자로서, 또 대각을 성취한 분으로서 세속의 자본주의든 공산주의든 인간의 욕망에서 발로한 것이라는 사실을 충분히 통찰하고 계셨을 것이다. 그러므로 조금만 보수적인 정권에 반기를 들면 곧바로 종북이라는 딱지를 붙이는 오늘날의 작태에 대해 불자들은 냉정하게 그 진실을 볼 수 있어야 한다. 모 아니면 도라는 식으로 모든 사태를 이분법적으로 보는 태도는 철저히 비불교적이라는 것을 명심해야 한다.

2. 불교의 사회화를 위한 올바른 애국불교

앞에서 언급했던 것처럼 애국이라는 단어는 태생적으로 국가주의나 전체주의와의 구분이 요청되는 말이다. 애국이란 미명하에 극단적인 국수주의가 다른 민족이나 나라를 무자비하게 침해하고 전체주의에 의해 국가 내 소수세력이 지나친 탄압을 받는 예가 너무도 비일비재하기 때문이다. 따라서 진정한 애국이 되기 위해서는 애국의 대상이 되는 국가라는 것의 본질에 대해 좀 더 면밀한 검토가 필요하다. 그러므로 국가라는 것의 성격에 대해 국가와 국가, 혹은 국가와 개인 간의 관계를 통해 면밀히 살펴보고자 한다.

오늘날 UN을 비롯하여 많은 국제기구들이 있고, 그 기구들마다 이성적인 대화를 통해 보다 평화롭고 안전한 지구촌을 건설하려 노력하고 있다. 그러나 그럼에도 불구하고 국가라는 단위는 처음부터 배타성이 그 존립근거이다. 그런 여러 가지 예증 가운데 하나가 국경이라는 지리적 경계이다. 그리고 각각의 국가들은 그 지리적 경계 안에서 자국민의 독립적인 정치·경제·사회·문화의 번영과 자존을 위해 힘을 기울인다. 그런데 문제는 자국민의 번영과 자존을 위한다는 국가들끼리도 눈에 띄는 정치적·경제적·과학기술적·군사적 능력 면에서의 커다란 차이가 있어 소위 강대국과 약소국 내지는 선진국과 후진국의 차별이 나타난다는 것이다. 그리고 그런 나라들이 어울린 국제관계라는 것은 오늘날에도 약육강식의 상황을 벗어나지 못하고 있는 것이 현실이다. 사회학자 고영복은 이렇게 말한다.

강대국은 후진국에게 원조나 차관·합자 등의 자본침투로 경제적 수탈을 자행하며, 정치적으로는 쿠데타 등으로 독점자본에 유리한 정당으로 하여금 정권을 쥐게 하고, 문화적으로는 부패적 현상인 대중문화를 강요한다. 이리하여 후진국은 독점자본의 시장으로서 또한 원료공급지로서 그의 업무에 충실할 것을 강요당하는 것이다.

그리고 이와 같은 국가 간의 이해충돌이 극대화되고 그것을 중재할 별다른 방법이 부재할 때 등장하는 최후의 수단이 아직까지도 전쟁이다. 지난 20세기 전반 지구를 뒤덮었던 1, 2차 세계대전은 당시 식민지를 거느린 강대국끼리의 이권 다툼이 원인이었고, 거기에 동원되어 희생된 수많은 각국 젊은이들의 애국심이란 결국 자국의 이익만을 극대화하기 위한 거대한 욕망체계를 냉철하게 살피지 못한 설익은 낭만에 불과했다고 표현할 수도 있다.

한편 개인에게 있어서 국가란 어떤 것인가. 우리는 인생을 스스로의 선택에 의해 시작하는 것이 아니라 무언가 모를 그 어떤 것에 떠밀려 이 세상에 태어났다. 대한민국의 국민이 되고자 한 적은 한 번도 없지만, 태어나 철이 들면서 나는 대한민국에 태어났다는 것을 알게 되었고 대한민국의 국민으로 호적에 등재되어 있는 것이다. 그리고 국가는 나에게 국민으로서의 각종 의무와 권리를 강제하지만, 나에게 그것을 거부할 권한은 없다. 다른 나라로 이민이라도 떠난다면 그것들로부터 자유로워질 수 있겠지만, 성장과정을 통해 익숙해진 자국어, 각종 생활풍습과 문화, 이웃과의 동류의식, 그리고 무엇보다도 내 안에 형성된 자기 정체성 등을 전부 포기한다는 것이 결코 쉬운 일은 아니다.

물론 내가 태어나기 훨씬 전부터 존재해 왔고 집단 내의 안녕과 질서를 유지하기 위해 노력해 온 역대 선조들에 의해 형성되어 있는 현재의 국가라는 체제는 나름대로의 합리적 원리를 지니고 있는 것도 사실이다. 그 대표적인 것이 헌법을 위시한 각종 법제도이고, 그것도 새로운 필요에 따라 새로 제정되기도 하고 개정되기도 한다. 그러나 그럼에도 불구하고 우리가 살아가는 현실이 마냥 유토피아는 아니다. 동국대 명예교수 한상범韓相範은 현대사회의 한 단면을 이렇게 기술하고 있다.

> 인간 존중의 구체적인 문제는 특정시대 특정사회의 문제 상황에 의해 제기된다. 근대 시민사회에서는 인권의 문제를 전제권력의 타파, 특권계급제도의 폐지, 권력으로부터의 자유 등에서 실마리를 찾았다. 그에 대한 해답이 자유와 평등의 인권을 보장하는 입헌제도의 정립이었다. 그런데 현대사회에서는 그 시민적 자유가 '굶는 자유' '실업失業의 자유'도 되고, 평등이 '억만장자와 구두닦이 소년의 동격'이란 가설로 신화화되기도 하는 것을 어떻게 바로잡느냐 하는 과제를 제기했다.

따라서 개인에게 국가란 무작정 그 품에 안겨 안락함을 누릴 안식처

가 아니고, 스스로 주권을 지닌 국민은 뜻 모를 정치 지도자들의 호언
장담에 마냥 동조하여 자칫 어리석은 유권자가 될 일도 아니다.

  그렇다면 국가주의나 전체주의로부터 자유로울 수 있는 애국불교란
어떻게 실현해 나갈 수 있을까. 그 점에 대해 대승불교의 궁극적 진리인
반야바라밀般若波羅蜜에 주목하고자 한다.

> 그때 수보리가 부처님께 말했다. '세존이시여, 부처님께서 제게
> 모든 보살들을 위해 응당 성취해야 할 반야바라밀을 설하라고
> 하셨습니다. 세존이시여, 소위 보살, 보살 하지만, 어떤 것의 의
> 미가 보살입니까? 저는 보살이라고 이름 부를 어떤 것도 보지 못
> 했습니다. 세존이시여, 저는 보살을 보지 못했고 보살이라는 것
> 을 얻지도 못했으며, 역시 반야바라밀도 보지 못했고 얻지 못했
> 습니다. 무엇이 보살의 반야바라밀인지 가르쳐 주십시오. [그런데]
> 만일 보살이 이 말을 듣고 놀라지 않고 두려워하지 않으며 숨지
> 도 않고 물러나지도 않으며 설한 바대로 행한다면, 그것이 보살
> 마하살을 가리키는 것입니다. [68]

---

68 『小品般若波羅蜜經』 권1(大正藏8, p.537b), "爾時須菩提白佛言: '世尊! 佛使我爲諸菩薩說所
     應成就般若波羅蜜. 世尊! 所言菩薩菩薩者, 何等法義是菩薩? 我不見有法名爲菩薩. 世尊! 我不
     見菩薩, 不得菩薩, 亦不見不得般若波羅蜜, 當敎何等菩薩般若波羅蜜? 若菩薩聞作是說, 不驚
     不怖, 不沒不退, 如所說行, 是名敎菩薩般若波羅蜜.'"

인용한『소품반야경小品般若經』의 위 구절은 말하자면 일체개공一切皆空, 즉 모든 것이 공하다는 현실을 이야기하는 것으로서, 보살이라든가 반야바라밀이란 개념도 그 이름만 있을 뿐 실체가 아니며 그것이 실체가 아닌 이름뿐이라는 것을 알 수 있을 때 그렇게 아는 그가 보살이라는 것이다. 애국불교에서 국가라는 것도 마찬가지이다. 우리는 그 나라에서 살고 있지만, 그것은 우리를 둘러싸고 있는 끊임없이 변화하는 환경이고 기능일 뿐 그것에 특별히 애착해야 할 어떤 것은 아니다. 만일 국가가 특별한 실체를 가진 것이라면 잘못된 국가는 영원히 잘못된 국가로 남을 것이며, 그것을 개조해 제대로 된 국가로 만들 수 없다. 다시 말해 국가라 할지라도 각성된 국민[보살]이 그것을 개조해 보다 나은 환경으로 만들어 나갈 수 있다는 가르침이다.

그러므로 민주사회에서의 진정한 애국 또는 올바른 애국불교란 천태교학의 핵심사상이었던 삼제원융三諦圓融의[69] 원리에 입각해야 한다고 할 수 있다. 말하자면 국가라는 것도 공空·가假·중中의 3제로 나누어 관찰할 수 있을 때 민주시민의 올바른 국가관이 형성될 수 있다. 삼제원융에 대해서는 다음과 같은 설명이 있다.

---

[69] 앞에서 대조사님은 지나치게 어렵고 철학적인 중국 천태종의 교의에 대해서 부정적이었다는 이야기를 했지만, 천태교학 모두에 대해 그렇게 생각하신 것은 아니었다. 천태교의의 핵심사상 중 하나인 원교(圓敎)의 사상은 앞에서 보았듯 「교시문」의 삼대강령으로 나타나고, 삼제원융 역시 자주 거론하신 것으로 무엇보다도 대조사님께서 고안하신 '천태종 종기'의 세 원이 삼제원융을 상징한다는 것이 그 분명한 증거이다. 보다 자세한 내용은 본서의 제8장을 참조하기 바란다.

일념一念을 관하면 곧 공·가·중이니, 일념이 관찰의 대상[陰境]이
고, 세 가지로 보는 것[三觀]이 지혜이다.[70]

다시 말해 국가라는 것이 반드시 무엇이라고 규명되어지는 실체가 없
는 환경 내지 기능일지라도[空] 우리는 현실적으로 그곳에 터를 잡고 살
아갈 수밖에 없으므로[假] 각성된 국민으로서 주체적으로 바른 길을 향
하여 살아가야 한다[中]는 것으로 해석할 수 있다. 대조사님께서 '불자
들은 정치에 무관심해서 안 된다'고 하신 것도 같은 뜻으로 이해될 수
있다. 또한 집권여당의 국가적 시책이라 할지라도 잘못되었을 땐 분연
히 반대할 수 있어야 한다는 것으로 생각할 수도 있다. 실제로 제3공
화국 시절 강력히 추진되던 '산아제한정책'에 따라 임신중절이 권장되
던 시절 대조사님은 과거 전제왕권국가에 비유하여 '그것이 나라님의
어명일지라도 낙태는 안 된다'고[71] 가르치신 것에서도 그런 사실을 확
인할 수 있다. 그리고 그런 말씀들은 『유마경』의 다음 구절을 생각하게
하는 것으로, 애국불교가 무엇을 의미하고 그것이 왜 새 불교운동 삼대
지표의 한 항목이 되고 있는지를 새삼 일깨워 준다고 생각한다.

---

70 『金光明經玄義拾遺記』권4(大正藏39, p.30c), "觀於一念即空假中, 一念是陰境, 三觀是智也."
71 낙태는 불살생의 계율에도 위배될 뿐 아니라 자연의 질서를 정면으로 거스르는 인간의 욕망이
    빚어내는 어리석은 행위라고 아니할 수 없다. 한편 산아제한이 장려되던 시절의 임신중절은 주
    로 정상적인 부부관계에서의 출산을 포기하던 행위여서, 예를 들면 성폭행에 의한 임신 등에
    의해서 어쩔 수 없이 선택하게 되는 낙태와는 분명히 다른 측면이 있다.

중생의 종류가 보살의 불국토이다. 왜 그런가? 보살은 교화될 중생을 따라 불국토를 취하고, 조복될 중생들을 따라 불국토를 취하며, 중생이 어느 나라라야 부처님의 지혜에 드는가를 따라 불국토를 취하고, 중생이 어느 나라라야 보살의 근기를 일으키는가를 따라 불국토를 취하니… 모두가 모든 중생을 요익하게 하기 위함이다.[72]

한편 출·재가 대중의 계율을 십선계로 제정한 사실을 특별히 염두에 둔다면 대조사님께서 목표한 애국불교는 이상과 같은 삼제원융의 비판의식과 더불어 불자들이 생활 속에서 올바른 계행과 신앙을 지켜 나갈 때, 사회적 반향을 일으켜 이루어질 수 있는 공동선(共同善, common good)이 구현된 민주공동체가 아닐까 한다. 여기에서 공동선이라는 현대적 개념이 생소할 수 있지만 인간 개개인의 가치와 존엄성 존중은 물론 모든 구성원이 다함께 인간다운 삶을 영위하자는 의미로, 실은 불교에서 자주 쓰던 만선동귀萬善同歸와 같은 말이다. 대조사님은 앞에서도 인용한 것처럼 『개종이념과 교지요강』에서 '불교계에 법륜을 재전하고 희망의 등화가 되며 줄기찬 노력과 불퇴전의 각오로 위대한 창업의 역군이 되어 기필코 만선동귀의 불국토를 이룩할 것이다'라고 하고 있

---

72 『維摩詰所說經』 권上(大正經14, p.538a), "衆生之類是菩薩佛土. 所以者何? 菩薩隨所化衆生 而取佛土, 隨所調伏衆生而取佛土, 隨諸衆生應以何國入佛智慧而取佛土, 隨諸衆生應以何國 起菩薩根而取佛土… 皆爲饒益諸衆生故."

다. 말하자면 십선계가 추구하는 가치가 특정의 어떤 선행 이전에 모든 악행을 중지하는 데 있는 것처럼, 애국불교 역시 특정의 이데올로기에 휘둘려서는 안 되는 것이다.

또한 대조사님께서 제창하신 애국불교에는 국민불교, 즉『천태종성전』「실행편」의 '대중불교 실현의 방안'에서 거론한 '민주民主시대에서의 온 국민대중이 같이 믿고 실천하는 불교'라는 관념이 게재되어 있다. 같은 표현은 '3대지표의 요지'에서 대중불교·생활불교·애국불교를 불교의 대중화·생활화·국민화라고 풀이한 것에서도 발견된다. 말하자면 온 국민이 올바른 불교를 믿고 실천할 수 있을 때 종교 간의 대립이나 종파 간의 분열을 넘어서서 국민도의가 바로 선 건강한 국가가 가능해지기 때문이다. 실제로 대조사님께서는 '불교에도 수많은 종파가 있지만 결국에는 우리 구인사의 천태종 하나뿐'이라는 말씀을 하신 적이 있다. 다시 말해 천태종의 가르침으로 온 국민이 귀의할 수 있을 때 애국불교의 사명은 달성될 수 있을 것이라고 단언하신 것으로 이해할 수 있다.

■ 소 결 小結

상월원각대조사님은 대한불교천태종으로 개명한 이후 1971년 5월 1일 「대조사 법어」를 발표하고 같은 해 8월 10일 『천태종성전』을 간행하며 10월 26일 「대조사 교시문」을 발표함으로써 천태종 새 불교운동의 이념적 기반을 확고히 하셨는데, 이 장에서는 『천태종성전』에 수록된 '새 불교운동 삼대지표'에 대해 살펴보았다. 「교시문」에 첨부된 '삼대강령'이 천태종도들 모두의 개인적 의무이자 행동지침이고 불국토 구현의 원리를 제시하신 것이었다면, 새 불교운동 삼대지표는 종단 차원에서 회복해야 할 불교의 본래 모습이자 대중운동적 목표라고 할 수 있는 것이었다.

그 가운데 '대중불교'는 가람불교·출가불교·염세주의불교 내지 전수불교의 폐해를 극복하기 위한 방안으로서, 민중불교·재가불교·구세주의불교 내지 세속불교를 표방하는 것이었다. 다시 말해 민주시대 온 국민 대중이 같이 믿고 실천하는 불교, 온 인류가 평등하게 알고 배우며 실천할 수 있는 재가 본위의 불교, 세상을 구제할 수 있는 불교, 어려운 교학지식에 갇히지 않고 일반이 다 같이 믿고 알고 실천할 수 있는 불교를 세우고자 하는 것이 대한불교천태종의 목표였던 것이다. 그리고 그 같은 목표는 관음주송으로 수행법을 통일하고 십선계를 출·재가 공통의 계율로 삼음으로써 천태종 재가신자들의 신행에 일대 변화를 일으켰는데, 결과적으로 사원을 도시화하고 개방화했으며 사부대중이 일체화하여 수행공동체를 이루는 성과를 이룬 것으로 평가된다. 더불어 재가자를 종회의원으로도 받아들이는 등 승단의 동반자로 인정함으로써 역사상 어디에도 없었던 진정한 대승교단을 설립했다는 의의 역시 지니고 있는데, 이 같은 대중불교의 사상적 근거는 『법화경』 사상의 회삼귀일 정신을 현실에 구현한 것이었다.

다음에 '생활불교'는 기복불교·우상불교·유한불교로 대표되는 당시까지의 퇴폐적 불교신앙을 바로잡기 위해 작복불교·실천불교·생산불교의 기치를 높이 든 것이었다. 말하자면 자기가 직접 기도하며 온갖 착한 일을 하고 모든 나쁜 짓은 하지 않음으로써 스스로 복을 짓는 불교, 부처님의 진리를 믿고 그대로 실천하는 불교, 생산에도 힘써 스스로의 생업을 윤택하게 하고 국력의 부강을 기도하는 불교를 실천하자는 것이었다. 그리고 그것은 이미 천태종 중창선언 이전 구인사 수행 대중들의 생활 속에서도 구현되고 있던 주경야선의 전통이 천태종 전체 재가자의 가정에도 이어짐으로써 한국불교 종래의 관습적이고 타성적인 믿음에서 적극적이고 생동감 넘치는 신행으로의 질적 변화를 이루어 내었다. 다시 말해 천태교학에서 말하는 '방편 즉 진실'이라는 원교가 현실의 삶에서 구현된 것이 생활불교인 것이다.

한편 '애국불교'는 기존의 호국불교와 달리 1948년 정부수립 이후 도래한 주권재민의 민주사회에 걸맞은 불교의 사회화 내지 사회적 역량 강화를 의도한 것이라고 추정할 수 있는데, 원론적인 입장에서는 국민도의 재건, 사회정화 운동, 복지사회 건설, 민족중흥 과업이 제시되어 있다. 그런데 애국이라는 개념은 일제 말 황도불교처럼 자칫 국가주의나 전체주의의 이용물이 되기 쉬운데, 그에 대한 대안으로 필자는 삼제원융의 원리에 의한 국가관을 모색해 보았다. 즉 국가라는 것이 반드시 무엇이라고 규명되는 실체가 없는 환경 내지 기능일지라도[空] 우리는 현실적으로 그곳에 터를 잡고 살아갈 수밖에 없으므로[假] 각성된 국민으로서 주체적으로 바른 길을 향하여 살아가야 한다[中]는 것이었다. 아무튼 출·재가 대중의 계율을 십선계로 제정한 사실을 특별히 염두에 둔다면 대조사님이 목표한 애국불교는 정치에 대해 무관심하지 않은 채 불자들이 생활 속에서 올바른 계행과 신행을 지켜 나갈 때 사회적 반향을 일으켜 이루어질 수 있는 공동선이 구현된 민주공동체라고 생각된다. 그리고 그 구체적인 실천방안으로 생각해 볼 수 있는 것은 국민불교, 즉 온 국민을 천태종으로 귀의시키는 노력이라고도 해석할 수 있다.

제 7 장

본격적인
종단체계 구축

제4장 제1절에서는 그 이전 이미 종의회를 구성하고 종헌·종법을 제정해 놓으신 상월원각대조사님께서 1966년 하안거 중 천태종 중창을 선언하여 1967년 초 '천태종대각불교포교원'을 문교부에 등록하고 최초의 득도식을 거행한 후 1969년 말 문화공보부로부터 '대한불교천태종'으로 개명을 허가받아 1970년 새로운 종헌을 선포하고 1971년에는 「대조사 법어」와 『천태종성전』「대조사 교시문」을 차례로 발표·간행하여 종단의 대내외적인 요건을 갖추고 이념적 기반을 완성해 가는 과정을 간략히 살펴보았다.

이 장에서는 그런 과정들과 더불어 오늘날과 같은 본격적인 종단의 체계를 구축해 가는 모습들에 대해 자세히 살펴보고자 한다. 특히 총본산 구인사의 정비와 각종 신행제도 정립, 전국적인 조직의 완비 등이 그 주된 주제가 될 것인데, 미래에 대한 남다른 통찰력을 지니셨던 대조사님께서 틈틈이 남기셨던 말씀에 따라 2대 종정스님 대에 유훈으로 완성된 사업들에 대해서도 함께 기술하고자 한다. 천태종의 발전은 다른 무엇보다도 대조사님의 미래에 대한 예견에 기초한 바가 대단히 크기 때문이다.

제1절

총본산 가람 정비와 수행풍토 조성

대조사님께서 1945년 창건하여 6·25 피난 시절 반년간을 제외하곤 늘 주석하고 계셨던 구인사는 비록 당시로서는 오지 중의 오지에 위치한 작은 도량道場에 불과했지만, 따르는 대중들을 지도하며 당신 스스로의 수행을 완성하여 크나큰 깨달음을 성취하고 마침내는 대한불교천태종을 창건하여 한국불교의 신행문화를 근본적으로 뒤바꾼 중대한 터전이 된 곳이다. 따라서 종단의 성장에 따라 늘어나는 대중들이 편히 기거하며 수행할 수 있도록 하고 종단 미래의 기반이 될 부지 확보와 교통망 정비 등 총본산 구인사의 가람 정비는 종단 초기 가장 먼저 서둘러야 할 과제가 아닐 수 없었다. 또한 새 불교운동을 목표로 설립된 새 종단의 입장에서 가장 역점을 기울여야 할 사항은 무엇보다도 출·재가 대중들의 수행풍토를 올바로 정립시키는 것이었다. 이 절에서는 그와 관련된 내용들에 대해서 알아보기로 한다.

1. 총본산 구인사의 가람 정비와 조림사업

『불멸의 등명』에 따르면 천태종대각불교를 문교부에 등록했던 1967
년 초까지도 교세는 미미하여 구인사는 당시 초가 몇 채와 임시법당,
간이식당, 요사 겸 사무실로 사용하던 낡은 건물, 그리고 도솔암兜率庵
등 도합 7채의 가건물이 전부였고 그때까지 구인사의 상주대중은 남녀
합해 30명 미만이었다고 한다. 그런데 찾아오는 신자들이 갑자기 늘어
나자 1966년 음력 11월 28일 대조사님 탄신법요에 모인 대중들을 실
내에 다 수용할 수 없어서 엄동설한에 옥외에서 장작불을 피워 놓고 철
야정진하는 일까지 벌어졌다. 그러자 신도들이 자진해서 건축기금을
모아 1967년 여름부터 본격적인 요사채 건립 불사에 들어갔다. 먼저
총무원 사무실을 짓기로 하고 구인사 내 현 총무원 청사 자리에 터를
닦아 50평 규모의 목조건물을 세웠다. 이후 설선당說禪堂, 조실祖室, 판
도암辦道庵 등의 건물들이 속속 세워졌는데, 1969년에는 한 해에 무려
10여 동의 건물이 한꺼번에 세워져 당시의 건축 불사가 얼마나 급속도
로 이루어졌는지를 알 수 있다.

한편 구인사는 중앙선 철도에서 40여 ㎞ 떨어져 있어 종단 창건 무렵
에는 단양역에서 열차에서 내려 영춘면 소재지까지 가려면 하루 3, 4회
밖에 운행하지 않는 버스를 대기했다가 타고, 도중 두 곳에서 목선 나
룻배로 한강 상류를 건너야 했다. 그렇게 영춘 주차장에 도착하면 다
시 구인사까지 6㎞ 거리의 오솔길을 걸어야 했는데, 특히 산 아래 백자
리부터 구인사까지는 잡목이 무성한 벼랑길이었다. 따라서 점차 증가

하는 신자들을 수용하기 위해 요사채 건립과 함께 중요한 과제가 영춘까지 차가 다닐 수 있는 도로 개설이었다. 대조사님은 1967년 정초부터 그 같은 도로의 건설을 준비했는데, 영춘까지 이르는 도로 부지를 현지인들에게 상당한 보상금을 지불하면서 설득하여 양도받고 영주, 삼척, 횡성, 평창, 봉화 등 각지 신자들이 동참하여 불철주야 작업함으로써 그해 5월 준공을 보게 되었다. 이렇게 차도가 개설되자 구인사의 건축자재는 물론 일체의 소요 물자를 차량으로 운반할 수 있게 되었고 사람의 내왕도 편리해졌으며 인근의 주민들에게도 농산물 등 각종 화물을 수송하는 데 많은 혜택을 주었다.

그리고 대조사님은 1968년 하안거 때는 전국에서 모인 대중들과 함께 현재 구인사 일주문 앞의 주차장 개설 공사를 하셨는데, 그때 '장차는 몇 백 대의 차량이 주차할 수 있는 대주차장도 마련해야 한다'고 말씀하셨다고 한다. 그 당시 이미 대주차장을 비롯해 총본산 구인사의 규모가 얼마나 성대해질지 예견하고 계셨던 것이다. 그 같은 주차장 공사를 했던 이유는 또 다른 계획과 관련된 것이었다. 말하자면 당시 단양역에서 영춘까지만 다니던 정기버스의 운행구간을 구인사까지 연장하는 일을 관계기관과 협의하고 있었는데, 1969년 1월에는 그 허가를 얻어냄으로써 정기버스가 구인사에 머물 주차장이 필요했던 것이다.

1972년 9월에는 큰 물난리가 나 단양에서 영춘으로 이어지는 도로 일부가 유실됨으로써 교통이 장기간 두절돼 영춘면과 백자리 일대 주민들의 생활이 위협을 받는 일이 벌어졌는데, 그것을 계기로 대조사님께서는 보발에서 백자리까지 이어지는 차도 개설을 계획하고 충청북도 도당국과 군부대의 지원을 받아 그해 겨울 착공하여 이듬해 4월 완공하였다. 보발에서 백자리 간 도로는 산등성이 하나를 넘어야 하는 난공사였는데, 그 도로의 개통으로 구인사에서는 강을 건너지 않고도 단양 시내로 나갈 수 있게 되었다.

이렇듯 구인사의 요사채 건설, 교통망 확보와 더불어 대조사님이 심혈을 기울인 것은 구인사 일대의 조림사업이었다. 사실 당시 구인사는 점차 늘어나는 신자들을 수용하기 위한 가람 건립에 필요한 부지를 확보하는 것이 가장 큰 과제였고, 정부로서는 전국에 민둥산이 산재하여 산림녹화사업을 시행하는 것이 중요한 시책이었다. 그래서 종단에서는 1967년 8월 조림을 조건으로 178정보의 국유임야를 대부받아 잣나무와 낙엽송을 심게 된다. 이것이 제1차 종단의 조림사업으로 본래 10개년에 걸친 조림계획을 세웠지만 불과 3년 만에 전체 목표량을 달성하여 이후 구인사 경내지를 불하받는 중요한 계기가 되었다. 말하자면 당시까지도 구인사 주변의 산은 모두 국유지였지만 조림해 놓은 나무들에 대해서는 70%의 권리를 인정받고 있었는데, 그 권리를 근거로 나중에 종단에서 영월에 사 놓은 산과 구인사 부지를 대토代土할 수 있었던 것이다. 종단에서 보관하고 있는 「천태종 구인사 연혁」에 의하면 1968년 90,600그루의 나무를 심고 1969년 116,480그루의 나무를 심은 것으로 기록되어 있다. 그리고 1970년 5월에는 다시 백자리 산1번지 국유임야 259정보를 대부받아 5개년 조림계획을 세웠는데, 역시 3년 만에 목표를 완료하게 되었다. 그렇게 꾸준한 조림사업의 공로를 인정받아 대조사님께서는 당시 농림부장관으로부터 표창을 받는 일이 있었고, 1973년 4월 6일에는 200만 그루 조림달성 기념식을 갖기도 했다.

한편 초기에는 구인사 인근 야산을 개간하여 텃밭이나 가꾸던 구인사 대중들의 영농이 필요에 따라 그 규모가 커지면서 자체 농장을 마련하지 않으면 안 될 지경에 이르자 주변 농지를 꾸준히 매입해 들일 수밖에 없었다. 그리하여 1971년 8월에 발행된 『천태종성전』에는 건물 22동 439평, 임야 506정보 잣나무와 낙엽송 70여 만 그루 조림, 농경지 밭 29,500평, 논 13,000평이 그때까지의 구인사 현황으로 기록되어 있다. 또한 농장을 확보하는 것과 더불어 대조사님은 생산불교의 터전을 더욱 공고히 하기 위하여 조치원 근교에 사료공장을 세워 경영할 계획을 하셨다. 각종 사료를 생산하여 전국의 농촌 신도들에게 염가로 공급하여 축산업을 장려함으로써 경제생활의 향상을 이루고 농촌진흥에 기여하고자 하셨던 것이다. 그래서 연기군 서면 월하리에 수천 평의 대지와 건평 900여 평의 공장용 건물을 1973년 10월 매입한 뒤 사료공장 기계 설비를 발주하였는데, 대조사님의 돌연한 입적으로 이 사업은 끝내 무산되어 버린다.

2. 천태종 고유의 수행풍토와 종교문화 조성

새 불교운동을 표방하며 창건된 천태종의 가장 두드러진 모습은 출가자와 재가자 모두가 스스로 수행에 동참하는 신행문화였다. 이것은 구인사 초창기부터 견지해 온 대조사님의 원칙이었는데, 부처님의 가르침이 사찰 혹은 승려들만의 전유물이어서는 안 된다는 대조사님의 불교관을 반영한 것이었다. 앞에서 수행법을 관음주송으로 통일한 사실을 언급한 대목에서도 나타나듯이 재가신도는 그저 사찰의 불사에 동참하여 재물을 보시하고 특정한 날에 사찰을 찾아 등이나 다는 객체적인 존재가 아니라 능동적으로 법회에 참여하여 관음주송을 수행하고 하루일과가 끝난 저녁시간에는 각자의 가정이나 회관에 모여 여건이 허락하는 만큼 스스로 수행하는, 다른 종단에서는 유래가 없는 주체적인 지위를 지니게 된다. 석가모니부처님 당시에도 재가자 가운데 아라한阿羅漢이[73] 된 이들이 있었던 만큼 출가가 불교를 수행하는 유일한 길은 아니었다. 그리고 출가자들이 승원에 안주하며 지나치게 현학적인 교학 탐구에만 몰입하던 부파불교시대에는 출·재가 구분 없이 보살도菩薩道를 행해 언젠가는 깨달음을 이루고 부처가 되겠다는 대승불교가 흥기하게 된다. 그런 대승불교 본연의 전통을 계승하고 있는 것이 대한불교천태종이다.

물론 출가자의 역할이 없는 것은 아니다. 출가자는 재가자와 달리 가정을 갖거나 생업에 종사하는 등 잡다한 가사에 전념하지 않고 보

---

73 초기불교에서 부처님의 가르침에 따라 수행하여 오를 수 있는 최고의 경지로, 모든 괴로움으로부터 벗어나 해탈에 이른 상태를 말한다.

다 수행에 정진할 수 있기에 재가신도들을 가르치고 지도할 수 있는 것이다. 그러나 앞에서 언급했듯 종단 최초의 득도식에서 윤원복, 송종경, 이득주, 김문호 등 재가자에게도 도첩을 수여하여 대조사님은 출·재가를 가리지 않고 제자로 받아들였는데, 그들은 당시 종회의원이었다.[74] 말하자면 처음부터 재가자들도 종단의 운영에 동참시킨 것으로, 출·재가가 혼연일치되어 함께하는 불교를 꿈꾸신 것이다. 그래서 지금도 천태종의 종회에는 재가의 종회의원들이 종회의원 스님들과 함께 종단의 주요사업과 방침들을 논의하고 있다.

그리고 이런 천태종의 종풍을 가장 잘 보여 주는 것 중의 하나가 재가자도 참여하는 안거安居 제도이다.[75] 안거는 잘 알려져 있듯이 석가모니 부처님 때부터 시행되어 온 전통적 수행문화이다. 우기雨期에 불편한 교통사정 등을 고려하여 유행遊行하지[76] 않고 한 자리에 모여 집중 수련하도록 한 것으로, 종래의 우리나라 불교계에서는 1년에 두 차례 여름과

---

74 1978년 발행된 『대한불교천태종종헌』에는 제7장 21조에 '종단의 발전을 기하고 종단운영상의 공정을 기하기 위하여 최고의결기관으로 종회를 둔다'고 되어 있으며, 22조에는 '종회의원은 종정이 임명', 23조에는 '종회의원의 정수는 30인'이라며 승니(僧尼)대표와 신도대표에서 선출하되 '신도에서 15인 이상이어야 한다'고 하고 있다. 그런데 1967년에 이미 재가신자 종회의원이 있었던 것을 보면 종헌의 위 조항은 「천태종대각불교교헌」 시절부터 존재했던 것으로 여겨진다. 한편 현재는 재가의 종회의원이 전체의 3분의 1을 차지하고 있다.

75 천태종의 재가자 안거에 관해서 더 구체적인 모습은 고우익, 「천태종 안거제도의 특징과 수행 - 재가 신도 안거 수행을 중심으로」, 『천태학연구』 제15집(원각불교사상연구원, 2012, pp.317-353)을 참조하기 바란다.

76 초기불교 이래 출가자들은 한곳에 머무르기보다 여러 곳을 돌아다니며 수행하고 대중들을 교화하는 것이 상례였다.

겨울 석 달씩의 안거를 실시하지만 그것은 스님들만이 참여하는 것이다. 그러나 구인사의 안거는 재가자들도 참여하는 것으로, 『불멸의 등명』에 따르면 농촌인구가 지금보다 훨씬 많던 시절 여름과 겨울의 농한기를 골라 종단이 중창되기 전에는 2주일간씩 시행했고 중창 이후에는 1달간씩 시행하고 있다. 이 기간 시간을 낼 수 있는 사람은 아예 총본산 구인사에 와서 안거를 하고 시간이 없는 사람은 저녁마다 지역의 천태종 말사에 모여 철야정진을 한다. 이것은 집중적인 수행이 어려운 재가자들을 위한 배려였으며, 다른 어떤 가르침보다도 수행을 통해 스스로 성취하는 자아의 가치관이 참 불자를 양성하는 첩경이라는 대조사님의 혜안에 의한 것이었다. 또한 오늘날에는 30일의 겨울안거가 끝나면 곧바로 이어서 55일간 출가자만의 승려안거를 실시하는데, 그 기간 동안 아침 9시부터 12시, 낮 1시부터 6시까지는 승려들의 선방에서, 그리고 특별히 저녁 8시부터 다음 날 새벽 6시까지는 삼보당에서 구인사 비구·비구니 전체 대중이 한자리에 모여 용맹정진하고 있다. 이렇게 저녁 시간에 삼보당에서 비구·비구니 전체가 한자리에 모여 철야로 수행하는 것은 대조사님 때부터의 관행이었다.

　천태종의 신행문화에서 또 한 가지 빼놓을 수 없는 것은 일상생활과 밀착되어 있는 불교를 구현하고 있다는 점일 것이다. 예를 들면 생산불교라고 할 만큼 생산활동과 노동에 큰 가치를 부여하고 있는데, 그 구체적인 모습은 구인사 초창기 대중생활에서부터 비롯된다. 말하자면 구인사 초기의 대중들은 수행의 틈틈이 화전을 일구어 식량을 마련하고 땔감을 구하는 등 생활에 필요한 노동을 병행할 수밖에 없었는데, 그런 입장에서 노동도 수행의 일환이었다. 실제로 종단을 설립하시고 조림이나 도로공사를 현장에서 진두지휘하시던 대조사님은 나무를 심는 것도 공부고 도로공사를 하는 것도 공부라는 말씀을 자주 하셨다는 것이 많은 이들의 증언이다. 그래서 낮에는 일하고 밤에는 수행한다는 주경야선晝耕夜禪의 전통이 자연스레 정착되었는데, 오늘날에도 구인사 스님들은 낮에는 소임에 따라 각자의 일을 보다가 밤에는 선방에 모여 수행하는 생활을 계속하고 있다. 현재의 종정인 김도용金道勇 대종사는 1977년 남대충 2대 종정스님을 은사로 득도한 이래 1993년 12월 22일 종정으로 추대되기 직전까지 남의 눈에 띄지 않게 낮에는 조용히 구인사 농장에서 소를 키우고 밤에는 장좌불와長坐不臥로[77] 수행에만 매진한 것으로 유명하다. 그리고 하루 24시간 언제나 개방되어 있는 말사에서도 주간에는 각종 생업에 종사할 수밖에 없는 재가신자들이 주로 저녁시간에 사찰의 기도실에 모여 관음주송으로 정진하고 있다.

한편 앞에서 십선계를 출·재가의 계율로 채택한 것을 설명할 때도 언급했듯이 종교라는 문화현상은 누대에 걸친 오랜 전통과 관습을 통해 전해지는 것이어서 어느 순간 개개인이 그것들을 고치거나 변화시키기에는 엄청나게 커다란 부담감을 느낄 수밖에 없는 것이다. 그렇지만 인

---

77   24시간 자리에 눕는 일 없이 생활하며 장시간 앉아서 수행하는 것을 의미한다.

생이 그렇듯 우리들은 전래되어 온 가치관과 제도, 방식 등에 의해 살아가지만 그것들을 변하고 있는 현실상황에 융통성 있게 적용하여 끊임없이 새로운 모습으로 바꾸어 내지 않으면 안 된다. 따라서 천태종은 불교의 전통이라는 이유만으로 지나치게 형식화된 과거의 관습에 무조건 의존하기보다 현대적이고 합리적인 변화를 추구해 왔다.

예를 들면 비구들의 삭발염의는 부처님 당시부터의 전통이었는데, 머리를 깎고 괴색壞色[78] 옷을 입음으로써 출가수행자의 삶은 사회적 명예와 부를 포기하고 오직 정신적인 가치의 추구에만 전념한다는 의미가 담겨 있다. 그러나 전래의 백호머리를 유지하기 위해서는 지나치게 자주 손질을 하지 않으면 안 되고, 비 오는 날이나 몹시 추운 계절에는 야외작업에 또 다른 불편함을 초래하기도 한다. 그래서 대조사님은 출가비구들에게 삭발이라도 3부머리를 장려했으며, 업무를 위해 출타하거나 농장 일을 하기 위해서는 승복이 아닌 평상복도 허용하셨다. 또한 비구니들의 경우 '구태여 남성들 모습으로 위장하는 것도 도를 닦는 데 기만행위이며, 여성의 모습 그대로도 깨달음을 성취할 수 있다'고 하여 삭발하지 않고 길러서 쪽진 머리를 하고 있다. 대조사님의 이 같은 가르침은 자상함이나 섬세함 같은 여성성도 오히려 수행에 도움을 주는 요인으로 인정하신 것으로 생각해 볼 수 있는 근거로서 2,500년 불교역사상 가장 진보적인 양성평등의 메시지를 담고 있다. 사실 석가모

---

78 일부러 곱지 않은 색으로 물들이는 것을 말한다.

니부처님이 여성의 출가를 인정한 것도 시대를 앞선 평등의 선언이었고 여성 출가자들이 아라한의 경지에 이른 예도 많았지만, 당장 『법화경』에서의 용녀변성성불龍女變性成佛처럼[79] 그 완전한 실현에는 제약이 있었던 것도 사실이다. 따라서 비구니들의 승복 또한 수행과 일상 업무에 원활한 복색을 하고 있다.

먹는 것과 관련해서도 일률적으로 육식肉食과 음주飲酒를 금하지는 않으셨는데, 구인사 초창기부터 강도 높은 노동이 자주 요구되었던 상황과 무관하지 않아 보인다. 다시 말해 몇몇 종류의 육식과 일하다 마시는 농주農酒는[80] 허용하셨다. 본래 부처님의 가르침 중 음주를 금하는 것은 오계에도 등장하는 사항이지만, 육식을 무조건 금했다는 증거는 없으며 오히려 먹어도 되는 고기의 종류를[81] 규정한 대목이 보인다.

---

79 용왕의 딸은 여자이기 때문에 중간에 먼저 남자의 몸으로 변했다가 마침내 부처님이 된다는 『법화경』의 이야기는 남녀불평등이 심했던 고대 인도사회를 배경으로 여성의 성불 가능성에 대해 일종의 타협안으로 제시된 것으로 보인다. 다른 입장에서 『승만경(勝鬘經)』이나 『유마경』의 가르침은 남성이 결코 여성보다 우월한 점이 없다는 내용을 담고 있다.

80 대조사님께서 특별히 금하신 고기로는 개고기와 닭고기, 계란 및 '어' 자로 끝나는 생선인 고등어와 붕어 따위 그리고 '치' 자로 끝나는 갈치와 멸치 등이었는데, 그나마 가정에서 아이들을 양육하는 경우 가장 서민적인 식품인 계란이나 고등어, 멸치 등을 가려내기 어려움을 어떤 신도가 토로하자 '그 식품을 반드시 금하란 이야기는 아니고 당장 입에서 당기면 먹어도 된다. 그러나 도력이 쌓이면 그것들이 자연히 싫어지게 될 것'이라고 하여 유연한 입장을 취하셨다. 그러나 일하다 마시는 농주라도 취할 정도로 마시는 것을 절대로 금하셨다.

81 초기불교에서부터 육식이 무조건 금지되어 있던 것은 아니다. 경전에는 3종 정육(淨肉)이라 하여 자기에게 제공하기 위해 도살하는 것을 직접 보았거나[見殺], 그런 사실을 믿을 만한 사람에게 들었거나[聞殺], 혹은 자신을 위해 도살했다고 의심스러운 경우[疑殺]를 제외한 고기는 허용되었다. 이외에 스스로 수명을 다한 짐승의 고기[自死]나 다른 맹수가 먹다 남긴 고기[鳥殘]를 추가하여 5종 정육이라 하기도 한다.

그리고 계율이 철저한 것으로 알려진 남방불교에서는 지금도 육식이 허용되고 있는데, 대승불교에 와서 육식은 살생을 통해 결과적으로 나와 남을 넘어 자비慈悲의 종자를 끊는 일이라 하여 훨씬 강화된 측면이 있다. 또한 오신채五辛菜[82] 중 마늘과 파는 음욕婬欲을 돋우는 것이라 전통적으로 불가에서는 금한다는 말에 대해 대조사님은 '그런 것을 가리면서까지 음계婬戒를 지키려고 애쓰는 것보다 먹으면서도 마음 하나 잘 다스리는 것이 훨씬 중요하다'고 가르치셨다.

한편 연중 가장 큰 행사였던 초파일을 봉축하는 방식에서도 구인사만의 특색이 있었는데, 대다수 사찰이 초파일 당일에 모여 석가탄신일을 봉축했던 것에 비해 구인사에서는 종단이 만들어지기 훨씬 전부터 아예 하루 전날 모여 철야로 기도정진하면서 부처님 탄생을 봉축해 왔다. 불전에 등을 다는 것도 기존에 가족이나 개인 단위로만 달던 것 이외에 '33인등'이라 하여 서로 인연이 닿는 사람끼리 합심하여 33인 명의의 훨씬 큰 등 하나를 달게 했는데, 연등을 통해서도 새로운 도반을 불교로 이끌어 들이게 하여 재가신자들 스스로 포교활동을 할 수 있게한 것이다. 그리고 종단이 선포된 1967년부터는 전야제로 점등법요식을 하여 사찰에 밤새 불을 밝히고 당일에는 오후 7시부터 남천에서 영

---

82 사찰에서 금하는 향이 강한 다섯 가지 채소를 말하는데, 파·마늘·부추 이외에는 우리나라에서 나지 않는 것들이다.

춘 시가지까지 가두방송을 하며 제등행렬을 실시했는데,『불멸의 등명』에 의하면 용등, 코끼리등, 연꽃등, 봉황등 등의 장엄등을 앞세우고 사찰 경내가 아닌 거리로 나가 등을 밝힌 것은 한국불교 사상 천태종이 최초였다. 특히 여의도에서 조계사까지 시가지에서 제등행렬을 처음 시작한 해가 석가탄신일이 공휴일로 제정된 이듬해인 1976년이었다는 사실을 상기하면 그만큼 대중의 교화에 남다른 관심을 가졌던 것이 대조사님이셨다.

[그림 1]

[그림 2]

이렇듯 대중에 대한 폭넓은 교화를 염두에 두었던 대조사님의 면밀한 노력은 [그림 1]과 같은 종기宗旗의 디자인에서도 살펴볼 수 있다. 말하자면 천태종을 대외적으로 상징하는 심벌마크로서, 오늘날 대부분의 기업이나 단체들이 통일된 자기 이미지를 위해 채택하는 CI(Corporate Identity)의 개념으로 바라볼 수 있는 것이다. 이 종기는 전 종회부의장 월산 스님의 증언에 의하면 1969년 무렵부터 쓰였다고 하는데, 대조사님이 직접 창안하셨다고 한다. [그림 2]는 디자인이 약간 개선되어 현재까지 사용하는 것으로, 1980년 4월에 낙성된 구인사 5층 법당의 기와지붕 암막새에는 이 문양을 양각으로 새긴 것이 발견된다. 아무튼 조계종의 상징문장이 기존의 원이삼점圓而三點을 삼보륜三寶輪이라 이름 붙여 2003년에야 공표하게 된 것에 비해 얼마나 시대를 앞서 예견한 대조사님의 통찰력이셨는가를 알 수 있는데, 『천태종약전』에는 이 종기에 대한 해설이 다음과 같이 설해져 있다.

> 원선圓線 3개를 동일 중심점상에 포개고 그 위에다 금강저金剛杵를[83] 종縱으로 둔 것.
> 원선 3개는 공가중空假中 삼제三諦를 의미하고 한 위치에 둔 것은 삼제가 원융圓融한 것을 뜻함.
> 금강저는 밖으로 사마邪魔를 파破하고 안으로 단견斷見과 상견常見의 이변二邊을[84] 물리쳐 중도中道에 계합함.
> 선의 청색은 우리나라 동방의 동東을 의미하고 저杵의 황색은 중中을 각각 의미한 것, 중은 사방을 관통하므로 원융무애하다는 뜻.

그리고 전통 종교의례에 의한 대중교화의 영향력이 작지 않은 것을

---

83 금강저는 인도 고대신화에 등장하는 인드라 신의 무기인 번개를 상징하는데, 어떤 것도 부수지 못하는 것이 없는 막강한 힘 때문에 불교와 힌두교 등에서 최고의 지혜를 의미한다.
84 단견이란 사람은 죽으면 모든 것이 끝이라든가 이 세상도 언젠가는 사라질 때가 있다는 생각이고 상견은 그와 반대로 모든 것은 영원하다는 단정인데, 부처님은 그 두 가지 치우친 견해에서 벗어나 중도의 입장에서 볼 것을 가르쳤다.

간파하신 대조사님께서는 1971년 2월 구인사 내 도솔암에 당시 범패梵唄의 최고 권위자이던 태고종의 권수근 스님을 강사로 초빙하여 범패강원을 설치하고 젊은 스님들이 배우도록 했는데, 현 총무원장인 변춘광 스님이 제1기 수강생 중 한 명이었다.[85] 그리고 신도회 간부들에게도 의식교육을 실시하여 수적으로 부족한 출가자들을 대신해 지역의 각종 법회를 집도하도록 하셨다.

또한 대조사님이 구인사를 창건하고 천태종을 중창하면서 대중들에게 자주 언급하셨던 것 가운데 하나가 헛된 미신에 휘둘리지 말라는 것이었다. 구인사가 창건되던 당시의 한국사회는 일제강점기와 6·25 등을 겪으면서 대부분의 민중들이 처절한 가난과 질병, 좌절 등에 노출되어 있었고, 그런 만큼 민심은 미신에 많이 지배받고 있었다. 그러나 그런 헛된 믿음은 사람들을 허황된 행동으로 이끌 뿐 실제 생활에 아무런 도움도 주지 못하며, 그 같은 미신을 잠재울 수 있는 것은 올바른 믿음을 대중들의 마음속에 심어 주는 것밖에 없었다. 따라서 올바른 불교신앙을 전파하기 위해서라도 미신타파는 반드시 필요한 일이었다. 그리고 총본산 구인사를 위시해 천태종의 모든 말사에는 전래적인 것이

---

85 본래 대조사님은 수행을 중시하면서 번거로운 의례에는 부정적인 입장이었으나, 신도들의 간곡한 요청에 못 이겨 기왕 하려면 최고의 수준으로 하라고 하여 태고종의 권수근 스님을 초빙하게 되었다고 한다. 한편 종교학자 고병철은 천태종의 불공 순서가 태고종과 유사한 이유를 이와 같은 사실에서 찾고 있는데, 불교의례를 언제까지나 다른 종단의 승려에 의존할 수 없다는 맥락에서 조계종이 1997년 중앙승가대학에 어산작법학교를 만들고 2003년에는 태고종의 전유물이었던 영산재를 조계사에서 조계종 승려로만 구성하여 최초로 재현한 사실을 마찬가지 예로 들고 있다.

라고는 하나 본래의 불교교리에 입각한 것이 아닌 산신각이나 칠성각, 삼성각, 시왕전 같은 전각들이 전혀 없는데, 앞에서도 언급했듯이 불교가 한반도에 전래될 때 많은 민간신앙을 포섭하며 들어왔기 때문이라는 재래의 학설과는 달리 실제 그런 전각들은 조선시대 중기 이후 불교가 심하게 억압받을 때 민간신앙을 이용해서라도 명맥을 이어 가기 위한 방편으로 지어졌던 것이다. 말하자면 전통적인 양식처럼 보이지만 실은 진정한 불교신행에 저해 요인이 되고 헛된 믿음의 근거가 되는 것들을 천태종 사찰에서는 철저하게 배척하신 것으로, 대조사님의 가르침을 기억하는 신도들의 증언에 따르면 가정에서 부적도 붙이지 말라고 하셨다고 한다.

한편 대한불교천태종의 고유문화를 이루고 있는 또 하나의 축은 우리 민족 전래의 정신문화와 미풍양속을 존중하고 그 계승에 힘쓰는 것이다. 대조사님은 언제나 '조상과 부모를 부처님처럼 모시라'고 하여 효행의 실천을 특별히 강조하셨을 뿐 아니라 옛사람들의 도의道義에 대해서도 각별한 존중을 아끼지 않아 출·재가의 장례에 매장埋葬을 권장하셨다. 또한 민간의 아름다운 풍속을 계승하는 데도 지극한 관심을 보여 구인사 대중들은 정월 초하루에는 민간에서처럼 세배와 함께 떡국, 만둣국으로 새해를 시작하고 대보름에는 척사擲柶, 즉 윷놀이로 하루를 보낸다. 또한 구인사 창건일이기도 한 단오에는 쑥떡과 취나물떡을 해 먹으며 종정스님을 위시한 출·재가 모든 대중들이 구인사 인근 포란이골에 그네를 걸고 추천鞦韆, 즉 그네뛰기를 한다. 그리고 각 지역

신도들에게는 음력 정월 초하루부터 열닷새까지의 정초 본산참배가 일반화된 문화로 자리 잡고 있다.

제2절

전국적인 조직 구축과 그를 도운 인사들

    총본산 구인사의 정비와 천태종 고유의 수행풍토 조성이 새로운 종단 건립의 최우선 과제였다면 전국적인 조직의 완성은 그와 같은 종단 건립의 가장 중추적인 작업이었다. 이 절에서는 중앙신도회 창립과 더불어 각 지역의 지부·지회 결성을 통해 전국 조직이 완비되는 과정과 각 말사의 운영 방식 등을 알아보고, 이어서 종단 창립의 기간 대조사님을 충실히 보필했던 분들의 노고에 대해서도 살펴보고자 한다.

1. 중앙신도회 구성과 말사 신도회 운영

    구인사 도량 정비와 출·재가 모두의 생활 속 수행풍토 조성에 이어 대조사님께서 착수하신 것은 중앙신도회의 결성이었다. 천태종대각불교로 등록한 직후 말사는 불과 20여 사찰에 불과했고 그 대부분이 사설사암으로 자체 운영과 유지에도 급급한 실정이어서 종단의 교화활동을 위한 조직적 역할을 하기에는 어려운 실정이었다. 또한 구인사 역시 상주하는 승려 수가 적어 전국의 조직을 직접 관리하기 힘들었다. 그래서 전국에 산재해 있는 신도들의 신행생활을 지도하고 관리하는 업무를 신도회가 자율적으로 관장할 수 있도록 우선 중앙신도회를 먼저 창립하고 그 산하에 지부, 지회, 분회 및 동 단위의 연락사무소를 구성하도록 한 것인데, 1969년 1월 17일 당시 동안거로 구인사에 와 있던 1천여 명의 신도들이 설선당에 모여 천태종 중앙신도회 창립총회를 개최하였다. 그 총회에서 신도회 규약이 채택되고 중앙회장을 비롯한 각 임원이 선출되었는데, 특히 박형철 초대 중앙회장은 민주적으로 전체투표에 의해 결정되었다. 그렇게 선출된 중앙신도회의 임원들은 천태종을 대단히 빠른 시간 안에 전국적 조직으로 만드는 데 지대한 공헌을 했다. 중앙신도회는 당시 신도 분포상황에 따라 지부는 서울과 부산, 대구의 3대 도시와 경상북도에 제1, 제2지부를 두고 충남지부와 충북지부, 강원도에 영서지부와 영동지부를 점차 설치해 나갔는데, 그 산하에 각 지역 지회와 분회가 자율적으로 결성되며 조직이 확대되고 포교와 새 신자 포섭이 이루어졌다. 또한 분회 결성이 어려운 지역에는 연락사무소를 설치하여 장차 분회를 만들 준비 작업을 할 수 있게 하였다. 그런 결과 『불멸의 등명』에 따르면 신도 조직이 전국 방방곡곡으로 확장되어 1971년 5월 말 현재 전국에 지부 8개소, 지회 37개소, 분회 54개소에 이르렀으며, 대조사님 재세 시 이미 제주도와 울릉도 등 도서지방까지 지회와 분회가 결성되어 등록된 신도회원 수도 20만 명이 넘었다고 한다. 그런데 전국의 조직을 관장하던 중앙신도회는 1973년 12월부터 보다 원활하고 효율적인 관리를 위해 그 업무를 총무원으로 이관하게 되었다고 한다.

아무튼 1970년에는 중앙신도회 산하에 중앙청년회를 두기로 하여 창립발기회를 갖고, 1971년 2월 10일 중앙청년회를 창립하여 초대회장이 취임하게 된다. 특히 중앙청년회는 대조사님의 열반 직전인 1974년 5월 제1회 '상월원각대조사기 쟁탈 전국청년회 배구대회'를 개최하였다. 그 후 1년에 한 번씩 해를 거듭할수록 계속되어 온 이 행사는 스포츠를 포교의 방편으로 삼는 것은 당시만 해도 생소했던 일로서 대조사님의 혜안을 엿볼 수 있는 것이었는데, 청년들의 단합과 함께 국민체육 증진에도 기여해 온 천태종의 자랑스러운 문화전통이라고 할 수 있다. 오늘날 전국 말사의 학생회들이 지역별로 연합하여 봄·가을, 1년에 두 번 체육대회를 개최하고 있는 것도 같은 맥락에서 이해할 수 있겠다.

한편 재가자도 주체가 되는 천태종의 신행문화는 수행에만 한정된 것이 아니다. 바로 말사의 운영과 관련하여 신도회 회장과 부회장을 비롯한 총무, 교무, 재무 등 간부들의 역할이 그것이다. 지금 종단에서는 서울의 관문사나 부산의 삼광사 같은 규모가 큰 말사에는 임기제로 주지와 총무, 교무, 재무 등 삼직三職 스님을 파견하고 그보다 작은 말사에는 주지만을 파견하지만, 사실상 일선 말사의 운영을 실질적으로 떠받치고 있는 것은 재가의 간부들이다. 그들은 사찰의 각종 관리와 운영, 인사 제청과 재정 출납 및 회계까지도 맡아 주지 스님을 보필하며, 한 달에 한 번 갖는 정기법회와 비정규적인 특별법회는 총무가 사회를 보고 교무가 의식을 집전한다. 그리고 그것을 돕기 위해 대조사님 당시 중앙신도회가 창립되고부터 여름과 겨울의 안거 기간 중 1주일씩 집중적인 간부교육을 실시해 왔는데, 말사 운영과 관련된 실무와 의식 집전을 위한 실기 등이 포함되어 있다. 신도의 가정에 흉사가 생기면 신도회에서 직접 시다림尸陀林을[86] 하는 것도 이와 같은 교육의 결과이다.

또한 종단 창건 초기부터 대조사님께서는 모든 신도들에게 '성의금誠意金'이라는 이름의 회비를 매달 내도록 하여 그 절반은 지역의 말사에서 사용하고 절반은 종단으로 보냈는데, 일반 노무자의 하루치 품삯에 해당하는 돈으로 처음 300원으로 시작된 성의금은 비록 적은 액수였으나 전국에 널리 분포되어 있던 신도들에게 확고한 소속감을 부여하기에는 충분한 것이었다.

그런데 이런 천태종 말사들의 운영 방식은 대부분 자발적으로 결성된 지역 신도회에 의해 건립되었던 대조사님 당시의 사정에서 기인된 것이다. 다시 말해 구인사에 상주하는 인원도 그리 많지 않아 전국적 조직을 일일이 관리하기 어렵던 시절 대조사님의 지도를 받아 지역별로

---

86 시다림은 부처님 당시 왕사성(王舍城) 부근에 있던 숲으로 시체를 버리는 곳이었는데, 뒤에 죽은 이를 위한 불교의 장례의식을 지칭하는 말이 되었다.

모임이 만들어지면서 처음에는 신도회장이나 몇몇 신도의 집에서 법회를 보다가 인원이 많아지면 적당한 회관을 빌렸고 이후에는 대지를 구입해서 종단과 더불어 말사를 건립한 것이다.[87] 그렇기 때문에 천태종의 말사들은 처음부터 신도들의 접근이 용이한 도심지에 지어졌고, 그 형태도 많은 사람들의 수용이 가능하도록 외형적으로는 공포栱包 양식 위에 기와지붕을 얹어 전통적인 미학을 자랑하지만 목조건축의 공간적 옹색함에서 벗어난 다층의 콘크리트 건물로 그 규모 또한 대단히 큰 것이다. 말하자면 전래의 한국적인 멋을 계승하면서도 현대건축의 편리함을 함께 취한 것이다.

2. 대조사님을 보필했던 인물들

이상은 대한불교천태종의 전국적인 조직을 확립해 가는 과정과 각각의 말사 운영 방식에 관한 설명이었고 이어서 총무원과 종회의 구성, 인사 등에 관한 일련의 작업들이 있었을 것인데, 관련된 자료의 미비로 정확히는 알 길이 없다. 다만 초기 총무원에서 많은 역할을 했던 몇몇 사람에 대한 기록은 남아 있어 이 자리에서는 그 내용을 살펴보기로 한다.

---

87 예를 들면 지방 신도회 중 가장 먼저 자체적으로 회관을 짓고 법회를 개최한 것은 영주지회였다. 그 낙성법회에는 대조사님이 직접 임석했으며, 이후 영주지회는 경북에서 말사로는 제일 먼저 운강사(運降寺)를 건립했다고 한다.

먼저 대한불교천태종으로 개명하고 1970년 1월 5일 종헌선포식을 거행할 때 발표된 「종헌선언문」에 종정인 대조사님과 함께 종회의장으로 등장하는 이계원 스님은 대조사님께서 1965년 1월 최초로 외부 설법을 7일간 베푸셨고 천태종대각불교포교원 창립 때 말사로 등록한 영풍군 부석면 소재 성화사의 주지로 계셨던 분으로, 이분은 1974년 대조사님이 입적하실 때까지 종회의장직을 수행하셨다.

다음에 초대 총무원장을 지낸 김득문金得文 스님에 대한 기록이 남아 있는데, 이분은 본래 충청북도 산림과장, 제천군수 등 여러 관직을 역임하다 60세가 넘은 나이에 대조사님의 제자가 된 분이다. 구인사 주변 국유임야의 조림대부에 상당한 역할을 했다고 하며 1968년 10월 타계했다.

또한 초대 총무부장을 지낸 운당雲堂 스님은 관직에 재직 중이던 1955년 발심하고 구인사에서 대조사님의 제자가 된 이후 1972년 2월 타계할 때까지 대조사님을 수발하며 초창기 어려웠던 시절을 동고동락했던 분이다.

이어서 남대충 2대 종정스님은 대조사님 일행이 처음 소백산에 들어온 날 우연히 만나 길 안내를 했던 분으로, 이후 군 입대 기간을 제외하고는 늘 대조사님을 시봉하며 그 교시를 가장 충실히 받들었던 상수제자였다. 중앙상임포교사를 맡아 대중수도실의 기강을 세우고 초심자의 수행지도 등에 많은 역할을 했다.

뒤에 총무원장을 역임하는 전운덕 스님은 동국대를 졸업하고 군 제대 후 1966년 2월 입산하여 대조사님의 제자가 되었으며 대조사님의 입적 때까지 초대 총무국장과 총무부장을 역임했다.

또한 김재천金在天 스님은 고향이 삼척으로 원래 유학儒學의 대가였으나 1965년 대조사님에게 귀의하여 초대 재무부장을 역임하다 대조사님 열반 후 구인사에서 서거했다.

한편 김득문 초대 총무원장의 서거에 따라 공석 중이던 총무원장에 종단 밖의 스님을 1969년 5월 영입했지만 이듬해 10월 퇴임하고 부석사 주지를 역임했던 한운암韓雲庵 스님이 취임하였다. 이분은 일찍이 일본의 메이지[明治]대학 철학과를 나와 북한에서 민족운동을 하다 월남했는데, 동양철학에 깊은 조예가 있었다고 한다. 대조사님 입적 후에는 관악산 삼막사三幕寺에 주석하다 타계했다.

대조사님의 입적과 유훈으로 진행된 사업

1945년 구인사에 정착한 이래 꾸준히 수행에 매진하여 대각을 이루고 대한불교천태종을 창건하며 왕성한 활동을 벌이던 대조사님은 1974년 6월 17일, 음력 윤4월 27일 입적하시게 된다. 이 절에서는 대조사님께서 열반을 즈음하여 보이셨던 몇 가지 행적에 대해 살펴보고, 이어서 대조사님의 입적 이후에도 평소 대조사님의 가르침에 따라 진행된 종단의 주요 사업들에 대해 검토해 보겠다. 그리고 대조사님께서 염원하셨던 새 불교운동이 오늘날 어떤 모습으로 전개되고 있는지 천태종의 사회사업들을 중심으로 조망해 보고자 한다.

1. 대조사님 입적에 즈음해 보이신 행적

대조사님께서는 아마도 당신의 죽음을 미리 예감하셨던 듯하다.

1973년 음력 11월 28일 구인사 광명당에서 있었던 대조사님 탄신봉축 법요에서 다음과 같은 말씀으로 설법을 시작하셨다.

> 만법萬法이 비었으니 나도 장차 가리로다. 한 생각 날 적에 만법
> 이 일어나고 한 생각 멸할 적에 만법이 꺼지는 것이로다.
> 사회의 모든 생각이 탐하여 바라는 부귀와 영화는 한 조각 구름
> 과 같고 물거품과 같고 몽환夢幻과 같으니라. 죽음에 임하여 허
> 망함을 개탄할 것이 아니라 살아 있을 적에 무엇이 가장 존귀한
> 것인가를 생각하고 영원히 빛나고 보람 있고 길이 남는 일이 어
> 떤 것인가를 마음에 새겨 두어야 하느니라.

『불멸의 등명』에 의하면 이런 암시가 있었지만, 당시 대중들은 무슨 뜻인지 전혀 영문을 몰랐다고 한다.

그런데 여문성 스님의 증언에 의하면 입멸하시기 5년쯤 전부터 대조 사님은 당신의 운명을 미리 짐작하고 계셨던 것 같다. 구인사 일대에 한창 조림사업을 진행하던 시절 잣나무를 심으며 나무가 다 자라 잣 을 수확해 먹을 얘기를 하는데, 대조사님은 '나는 못 먹어, 너희들이나 먹지' 하는 말씀을 하셨다고 한다. 그래서 '아니 왜 못 드세요? 잣을 따 면 죽도 끓여 드시고 해야죠' 했지만, '글쎄 나는 못 먹어' 하셨다는 것 이다.

또한 지금의 적멸보궁寂滅寶宮 자리도 미리 점지해 두셨던 듯하다. 여

문성 스님이 구인사에 입사하고 10년쯤 되었을 때 점심을 준비하여 일행 몇과 수리봉에 등산 삼아 나무를 하러 가셨는데, 산마루에 올라 '여기는 용이 승천하는 데야, 그만큼 좋다는 말이지' 하셨다고 한다. 그렇게 수리봉 정상이 좋다는 말씀은 입적하시기 1년 전 조실 마루에 앉아 수리봉을 바라보며 '아, 참 좋다. 저기가 참 좋은 데야' 하고 혼잣말을 하시기도 했다고 한다.

그러곤 뜬금없이 '에이, 난 내년에 너희들 못 올 데로 갈 거야' 하는 말씀도 하셨다고 한다. '아니, 저희들은 왜 못 가요? 거기 가서도 저희들이 모셔야죠' 했더니 '너희들은 올 수가 없어. 오고 싶어도 올 수가 없는 데야'라고 하셨다는 것이다. 그러고는 대중설법에서도 '내 설법은 맨날 못 들을 거다. 지금 꼼꼼히 들어 놔라'라고 가르치기도 하셨다고 한다.

또한 그런 와중에 한 번은 느닷없이 콩 100가마를 가지고 모두 메주를 쑤라고 하여 여문성 스님을 당황하게 하셨다고 한다. "아니 100가마씩이나 무엇하게요?" "글쎄, 시키면 시키는 대로 해." 그래서 아랫사람들을 데리고 콩 100가마의 메주를 쑤느라 엄청나게 고생을 했는데, 그렇게 해서 담근 장은 대조사님께서 입적하신 후 3년이나 먹을 수 있어 큰 도움이 됐다고 여문성 스님은 회고한다.

그렇게 1973년까지는 몸이 조금 안 좋은 듯했지만 크게 내색하지 않으셨는데, 1974년 들어서면서부터는 급격하게 건강이 나빠져서 '내 몸은 내가 안다'고 반대하는 대조사님을 강권하다시피 병원으로 한 차례 모신 적이 있다고 한다. 그러나 상태가 호전될 기미가 없어 당신 의사로 구인사로 돌아오셨다고 하는데, 그 후 얼마 안 있어 열반에 드시게 된다. 임종을 지켰던 여문성 스님은 당시 대조사님 곁에 국성 스님만 남겨 놓고 2대 종정스님과 총무원장 스님 등과 회의를 위해 아랫방으로 내려가 있었는데 '빨리들 와 보라'는 전갈을 받았다고 한다. 그래서 가 보니 가부좌로 앉아 계신 상태에서 사방을 멀끔히 둘러보시다가 이윽고 숨이 다하자 고개가 숙여지더라는 것이다. 말하자면 좌탈입망 坐脱立亡하셨던[88] 사실에 대한 증언이다.

그런데 대조사님은 당신의 입적에 앞서 한 가지 눈에 띄는 행적을 보이신다. 1974년 초파일 행사를 마치고 나서 생모님의 생신잔치를 음력 4월 20일에 해드리겠다며 19일 삼척으로 향하셨다고 한다. 실제 생신일은 음력 5월 14일인데 그해는 윤4월이 있었으므로 두 달 가까이 앞당겨 생신축하연을 베푼 것이다. 사실 대조사님은 출가 이후 구인사에 정착하여 상당 기간이 지날 때까지 가족들에게 당신의 소식조차 전하지 않으셨고, 생모님 생신잔치를 해 드린 것도 그것이 처음이자 마지막이었다고 한다. 그리고 그 생신잔치는 삼척지역 신도들뿐 아니라 인근 지방과 각지의 간부들까지 참석하여 상당히 성대하게 치렀는데, 그러고 나서 한 달쯤 뒤인 음력 윤4월 27일 입적하셨으므로 생모님의 생신

---

88 도력이 높은 분들은 간혹 앉은 자세로 임종하기도 하는데, 대조사님에 이어 남대충 2대 종정 스님도 역시 좌탈입망하셨다.

날 전에 열반에 드실 것을 미리 예견하고 계셨다고 여겨진다. 그래서 평소 대중들에게 효행을 자주 강조하셨던 대조사님이, 당신의 죽음을 앞두고 친히 그 효행을 실천한 것이었음을 사람들은 나중에야 알게 되었다는 것이다.

2. 대조사님의 유훈으로 완성된 사업

대조사님의 갑작스러운 입적으로 천태종에서는 2대 종정으로 남대충 스님을 선출하게 되는데, 그 이전 세워 두었던 대조사님의 계획들은 유훈으로 남아 2대 종정과 3대 종정이 사업을 이어 가게 되었다. 이 자리에서는 총본산 구인사의 추가 건축 내용과 말사인 부산 삼광사三光寺와 서울 관문사觀門寺 건립 및 금강대학교金剛大學校 설립을 차례로 살펴보고자 한다.

먼저 구인사의 도량 정비는 찾아오는 신도들이 계속해서 폭발적으로 늘어나자 그들을 수용할 요사채 건설이 최우선적일 수밖에 없었는데, 당시 불편한 교통 여건과 더불어 구인사 신도들의 신행행태가 사찰에 하루 왔다 가는 것이 아니라 최소한 2, 3일은 머물며 수행하는 것이었기 때문이었다. 그래서 대웅전의 건립은 어쩔 수 없이 뒤로 미루어졌는데, 『불멸의 등명』에 따르면 일찍이 대조사님이 세우신 계획대로 2대 종정스님이 1980년 4월 29일 구인사 최초의 초가집 자리에 준공한 것이 지금의 5층 법당이다. 건립 당시에는 구인사 경내에서 가장 큰 건물이었는데, 처음부터 수행의 공간을 넓게 확보하기 위하여 4층까지를 콘크리트 건물에 기와지붕을 덮은 회랑을 두르고 그 위의 옥상에 석가모니불을 주불主佛로 모신 설법보전說法寶殿을 지은 것이다. 이 설법보전 또한 그 이전에는 없었던 새로운 천태종의 건축문화라 할 수 있는데, 말하자면 처마와 다포, 들보 등의 부자재를 철근 콘크리트로 제작하였지만 전통한옥의 결구방식으로 짜 맞추고 기와를 얹음으로써 목조 건축으로는 불가능한 큰 규모와 넓은 공간을 마련한 것이다. 그렇게 해서 1층부터 4층까지는 지금도 각기 스님들과 남자신도, 여자신도의 수행공간으로 사용하고 있고, 설법보전은 부처님을 참배하며 각종 의례와 법회를 행하는 장소로 사용되고 있다. 5층 법당이 지어지기 이전의 건물들은 지금 대부분 헐고 새로 지어져 현재는 5층 법당 건물이 특별하지 않은 것 같지만, 그 낙성 당시에는 총본산 구인사의 위세를 가장 잘 드러내는 건물이었다. 또한 5층 법당에 이어 지금의 일주문一柱門과 사천왕문四天王門 역시 대조사님의 유훈에 의해 건설되었다.

천태종에서 제일 큰 말사이자 동양 최대의 사찰인 부산 삼광사의 시초는 1971년 10월 27일 대조사님께서 천태종 부산지부가 주최한 대법회에 참석하면서부터이다. 『불멸의 등명』에 따르면 대조사님은 그 자리에서 이렇게 강연하셨다.

부산은 불법의 인연이 깊고 신앙심이 높은 도시로서 본 종의 교세가 구름과 같이 일어나 머지않아 수십만 종도의 귀의를 보게

될 것이다. 이에 따라 일시에 만 명을 수용하여 법회를 볼 수 있
는 회관을 건립할 원을 세우고, 모두가 이곳 부산에 불법중흥의
기치를 높이 들고 선두에 서서 정진하기를 바란다.

그 대법회 이전인 1969년 부산신도회가 결성된 이래 부산에선 1973
년 기존의 사찰을 매입하여 광명사光明寺를 개설했으나 규모가 작아
노천법회를 10여 년간 보는 등 많은 어려움을 겪었다. 그래서 1982년
초읍동에 3만5천여 평의 부지를 매입하고 1985년 4월 건립기공식을 거
행하며 지금의 삼광사 창건이 준비되었던 것이다. 현재 삼광사는 1986
년 10월 낙성된 100여 평의 대웅보전大雄寶殿, 1987년 낙성된 1,700평
국내 최대 규모의 5층 요사채인 법화삼매당法華三昧堂, 1991년 3월 낙
성된 연건평 3천 평 규모로 1만여 명이 동시에 입장하여 대법회 및 각종
문화예술행사를 봉행할 수 있는 매머드 종합불교회관인 지관전止觀殿,
국태민안기원 대범종각大梵鐘閣, 동양 최대·최고를 자랑하는 세계인류
평화와 남북평화통일기원 53존불 8면 9층 대보탑大寶塔, 264평의 지장
전地藏殿 등을 갖춘 대가람이 되어 있다.

또한 관문사의 설립은 대조사님께서 1972년 6월 서울법회에 참석
하여 '머지않아 서울에 천태종 신도가 구름과 같이 일어날 것이니, 그
에 대비하여 큰 사원을 서울에 세우도록 하고 천태신앙이 수도 서울
에 자리 잡도록 마음을 모으고 굳게 발심·서원하라'는 부촉에 따라 시
작되었다. 그 후 1988년 우면동에 부지를 확보하고 1993년 기공하여

1998년 10월에 마침내 낙성식을 갖게 되었는데, 연건평 6,700여 평에 지상 7층, 지하 4층으로 지어진 관문사는 규모나 시설 면에서 단일건물의 사찰로는 당시까지만 해도 동양 최대였다. 특히 7층의 대불보전大佛寶殿과 4층에서 6층까지 내부가 통층 구조로 되어 있어 대규모 인원이 참석하는 행사가 가능한 옥불보전玉佛寶殿, 첨단의 방송시설을 완비한 6층 방송실과 외국어 동시통역이 가능한 국제회의실, 1천여 명이 동시에 공양할 수 있는 지하 1층 대공양실 등을 갖추고 있다.

한편 종단이 할 일로 다른 무엇보다도 인재양성이 가장 중요함을 늘 설파하셨던 대조사님은 일찍부터 학교를 설립하여 교육사업을 실시할 계획을 가지고 계셨는데, 처음에는 논산군 두마면에 고등학교를 세우고자 하셨다. 1972년 당시 두마면 일대에는 중학교는 여러 곳 있지만 고등학교가 없었기 때문이다. 그래서 1973년 초 학교법인 인가를 위한 수속서류를 작성하게 하고 2월에는 논산군 두마면 엄사리 토지 1만여 평을 매입하여 추진하다가 입적하시면서 그 학교는 세워지지 못했다. 그러나 그때도 이후에는 대학교를 세워야 한다는 이야기를 하셨는데, 그 유훈에 따라 종단에서 설립한 것이 금강대학교이다. 1997년 학교법인 금강학원을 설립하고 논산군 상월면에 학교부지용 토지 5만여 평을 구입하는 등 준비과정을 거쳐 2002년 11월 금강대학교를 개교했는데, 불교복지학부와 통상행정학부에 매년 100여 명의 우수한 학생들을 선발하여 전원 장학금과 기숙사 혜택을 부여하여 학업에 전념할 수 있도록 지원하고 있다. 졸업생들에게는 외국 유학을 적극적으로 주선할 뿐 아니라 우수한 외국인 학생들을 유치함으로써 국제학술교류도 활발하게 추진하고 있으며, 교내에는 불교문화연구소, 통번역연구소, 사회복지연구소, 학생생활연구소가 설립되어 교육만이 아니라 연구기관으로서의 면모도 충실히 갖추고 있다.

3. 불국토 건설을 위한 천태종의 사회사업

상월원각대조사님의 생애와 업적을 논의하면서 어쩔 수 없이 거론할 수밖에 없는 대목이 있는데, 천태종 중창을 선언하고 전국 규모의 종단을 창건하여 그 구체적인 노선들을 실질적으로 고안하고 실행하신 것은 대조사님이셨으나 갑작스러운 입적 이후 오늘날과 같은 종단의 발전을 실질적으로 이룩해 낸 것은 그분의 유훈을 충실히 이행해 낸 남대충 2대 종정스님이었다는 사실이다. 그래서 대조사님 재세 시 시가지에서의 석가탄신일 제등행렬이라든가 상월원각대조사기 쟁탈 전국청년회 배구대회 같은 대사회적으로 불교의 위세를 과시한 사업도 일부 있었지만, 불교의 사회화를 위한 본격적인 천태종의 노력은 2대 종정스님 때에 이르러 본격화하게 된다. 이 자리에서는 대조사님의 새 불교운동 정신에 따라 오늘날까지 이어지고 있는 대한불교천태종의 제반 사회사업들에 대해 살펴보고자 한다.

우선 교육사업을 살펴보면 항상 인재 양성에 깊은 관심을 가졌던 대조사님 당시 유학에 조예가 깊은 이를 시켜 비구니스님들에게 『소학

小學』을 가르치게 하고 다른 종단의 스님으로 하여금 비구스님들에게 『초발심자경문初發心自警文』을 강의하게 한 일도 있었지만, 현재는 종단의 본격적인 승려 교육을 위해 구인사에 '금강승가대학'을 운영하고 있다. 본래 1986년 설립된 구인사 강원이 효시가 되어 2006년 승가대학으로 승격됐다. 초발심자경문부터 불교의식까지 두루 수학하는 4년의 정규 교육과정과 경전을 익히는 2년의 심화과정까지 총 6년 과정으로 운영되고 있다. 그리고 일반신도들의 교육을 위해서 각 지역에 불교교양대학인 '금강불교대학'이 운영되고 있다. 현재 서울 관문사와 부산 삼광사를 비롯해 전국 15곳에 설치되어 있으며 무수한 재가자들이 불교대학을 통해 교학지식을 습득하고 있다. 또 전국의 말사에는 천태종립 유치원이 설립되어 운영되고 있는데, 현재 16개 유치원에서 자비사상을 바탕으로 바른 마음, 바른 말, 바른 행동을 실천하는 사람으로 자랄 수 있도록 전인교육을 실시하고 있다. 종단 외부의 종립학교로는 2002년 11월 논산에 개교한 금강대학교를 들 수 있다. 한편 종단에서는 천태종지를 연구하고 대중화하기 위해 1996년 종립연구기관 '천태불교문화연구원'을 개원했다. 천태불교문화연구원은 개원 이래 국내와 국제 학술대회를 매년 각 1회 개최하고 있으며, 학술대회에서 발표된 논문은 연 1회 발간하는 학술지『천태학연구』에 수록하여 국내외 연구자들에게 제공하고 있다.

아울러 천태종에서는 다양한 문화사업에도 주력하고 있는데, '천태범음범패연구보존회'와 '천태차문화연구보존회'가 그 대표적인 것이라

할 수 있다. 먼저 범음범패연구보존회는 사찰에서 재를 올릴 때 부처님의 공덕을 찬양하기 위한 소리인 범패를 보존하기 위해 설립되었다. 범패의식 가운데 영산재靈山齋는 『법화경』의 사상에 기초한 의식으로 관음신앙의 종합적인 의례로 알려져 있는데, 보존회에서는 영산재를 복원하기 위해 여러 차례 학술회의를 개최하고 그 재현을 위한 행사를 주최했다. 그리고 2004년 9월 9일부터 13일까지 5일간 구인사에서 진행된 재현행사는 영산재를 천태종의 의식으로 승화시켰을 뿐만 아니라 우리 고유의 전통문화를 원형 그대로 복원했다는 데 큰 의의가 있다. 특히 영산재의 뒤풀이인 삼회향놀이까지 복원한 것은 범음범패연구보존회의 큰 성과라고 할 수 있는데, 이렇게 원형대로 복원된 영산재와 삼회향놀이는 음력으로 윤달이 든 해마다 구인사에서 재현되고 있다.

이어서 차문화연구보존회는 사찰의 헌다공양獻茶供養을 되살리고 끽다喫茶의 예법을 보급하여 아름다운 전통을 현대에 맞게 되살리기 위해 설립되었다. 현재 전국적으로 45개의 다도회가 운영되고 있는데, 다도교육과 끽다시연회 등의 프로그램을 실시하고 있으며, 회원들은 스스로 다기 제작과 다복 염색에 쓰이는 천연염료 제작법까지 배우고 있고 매년 서울 삼성동 코엑스에서 열리는 국제차문화대전에 참여해 육법공양六法供養을 시연하는 등 대내외적인 행사에도 참여하여 차문화의 대중화를 위한 활동을 벌이고 있다. 그리고 각 말사마다 운영되는 합창단과 청년회는 1년에 한 번씩 전국적인 규모의 '천태예술제'와 앞에서 언급했던 배구대회를 발전시킨 '상월원각대조사기 쟁탈 전국청년회 체육대회'를 개최하고 있다.

또한 천태종의 전국 말사들은 건립 초기부터 지역사회에 대한 봉사 활동에 많은 노력을 기울여 왔는데, 종단에서는 보다 조직적이고 체계적인 사회복지사업을 전개하기 위해 1999년 '사회복지법인 천태종복지재단'을 설립하였다. 복지재단은 설립 첫해에 서울시 중랑구의 구립새싹어린이집과 춘천시의 시립노인복지회관을 수탁·운영하게 된 것을 위시하여 현재까지 전국적으로 노인, 장애인, 아동복지시설 34곳을 위탁받아 운영하고 있다. 그리고 전국의 말사들에서는 지역의 각종 사회복지시설이나 공부방프로그램 등을 지원하고 있고, 결연사업으로 무의탁 노인과 저소득층 노인에게 무료급식을 제공하고 있으며, 자비의 이웃돕기 사업으로 극빈 가정에 김장 및 월동비를 지원하고 있다. 그 뿐만 아니라 지역민을 대상으로 한 경로잔치, 니르바나봉사교육, 미아 찾아주기, 청각장애인을 위한 수화통역사업, 무료진료사업 등에 앞장서고 있다. 그리고 다문화가정 지원사업과 이주노동자 지원사업에도 팔 걷고 나서고 있는데, 서울의 명락사明樂寺가 중심이 되어 다문화 결손가정 쉼터인 '명락빌리지'를 운영하며 다문화가족에게 우리 전통문화체험 프로그램 등을 실행하고 있는 것이 그 좋은 예라 하겠다.

한편 환경과 생명, 인권과 평화, 남북통일, 국제협력을 위해 천태종에서는 2003년부터 '나누며 하나되기 운동본부'를 창립해 운영하고 있는데, 그동안 미얀마에 중고 컴퓨터 보내기, 몽골에 생필품 지원, 주한 외국인 근로자 무료 진료 등의 활동을 전개해 왔다. 그리고 무엇보다 두

드러진 활동은 북한의 사찰 복원사업이라 하겠는데, 특히 북한에 있는 천태종 관련 사찰인 개성 영통사靈通寺의 발굴과 복원을 지원했다. 영통사는 고려 현종 18년(1027)에 창건된 절로서 한때 대각국사 의천 스님이 주석하기도 했고 지금도 대각국사비(북한 국보 155호)가 남아 있는 곳인데, 2005년 마침내 영통사 복원 낙성식을 남북합동으로 거행하였다. 이것은 남북 간의 문화교류를 증진하고 민족 동질성 함양에 크게 이바지한 역사적 사건으로 기록될 일이다.

이상과 같은 여러 가지 사실들을 통해 대조사님이 제창하신 새 불교운동 3대지표 중 하나인 애국불교가 오늘날까지도 불교의 사회화를 위한 커다란 동력이 되고 있음을 확인할 수 있는 것이다.

■ 소 결小結

    1969년 말 대한불교천태종으로 개명을 허가받아 이듬해 새로운 종헌을 선포하고 1971년에는 「대조사 법어」와 『천태종성전』 「대조사 교시문」을 차례로 발표·간행하여 종단의 대내외적인 요건을 갖추고 이념적 기반을 확고히 하신 후 상월원각대조사님의 주된 관심사는 본격적인 종단체계를 구축하는 일이었다. 이 장에서는 그러한 모습들을 총본산 구인사의 정비와 도로 및 교통망 확보, 조림사업과 사찰부지 및 농지 확보, 천태종만의 수행풍토 진작과 고유의 종교문화 조성, 중앙신도회 창립과 전국의 지부·지회·분회 조직 등에 관해 살펴보았으며, 대조사님의 입적에 따라 2대 종정스님 대에 유훈으로 완성된 사업과 현재까지 이어지는 천태종의 다양한 대사회사업들에 대해서도 조망해 보았다.

    예를 들면 총본산의 정비는 깊은 산간에 작은 법당 하나와 8간의 요사, 주방으로 시작했다가 6·25 때 그마저 불에 타 급하게 엮은 초가집 한 채로 다시 대중생활을 이어 나갔다는 전설이 믿어지지 않을 정도로 거창한 위용을 자랑하고 있는 것이 오늘날의 구인사이다. 또한 출·재가가 혼연일치 되어 함께 수행하고 종단을 운영하는 가운데 과거의 관행과는 다른 시대에 걸맞은 여러 가지 신행문화를 정립해 가면서 전국적인 조직을 구축하고 마침내 신생 종단으로는 다른 어떤 곳과도 비교할 수 없는 한국불교계에서 가장 중차대한 역할을 수행하고 있는 것이 천태종이다. 그리고 구인사에 처음 자리를 잡은 지 불과 70여 년, 천태종 중창을 선언한 지 50년 만에 이와 같은 성장을 이루어 낸 것으로 보아 앞으로 얼마나 더 많은 발전을 성취해 갈지는 누구도 쉽게 짐작할 수 없는 일이라 생각된다.

그런데 앞에서도 수차례 밝혔듯이 대조사님께서 새로운 종단을 건립하신 것은 불교 본연의 모습을 회복하여 '참되게 믿고 참되게 닦고 참되게 행하는 불교'를 건설하려는 새 불교운동 실천의 방편이었다. 그리고 그 새 불교운동은 이미 초기 구인사 대중들의 수행생활 속에서 구현되고 있었던 불교의 대중화·생활화를 보다 구체화하고 제도화한 것이었다. 다만 구인사 대중생활 당시에는 대조사님 당신의 수행이 시급한 과제였고 식량조달 등 당장의 생활여건이 열악한 상황에서 사회사업은 막연한 구상만 있었겠지만, 마침내 본격적인 종단체계를 구축해 가면서는 그 구상들이 하나하나 제 모습을 드러내게 된다. 따라서 대조사님이 제시한 '대중불교·생활불교·애국불교'라는 새 불교운동 삼대지표의 구체적인 실천 과정이 역대 종정스님을 모시고 진행해 온 대한불교천태종의 지금까지의 역사라고 해도 지나친 표현은 아닌 것이다.

제 8 장

상월원각대조사님의
종교사상

새 불교운동의 염원으로 천태종 중창선언을 하시고 새로운 종단을 창건하는 과정에서 대중불교·생활불교·애국불교의 삼대지표와 '인간 즉 불타·생활 즉 불법·사회 즉 승가'라는 원리에 입각한 삼대강령을 제시하시어 기존의 낡은 관행에 얽매여 있던 한국불교계에 획기적인 변화를 주도하신 상월원각대조사님은 과연 어떤 사상에서 그와 같은 종단적 이념들을 도출해 내실 수 있었을까.

이 장에서는 대조사님이 평소 가르치셨던 내용들을 통해 대조사님께 주된 영향을 미쳤던 불교사상들에 대해 먼저 검토해 보고, 이어서 평상시의 대기설법對機說法과는[89] 다르게 대단히 간략하면서도 체계적이어서 무언가 그 깊은 취지가 느껴지는 「대조사 법어」에 대한 엄밀한 해석을 통해 대조사님은 과연 어떤 것을 깨달으셨는지에 대해 규명해 보고자 한다. 물론 대조사님의 깨달음은 우리와 같은 범부들의 생각으로 쉽게 헤아려 볼 수 있는 영역이 아닐 뿐더러 필자와 같이 아직도 수행의 반열에 오르지 못한 초심자가 단순한 언설로 해명할 수 있는 것도 아닐 것이다.

다만 「대조사 법어」에 담긴 어구들에 대한 나름대로의 해석을 통해

---

[89] 설법을 듣는 상대편의 근기(根機), 즉 자질이나 소양 등을 헤아려 그에 적합한 가르침을 베푸는 교화방식을 말한다.

드러나는 대조사님께서 깨달으셨다고 확신할 수 있는 궁극의 진리에 대해, 막연하게나마 추정해 보고자 하는 것이다.

대조사님 가르침에 나타나는 불교사상

그러면 대조사님은 어떤 불교사상을 지니고 계셨을까. 이 절에서는 대조사님께서 평소 제자들에게 베푸신 가르침의 내용들을 통해 대조사님께 주된 영향을 미친 불교사상이 어떤 것들이었나를 성찰해 보고자 한다. 이는 흔히 '불교사상'이라고 말하지만, 석가모니부처님 이래 2,500년의 역사를 자랑하는 불교의 사상적 갈래는 대·소승을 위시하여 대단히 다양하고 그 깊이 또한 천차만별이기 때문이다. 먼저 대조사님의 가르침이 근본적으로 어떤 성격을 지니고 있었는지에 대해 고찰해 보고, 이어서 불교의 근본교리에 대한 가르침들과 『법화경』 사상 내지 중국 천태종 이래 천태교의에 대한 대조사님의 이해를 짐작할 수 있는 가르침들을 차례로 살펴보고자 한다.

1. 무사독행과 체험적 통찰에 의한 가르침

그런데 대조사님의 사상을 엄밀하게 추정하기에는 자료의 한계를 절감하지 않을 수 없다. 대조사님 가르침을 온전하게 보존하고 있는 기록들이 워낙 귀하기 때문이다. 예를 들어 제3장에서 살펴보았던 대조사님의 「오도송」에서는 무언가를 성취해 낸 이의 당당한 자신감을 읽을 수 있고 '하나 되고 셋이 되니' '묘법세계' '장엄법계' '실상' '묘상각지' '회삼귀일' 등 나중에 천태종 중창과의 관련을 짐작하게 하는 어구들이 눈에 띄지만, 별도의 해설 없이는 완전한 해독이 불가능한 구절들로 이루어져 있다. 그리고 대조사님은 평소 제자들이나 신도들을 상대로 그때그때 상황에 따라 대기설법을 주로 하셨다며 종단의 종회의장을 역임하신 도산 스님은 2012년 1월 1일자 〈금강신문〉 8면에 이렇게 증언하고 있다.

> 대조사님은 자주 제자들을 불러 모아 설법을 하셨는데, 원고도 없이 한 즉문즉설則問則說의 무상설법이었다… 그때 대조사님은 '(설법을) 적지도 말고 녹음하지도 말라. 마음이 맑아지면 너희들의 입에서도 (같은 말이) 나오게 될 것이다. 마음이 맑아지면 세상의 진리가 다 나온다'고 말씀하셨다.

또한 현재 구인사 경내 곳곳에 게재되어 있는 대조사님의 가르침이 있는데, 주로 다음과 같은 내용이다.

이 세상에 내 것이 어디 있나.

사용하다 버리고 갈 뿐이다.

게으른 자여 성불을 바라는가.

성공은 노력의 결실이다.

안 된다 근심 말고 태만을 근심하라.

그 뜻 성취보다 지키기 어려우니 변하면 쓸 수 없다.

변하지 말아라.

남이 내 마음에 맞게 해 주길 바라지 말고

내가 남의 마음에 맞게 해야 한다.

인생에 대한 깊은 통찰이 깃든, 생각해 볼수록 지극히 타당하고도 절실한 가르침이지만 그 어떤 체계적인 사상으로 정리해 내기는 지나치게 단편적인 내용인 것이다. 그리고 그런 사실은 '상월원각대조사 말씀'이란 부제로 2000년 종단에서 발간한 『법어록』도 마찬가지이다. 제자들이 기억하고 있는 대조사님의 평소 가르침을 주제별로 모아 놓은 것이라고는 하나 역시 바른 생활, 바른 신행, 바른 마음가짐에 관한 짤막하고 평이한 말씀들이 주를 이루고 있기 때문이다.

그런데 대조사님 가르침의 이런 성격은 대조사님 수행과 구도의 과정과도 관련이 있다고 생각된다. 대조사님은 평소 이론적 지식이나 추구하는 교학 탐구에 큰 흥미가 없었고 오히려 수행을 통한 성취에 깊은 관심을 가지셨다고 생각된다. 예를 들면 출가의 계기가 되는 삼태산에서의 백일기도를 들 수 있는데, 그때 성취하신 체험이 얼마나 큰 것이었는지는 한평생 구도자의 길을 걷는 모습에서도 확인된다. 또한 무사독행無師獨行으로 평생 이렇다 할 스승을 모시지 않고 홀로 수행하신 것도 불교의 교학지식에 아무리 해박해도 당신이 직접 체득한 수행의 증험을 올바로 이해하고 보다 진전된 길로 인도해 줄 만한 사람을 만나지 못한 때문으로 여겨진다. 그러므로 오랜 세월 국내외를 드넓게 편력하며 무수한 사람들을 만나 그들 삶의 모습을 관찰하면서 당신 안에 축적해 온 인생과 세계에 대한 통찰력이 대조사님 사상의 대부분을 형성하게 되었고, 그것을 가르치실 때 구태여 어려운 불교용어나 문구들을 동원할 필요도 없었을 것이다. 그리고 그 가르침의 구체적인 내용 역시 대부분 사람 사는 도리와 수행 및 실천이었고 그때 지녀야 할 마음가짐에 관한 것이기 때문이었다.

그러나 대조사님 평소의 가르침이 지식 전달을 위한 체계적인 강의와 결이 다르고, 대조사님에게 그 어떤 사상적 체계가 존재하지 않았다고 생각하면 그것은 엄청난 오해이다. 앞으로 언급할 것처럼 불교사상 일반과 법화·천태사상의 핵심에 대해 대조사님은 누구보다도 깊이 통찰하고 계셨기 때문이다. 그런 사실을 『법어록』에 수록된 가르침들을 통해 확인해 보기로 한다.

2. 불교 근본교리에 대한 대조사님의 이해

세계 어느 종교와도 달리 불교는 신화가 지배하던 시대를 벗어나 도시문명이 발달하기 시작한 시대에 시작되었고, 그런 만큼 먼 과거의 전설이나 신의 계시 따위에 의존하기보다 인간의 이지적인 능력에 기초하여 가르침을 펼쳐 나갔다. 흔히 불전문학佛傳文學이라고 부르는 부처님의 생애와 관련된 기록들은 석가모니부처님이 입멸한 지 500년이 지난 시기에 완성된 것으로 많은 부분이 신화적인 기술記述로 채워져 있어 부처님 생애의 구체적인 사실들을 확인하기에는 거의 도움이 되지 않지만, 부처님은 관찰을 통해 자신의 구도를 시작하셨다는 사실을 확인할 수 있다. 예를 들면 어린 시절 농경제農耕祭에 참석했다가 벌레가 작은 새에 쪼아 먹히고 그 작은 새를 다시 큰 새가 노리는 것을 보고 약육강식의 현실을 깨달았다거나 태자 시절 동서남북의 네 대문 밖에서 각기 병자와 노인, 장례행렬, 출가수행자를 보고 출가를 결심했다는 사문유관四門遊觀의 이야기는 물론 설화적인 요소가 강해 있는 그대로의 사실로 받아들이기 어렵지만, 그 설화의 이면에는 똑같이 부처님이 현실에 대해 예민하게 관찰하는 모습이 발견되고 있다.

그리고 부처님의 본래 가르침이라고 여겨지는 『아함경阿含經』 등 초기 경전들에는 인간의 인식과정을 분석적으로 설명하고 있는 십이처十二處나 오온五蘊 등을 통해 세계를 탐구해 나가는 가르침이 무수히 존재한다. 다시 말해 우리가 살아가고 있는 이 세계에서의 모든 것[一切]이란 눈[眼]·귀[耳]·코[鼻]·혀[舌]·몸[身]·마음[意]이란 인식기관과 그 각각에 접촉되는 빛깔이나 모습[色]·소리[聲]·냄새[香]·맛[味]·촉감[觸]·관념[法]이라는 인식내용으로 보는 것이 십이처이다. 그리고 그 모든 것을 좀 더 심리학적으로 분석하여 물질[色]·감각[受]·표상[想]·의지[行]·분별[識]의 다섯 가지로 나누어 보는 것이 오온이다. 이렇듯 석가모니부처님의 가르침은 누구나 관찰을 통해 깨달을 수 있는 사실에서부터 시작되는데, 그런 관찰의 올바른 자세에 대한 대조사님의 가르침이 『법어록』에는 이렇게 기록되어 있다.

사물을 볼 적에 주관적인 견해에서 벗어나 객관적으로 보는 것이
진실한 지혜를 얻는 최선의 방법이니라.

그리고 그런 관찰을 통한 당신의 구도 과정을 염두에 두셨는지 이런 가르침도 발견된다.

이 세상의 일체의 현상, 일체의 체험 모두가 나의 스승이며 나를
가르쳐 기르는 계기인 것이니라.

아무튼 석가모니부처님의 가르침에 의하면 앞에서 언급한 오온이 자세히 보면 무상無常·고苦·무아無我의 속성을 지녔다고 한다. 다시 말해 끊임없이 변화하는 것이고 불만족스러운 것이며 그 엄밀한 실체라고 할 것이 없다는 의미이다. 그리고 그런 이유를 부처님은 '이것이 있으므로

저것이 있고 이것이 생기므로 저것이 생긴다'는[90] 연기緣起라는 독자적인 사상을 통해 설명하셨다. 말하자면 모든 존재는 그럴 만한 여러 조건들에 의해 일어나서 그 조건들의 변화에 따라 끊임없이 유동하는 현상이라는 것이다. 그런 사실을 경전에서는 서로 기대어 세워 놓은 짚단에 비유하기도 하고 하나의 밧줄에 묶어 놓은 소떼에 비유하기도 한다. 그리고 그와 같은 진리에 대해 대조사님은 다음과 같이 설명하셨다.

> 우리들이 인간으로 태어난 것은 무수한 인연이 합한 결과이니라.
> 인간도 초목도 모든 존재는 서로 의존하고 서로 상관하여 살아
> 가고 있느니라.
> 인간은 자신의 힘만으로 살아가는 것이 아니라 천지 모든 것에
> 의해 살아가고 있는 것이니라.

특히 부처님의 가르침에 무아라는 표현이 등장하는데, 한자의 표현대로 '내[我]가 없다[無]'는 뜻이 아니라 '나라고 할 만한 실체가 없다'는 뜻으로 이해해야 한다. 부처님 당시 인도의 정통종교였던 바라문교婆羅門敎에서는 세계를 창조한 신인 브라흐만(brahman, 梵)이 세상을 만들고 나서 스스로는 아트만(ātman, 我)의 형태로 각각의 사람들 속으로 들어갔다고 했다. 그래서 사람들은 자신 안에 숨어 있는 아트만을 찾을 때

---

90 『雜阿含經』권10(大正藏2, 67a), "此有故彼有, 此生故彼生."

그 스스로 신적인 존재임을 깨닫고 세상의 모든 속박으로부터 벗어나 해탈解脫하게 된다는 범아일여梵我一如의 사상을 편 것인데, 바라문교의 개정판이라고 할 수 있는 오늘날의 힌두교 역시 그런 사상에 기초하고 있다. 그리고 부처님께서 무아라고 하신 그 아我는 아트만이었다. 다시 말해 부처님이 부정한 아我는 지금 이렇게 살아가고 있는 내가 아니라 나의 실체라는 아트만이다. 나는 아버지와 어머니의 몸을 빌려 이 세상에 유기체로 태어나 살아가고 있는 존재다. 그래서 나의 몸은 어릴 때의 몸이 아니라 끊임없이 성장하여서는 서서히 늙어 가는 몸이고, 나의 생각 역시 교육과 주변의 영향, 스스로의 판단 등으로 꾸준히 변화하고 있는 것이다. 그런 의미를 대조사님은 이렇게 말씀하셨다.

모든 존재는 찰나적 존재며 상관적 존재며 무상적 존재이므로 고정된 실체는 없는 것이니라. 사람이 태어났을 때 아무 것도 없고 죽을 때 아무 것도 없다. 이 세상의 모든 것은 일말一沫의 수포水泡에 지나지 않느니라. 있는 듯하나 실은 없으며 없는데도 있는 듯 보이어 착각하느니라.
모든 것은 연緣에 의해 있는 것이며 연을 떠나서는 자기의 존재는 없다는 것이 불교의 무아無我의 뜻이니라.

한편 바라문교의 주장대로 나의 실체라는 것이 있다면 어떻게 될까. 나는 영원히 변치 않는 나여야 하는데, 그렇게 된다면 인간은 반성도 못하고 발전도 못한다. 그저 태어난 대로 살아야만 한다. 그러므로 나, 내 생각, 내 것이라는 집착을 버리고 나의 실체라는 것은 없다는 사실을 깨달을 때 인간은 더 나은 자기 자신으로 발전할 수 있다. 대조사님께서 이렇게 가르치신 까닭이다.

> 나[我]를 몰아내고 마음을 비울 때 진리는 자연히 그 빈 곳에 흘러드는 것이니라.
>
> 무아無我의 심경이 되어야만 참된 생명력이 발휘되는 것이며, 괴로움도 없어지느니라.
>
> 무아가 되면 남과의 사이에 두고 있던 마음의 벽이 없어지고 공생공영共生共榮의 정의情意가 생기느니라.

그런데도 바라문교에서는 인간은 태생에 따라 네 가지 계급이 정해져 있다는 사성계급四姓階級을[91] 주장한다. 역시 각각의 인간에게 어떤 실체가 있다는 주장인 것이다. 그러나 부처님은 인간의 귀천은 태생에 의해 정해지는 것이 아니라 그가 하는 행위에 따라 규정된다고 가르치셨다. 그리고 스스로 정화되기 위해 열 가지 악업惡業을 짓지 말라는 뜻

---

91 인간은 각자 태생에 따라 사제계급(브라흐마나)·전사계급(크샤트리야)·서민계급(바이샤)·노예계급(슈드라) 중 하나에 해당하며, 그에 따라 해야 할 일이나 직업이 정해지고 결혼 등도 그런 계급적 지위에 합당하게 해야 한다는 제도를 말한다. 인구 대부분이 힌두교도인 인도에서는 오늘날도 이런 계급적 차별 때문에 많은 사회문제가 발생하고 국가의 발전을 저해하는 커다란 요인이 되고 있다.

에서 십선업+善業을 가르치셨다. 인간의 운명은 다른 어떤 것이 아니라 스스로의 힘으로 개척해 나가야 할 것이라는 뜻이었다. 이런 사실을 대조사님은 다음과 같은 가르침으로 전달하셨다.

> 자기를 구제할 수 있는 근본은 밖에 있는 것이 아니고 자기 자신에게 있느니라.
> 인과의 도리는 역연歷然하여 악을 짓는 자는 떨어지고 선을 닦는 자는 향상됨이 조금도 어긋남이 없느니라.
> 우리 인간사회가 어두워진 원인은 몸과 입과 마음으로 짓는 악업 때문이니라. 만일 열 가지의 악업을 십선업+善業으로 바꾼다면 이 사회의 온갖 죄악과 고통의 어두운 그림자가 사라지고 밝고 안락한 정복淨福의 세계가 이룩될 것이니라.

천태종 출·재가 공통의 계율로 십선계를 채택했다는 사실은 제5장에서 언급했는데, 부처님이 말씀하신 십선업을 계율로 삼은 것이다. 그런 계율의 참된 의미에 대해 대조사님은 이렇게 가르치셨다.

> 계율은 외부에서 자신을 속박하는 것이 아니고 자신이 자신을 높여 가는 생활신조며 자비의 권장이니라.

한편 부처님은 누구나 당신과 같은 깨달음을 얻어 생로병사生老病死

나 사랑하는 사람과 헤어지는 괴로움[愛別離苦], 싫어하는 사람과 만나는 괴로움[怨憎會苦], 구하지만 얻지 못하는 괴로움[求不得苦] 등 실존적 고뇌로부터 벗어나기를 바라셨고, 그 길로 수행을 제시하셨다. 계율을 지키고[戒] 마음을 안정시키며[定] 지혜를 쌓아 나가는[慧] 길이다. 그리고 그런 수행에 대해 대조사님은 이렇게 가르치셨다.

인간은 누구나 자유로이 제 멋대로 하고 싶어 하는 속성을 갖고 있다. 이것을 제어하고 극복하기 위해 계율과 수행이 있는 것이니라.

불법의 수행은 반드시 공덕이 있느니라.

불교 신앙은 이론이 아니며 수행을 체험하는 세계이다. 그저 가만히 있기만 해서는 수행 체험의 오묘한 경지를 알 수 없으며 따라서 피안彼岸으로 건너갈 수가 없는 것이니라.

공덕은 고생 가운데 성취되는 것이다. 아무리 고생이 되어도 고생으로 생각하지 않고 오히려 고마운 시련이라고 받아들이는 사람은 틀림없이 공덕이 성취되는 것이니라.

또한 부처님은 수행을 통해 도달해야 할 궁극적인 마음가짐을 자慈·비悲·희喜·사捨의 사무량심四無量心으로 제시하셨다. 다시 말해 이 세상 모든 것에 대해 자애롭고 가엾게 여기며 함께 기뻐하고 평등하게 대하는 네 가지 한량없는 마음을 뜻한다. 우리가 흔히 쓰는 자비慈悲라는 말은 여기에서 나왔다. 그리고 대조사님은 그런 자비에 대해 이렇게 가르치셨다.

> 타인의 괴로움을 자신의 괴로움으로 하며 타인의 기쁨을 자신의 기쁨으로 하는 이러한 일체감一體感을 참된 애정이라 하며 자비라 하느니라.
>
> 인간에게는 본래 나의 것이란 없는 것이며 온갖 인연이 화합하여 내 몸이 생겼고 또 온갖 인연을 빌려서 삶을 영위하게 되므로, 은혜의 인연을 사무쳐 보아 사회와 주위의 여러 사람과 자연환경에 대하여 감사를 느끼고 그 은혜에 보답할 생각을 해야 하느니라.
>
> 지혜나 자비는 표리일체表裏一體의 것이니라.

특히 지혜와 자비가 동전의 안팎과 같다는 위의 마지막 구절을 보면 수행을 통해 올바른 지혜를 갖추면 모든 것에 대해 자연스레 자비의 마음이 나타날 수밖에 없다는 것이 대조사님의 판단이셨다.

그런데 석가모니부처님이 입멸入滅하시고 나서도 부처님에 대한 숭배는 그치지 않고 더욱 고양되었지만, 가르침을 계승한 승단은 불멸佛滅 후 100년쯤 지나자 계율 해석이나 아라한의 자격 등에 대한 견해 차이가 발생하며 분열하기 시작해 기원전 1세기경에는 모두 20개 부파部派가 성립하게 된다. 그 시대를 부파불교시대라고 하는데, 왕족이나 부유한 상공업자들의 후원으로 승원僧園에 머물며 안정적인 생활이 가능했던 그 시대 각 부파에서는 부처님의 가르침을 자신들의 전승에만 한 정시키고 지나치게 번쇄한 해석을 덧붙여 대단히 난해한 것으로 만들어 갔으며, 전문적인 교학을 연구하며 수행하는 출가자가 아니고는 불교를 행한다고 하기 어렵게 만들어 버렸다.

　그러자 대승불교가 출현했는데, 그들은 당시의 부파들을 소승이라고 폄하하고 아라한의 경지가 아니라 부처님의 깨달음을[92] 성취하기를 희망하며 자신들을 부처님의 전신前身인 보살菩薩이라고[93] 불렀다. 말하자면 기존 부파들의 입장을 부처님 말씀을 들으며 수행한다 하여 성문聲聞이라고 하고 그와 달리 독자적으로 인연의 이치를 깨달으려는 이들을 연각緣覺 또는 벽지불辟支佛이라 부르며 자신들은 보살이라고 한 것이다. 그리고 그런 사상을 담은 대승경전들이 만들어지기 시작했는데, 대승경전 가운데 가장 먼저 등장한 것은 모든 것이 공空하다는 사상을 핵심의 가르침으로 하는 다수의 『반야경般若經』들이었다.

　앞에서 부처님의 독자적인 사상은 연기의 가르침으로 그에 따라 모

92　아라한과 다른 부처님만의 깨달음을 '최고의 바르고 평등한 깨달음'이란 뜻에서 무상정등정각(無上正等正覺) 혹은 그 원어를 옮긴 아뇩다라삼먁삼보리라고 하는데, 대승불교에 귀의하는 것은 그런 깨달음을 성취하겠다는 마음을 내는 것이라고 했다. 그것을 아뇩다라삼먁삼보리심 또는 줄여서 보리심(菩提心)이라고 한다.

93　부처님은 본래 전생(前生)에서부터 많은 선업을 쌓은 결과 부처님이 되실 수 있었다는 『본생담(本生譚)』이란 이야기들이 부처님이 입멸하신 후 많이 나타났는데, 대승불교는 자신들도 부처님이 되기를 원한다는 입장에서 스스로를 『본생담』에 등장하는 부처님의 전신을 가리키는 말인 보살이라고 불렀다. 보살의 원어는 보디샷트바(bodhisattva)로, 깨달음의 중생 혹은 깨달음을 구하는 중생을 의미하여 각유정(覺有情) 등으로 번역되기도 한다.

든 것은 무상·고·무아라는 설명을 했는데, 무아의 입장을 보다 발전시킨 것이 공사상이라고 할 수 있다. 말하자면 '나라고 할 만한 실체가 없다'는 의미에서 무아라고 하던 것을 더욱 강조하여 '모든 것은 비었다[諸法皆空]'고 단언하게 된 것이다. 그리고 그렇게 된 이유는 본래 바라문교의 전통이 뿌리 깊었던 인도의 풍토상 승단에 출가하여 전문교육을 받았다 하더라도 아트만을 부정하는 불교의 가르침을 올바로 이해하기가 쉽지 않았기 때문이었다. 그 대표적인 것이 승단의 여러 부파 중 하나인 설일체유부說一切有部의 '삼세실유三世實有 법체항유法體恆有'라는 해석이다. 말하자면 이 세상의 변화는 마치 영화필름의 각 장면처럼 순간순간의 실체[三世]들이 순차적으로 나타났다 사라지는 것이며, 각 존재들도 그것을 이루는 요소[法體]들이 이리저리 조합되어 변화하는 것이란 해석이다. 따라서 부처님의 무아의 가르침은 실체라고 할 만한 것이 없다는 것인데, 다시금 그 근저에 무언가가 있긴 있다는 유론有論으로 잘못 해석된 것이다. 또한 부파에 따라서는 무상과 무아를 허무虛無로 해석하여 허무주의의 사고방식에 빠져 있는 무리도 있었다. 그래서 그런 그릇된 이해들을 바로잡기 위해 『반야경』에서는 공이라는 개념을 적극적으로 등장시키고 있다.

본래 초기경전에서도 무아나 연기와 같은 말로 공이란 단어가 등장한다. 다만 초기경전에서의 공은 '비었다'는 뜻의 쑨야(śūnya)로 주로 형용사형이 쓰였는데, 대승불교에서는 공한 성품[空性]이라는 뜻의 쑨야타(śūnyatā)를 자주 쓰고 그에 대해 적극적인 해명을 가함으로써 부파불교의 오해를 불식시키고 있는 것이다. 예를 들면『반야경』중에는 이런 말이 나온다. '물질[色]을 공하게 함으로써 물질은 공[色空]이 아니다. 물질이 곧 공이고, 공이 곧 물질이다'[94] '공 안에 멸滅이 있는 것도 아니고, 또한 멸하도록 하는 것도 없다. 모든 법이 마침내 공한 것이 곧 열반涅槃이다'[95] 또『반야경』과 연장선상에서『유마경』은 '물질이 곧 공이고, 물질이 소멸해서 공이 되는 것이 아니다. 물질의 성품 자체가 공이다'라고[96] 설하고 있다. 이 말들은 오늘날 우리가 자주 대하는『반야심경般若心經』의 '물질이 공과 다르지 않고 공이 물질과 다르지 않아, 물질이 곧 공이고 공이 곧 물질'이라는[97] 구절과 같은 의미를 전하고 있는 것이다. 초기경전의 용어로 바꾸어 설명한다면 '물질을 무아가 되게 해서 물질이 무아라는 것이 아니라'는 뜻이다. '물질 그 자체가 무아의 속성을 띠고 있어 무아'라는 것이다.

그러면 이와 같은 공사상을 크게 주창한『반야경』의 진정한 의의는 어디에 있었을까. 바로 우리가 살아가고 있는 이 세상의 현실을 연기·무아·공의 이치에 의해 이루어진다고 본다면 보다 능동적이고 활기찬 인생을 살아갈 수 있기 때문이다. 앞에서도 언급했던 것처럼 우리에게 고정불변의 실체라는 것이 있다면 나는 그저 있는 그대로의 나일 수밖

---

94 『摩訶般若波羅蜜經』권4(大正經8, p.240b), "不以空色故色空, 色即是空, 空即是色."
95 『摩訶般若波羅蜜經』권25(大正經8, p.401b), "空中無有滅, 亦無使滅者, 諸法畢竟空即是涅槃."
96 『維摩詰所說經』권中(大正經14, p.551a), "色即是空, 非色滅空. 色性自空."
97 『般若波羅蜜多心經』(大正經8, p.848c), "色不異空, 空不異色, 色即是空, 空即是色."

에 없어 어떤 변화가 불가능하다. 반성도 할 수 없고 발전도 이룰 수 없다. 그런데 이 세상은 기실 그 실체가 비어 있는 것이기 때문에 얼마든지 능동적인 노력으로 바꿔 나갈 수 있는 것이다. 또한 만물은 실체가 없지만 그렇게 실체가 없는 천차만별의 만물이 그럼에도 불구하고 일정한 법칙 아래 변화하고 있다는 사실에서 발견되는 진리, 즉 법法을 깨달아야 한다고 가르치는 것이『반야경』이다.『반야경』에서는 그것을 반야바라밀이라고 하고, 불교 일반에서는 그렇게 진리만이 사실상의 본질인 이 세계를 법계法界라고 부른다. 그리고 그런 의미를 대조사님은『법어록』에서 발견되는 가르침들로 다음과 같이 말씀하셨다.

> 모든 형상은 원래는 공空이란 평등에서 인연가합으로 이루어진
> 것이니라.
> 만물은 다 다르고 차별이 있는 것같이 보이나 그 근본을 더듬어
> 찾으면 평등인 것이다.
> 만물의 근본은 평등이며, 이 평등에서 천차만별의 인간, 천차만
> 별의 생물, 천차만별의 물질이 생겨난 것이니라.
> 색즉시공色卽是空이란 현세와 부처님의 세계는 동일하다는 가르
> 침이니 현세가 그대로 부처님의 나라이며 부처님의 나라는 현세
> 에 있어서 형성되는 것임을 말하고 있느니라.

일체개공의 진리를 모든 것이 평등한 근본으로 해석하신 통찰력이 돋

보이는데, 특히 마지막 인용문의 색즉시공을 현세와 부처님의 세계가 동일하다는 가르침으로 이해함으로써 공사상의 실천적 의의를 강조하신 점이 주목할 만하다.

3. 『법화경』 사상과 천태교의에 대한 이해

앞서 대승불교가 성립되면서 제일 먼저 나타난 대승경전이 다수의 『반야경』이라고 했는데, 이어서 『반야경』의 공사상을 바탕으로 하면서도 더욱 발전된 사상을 담은 『화엄경』 『법화경』 『열반경』 등의 대승경전들도 등장하게 된다. 특히 『법화경』은 그 내용으로 보아 대승과 소승의 대립이 극단으로 치닫고 있을 때 형성된 것으로, 성문·연각·보살의 삼승三乘을 하나의 일불승一佛乘으로 통합시키려는 의도가 엿보이기 때문이다. 말하자면 『법화경』 전반부의 「방편품方便品」에서는 '부처님이 성취하신 진리는 매우 난해해서 오직 부처님과 부처님만이 그 실상實相을 알 수 있는 것'이라고[98] 하면서도 '모든 부처님이 세상에 나오시는 일대사인연一大事因緣은 오직 부처님의 지견知見을 중생들에게 열어[開]·보이고[示]·깨달아[悟]·들어가게[入] 하시기 위해서'라고[99] 하고 있다. 따라

---

98 『妙法蓮華經』 권1(大正藏9, p.5c), "佛所成就第一希有難解之法, 唯佛與佛乃能究盡諸法實相."
99 『妙法蓮華經』 권1(大正藏9, p.7a), "諸佛世尊唯以一大事因緣故出現於世…欲令衆生開佛知見, 使得清淨故, 出現於世; 欲示衆生佛之知見故, 出現於世; 欲令衆生悟佛知見故, 出現於世; 欲令衆生入佛知見道故, 出現於世."

서 여태까지 삼승으로 나누어 교화한 것은 방편方便일 뿐이고 진실은 일불승에 있다고 가르치고 있는 것이다. 이런 사상을 삼승을 모아 일 불승으로 돌아간다고 하여 '회삼귀일會三歸一'이라고 하는데, 그 이면에 담겨 있는 의미는 부처님이 가르치시는 진리의 보편성이라고 보아야 한 다. 다시 말해 진정한 진리는 삼승으로 나누어 설해질 것도 아니고 부 처님들만 알 수 있는 대단히 난해한 것이지만 그럼에도 그 진리를 중생 들에게 가르치기 위해 부처님이 이 세상에 출현하시기 때문이다. 대조 사님께서는 『법화경』의 그런 취지를 이와 같이 설명하셨다.

> 바른 종교의 본의本意는 자타일체며 대자애大慈愛며 진리에의 귀
> 의로서 어떤 종교도 필경은 하나의 진리에 귀일歸一하는 것이니
> 라. 법화경 방편품에 있는 바와 같이 일체의 모든 여래도 다 일승
> 一乘의 도를 설하신다라는 것이니 즉 여러 부처님의 가르침은 오
> 직 하나로서 이승二乘이 없다는 것이니라.

그런데 여기에서 생각해 볼 수 있는 것은 『법화경』 시대에는 삼승의 대립이 문제였지만, 대조사님께서 새로운 종단을 건립하고자 하실 때 는 저마다 대한불교조계종과 한국불교조계종을 내세우며 갈등하던 비 구·대처 간의 대립이 걱정거리였다. 또한 불교가 출가자들의 독점물이 되어 재가신자는 금품을 제공하고 복이나 비는 출·재가 간의 보이지 않는 칸막이가 과제였으며, 어느덧 다종교사회가 되어 함부로 자신들

의 주장만을 관철시키려는 이웃종교들의 독선적인 태도가 염려의 대상이었다. 그러므로 어떤 종교도 필경은 하나의 진리에 귀일하는 것이라는 대조사님에게 회삼귀일이란 그저 막연한 사상이 아니라 당장의 실천이 요구되는 급선무의 과제였으며, 그 해법이 출·재가자 모두 공통의 계율을 지니고 함께 수행하는 대중불교였고 국민 모두를 불교에 귀의시키려 했던 불교의 국민화, 즉 애국불교였다고 필자는 생각한다.

아무튼 『법화경』의 후반부 「여래수량품如來壽量品」에서는 다시 석가모니부처님은 '실제로 성불한 이래 아주 오랜 세월이 지났다'며[100] 부처님의 수명이 영원하다고 가르치는데, 이것은 부처님이 입적하시고 나서부터 꾸준히 발전해 온 불신론佛身論의 결정판이라고 할 만한 사상이었다. 다시 말해 세상사의 모든 이치를 깨달아 최고의 안락에 도달했다고 하는 부처님이 돌아가시자 사람들은 크게 당황하게 되는데, 우선 부처님은 온갖 번뇌를 여의고 열반涅槃에 이르셨다고 했지만 부처님은 말년에 병고를 겪기도 했다는 사실에서 부처님의 죽음을 완전한 열반이란 의미에서 반열반般涅槃 혹은 대반열반大般涅槃이라고 부르게 되었다. 말하자면 생전의 열반은 무언가의 고통이 남아 있는 열반[有餘涅槃]이었고 죽음을 통해 아무것도 남은 것이 없는 열반[無餘涅槃]이 이루어졌다는 생각이었다. 그리고 부처님의 육신[色身]은 사라졌지만 부처님의 가르침이 남아 있는 만큼 진리 그 자체인 부처님은 영원하지 않은가

---

100 『妙法蓮華經』 권5(大正藏9, p.42b), "我實成佛已來無量無邊百千萬億那由他劫."

하는 생각을 하게 됐는데, 그렇게 해서 고안된 것이 진리로서의 부처님, 곧 법신法身이다. 또한 그런 생각이 발전하면서 본래 영원한 법신이 중생들의 구제를 위해 한때 이 땅에 오셨다고 생각하게 되어 그와 같이 중생구제를 위해 오셨던 석가모니부처님을 응신應身 혹은 화신化身이라 하게 되었으며, 또 다른 입장에서 부처님은 전생에 수많은 공덕을 쌓았기 때문에 그 과보로 복덕과 자비가 원만하셨다는 입장에서 보신報身이라는 개념이 생겨났다. 이와 같이 부처님의 몸 내지 본질을 법신·보신·화신으로 나누어 보는 견해를 불신론이라 하는데,『법화경』에서는 석가모니부처님의 수명은 본래 영원하지만 중생들이 태만해질까봐 열반에 드는 모습을 보였다고 하여 대단히 관념적일 수 있는 법신을 현실적인 모델인 석가모니부처님과 통일시킨 것이다. 이와 같은 사상을 '구원실성久遠實成'이라고 하며, 부처님 내지 부처님 진리의 생명은 영원한 것을 의미한다. 그런데 앞에서 거론한 회삼귀일과 더불어 구원실성이『법화경』의 독자적인 사상이기는 하지만,『법화경』전체의 내용은 거의 대부분 보살행을 일깨우는 가르침으로 채워져 있다.

이런『법화경』의 성격에 대해 대조사님께서는 이렇게 소개하셨다.

> 법화경에는 부처님이 출현하신 본회本懷와 구원실성久遠實成의 본
> 불과 통일적 종합적 진리관과 보살의 실천행이 밝혀져 있으므로
> 최상승경最上勝經이라 하느니라.

그리고 『법화경』에서 끊임없이 일깨우고 있는 보살행의 실천을 가르치신 것이 대조사님 법문의 대부분이었는데, 특별히 포교와 관련하여 다음과 같은 가르침들이 눈에 띈다.

법은 사람으로 인해 귀한 것이 되며 진리란 것은 언제나 어디에서나 변함없이 엄존하는 것이니라. 그러나 존재하는 것만으로는 진실로 가치 있는 것이 되지 않으며, 그 진리가 인간사회에 작용되었을 때에 비로소 그 진가를 발휘하는 것이니라.
불법은 사람에 의해 퍼진다. 포교를 해야만이 보살이며 불교도라고 단언할 수 있다. 포교함을 잊고 작은 자기만족의 세계에 틀어박혀 있으면 증상만增上慢에[101] 빠지기 쉬운 것이니라.

한편 '모든 중생에게 불성佛性이 있어'[102] 언젠가는 누구나 부처님이 될 수 있다는 가르침은 『열반경』에서 본격적으로 펼쳐지지만, 『법화경』에도 모든 부처님이 이 세상에 출현하시는 이유는 중생들을 부처님의 지견으로 이끌어 들이기 위해서라고 하는 데에서 불성이라는 명시적인 표현은 없어도 같은 취지가 발견된다. 대조사님께서도 평생 '수행을 통

101　『법화경』에 나오는 표현으로 자신이 이미 부처님의 가르침을 다 안다고 자만하여 더 이상 부처님의 말씀에 귀 기울이지 않는 무리를 말한다. 『법화경』에서는 5천에 달하는 증상만자들이 부처님께서 설법하시는 자리에서 더 들을 말씀이 없다고 퇴장하는 사태가 벌어진다.
102　『大般涅槃經』 권28(大正藏12, p.533a), "一切衆生實有佛性."

해 반드시 깨달을 수 있다'고 굳게 확신하여 그렇게 수행하셨고 제자들에게 늘 수행을 강조하셨던 근거가 바로 그 불성이었던 것이다.

> 인간은 누구나 마음속에 귀중한 보물을 간직하고 있느니라. 중
> 요한 것은 그것을 발굴하는 데 있느니라.
> 법화경의 가르침은 누구에게나 불성을 자각케 하고, 자기의 본
> 질이 우주의 영원한 대생명과 일체임을 깨닫게 하는 데 있느니라.
> 마음속에 있는 불성을 자각할 때 살고 있는 것이 얼마나 존귀한
> 가의 그 참 뜻을 알게 되느니라.
> 불성을 갈고 닦는 것이 불교를 신봉하는 사람의 본업으로서 여
> 타의 일은 다 부업과 같은 것이니라.

아무튼 이상과 같은 『법화경』의 사상을 부처님의 가장 궁극적인 가르침이라고 판단하여 중국 천태종의 사상을 완성시킨 이가 천태대사 지의智顗였다. 그가 살았던 시대 중국에서는 역사적 시차를 두고 차례로 발달한 인도와 달리 대·소승의 불교사상이 두서없이 산발적으로 전래하여 대부분의 경전이 한역漢譯되자 이번에는 다양한 경전의 내용들을 정리하여 불교의 진면목을 올바로 파악하는 것이 급선무였다. 그것은 전체 가르침의 윤곽을 종합적으로 판별하고 분석하는 것으로 교상판석教相判釋 혹은 줄여서 교판教判이라고 하는 것인데, 천태대사는 자신만의 교판을 통해 천태종을 세웠고 삼론종三論宗이나 법상종法相宗,

화엄종 등도 역시 각각의 교판을 통한 사상체계를 수립했으므로 중국 불교의 가장 독창적인 모습을 종파불교宗派佛敎라고 한다.

　그런데 당시에는 이미 대승경전 가운데『화엄경』과『열반경』및『법화경』이 가장 높은 수준의 것임이 인정되고 있었고 해당 경전 안에서 밝히고 있는 것처럼『화엄경』은 부처님이 정각正覺을 이룬 직후에,『열반경』은[103] 부처님이 임종을 앞두고 펼친 가르침으로 알려져 있었지만, 문제는『법화경』의 사상을 어디에 어떻게 배치할 것인가였다. 그때 천태대사는 불교경전의 모든 설법이 석가모니부처님 당대에 완성된 것이라는 통념에서 부처님이 제일 먼저『화엄경』을 설했지만[華嚴時] 대중들이 그 뜻을 이해하지 못하자 수준을 낮추어 최초의 설법지 녹야원鹿野苑에서 가장 쉬운『아함경阿含經』을 설했으며[鹿苑時] 이후 수준을 점차 높여 여러 대승경전[方等時]과『반야경』들을 설한[般若時] 뒤 최후에『법화경』과『열반경』을 설하셨다[法華涅槃時]는 '오시교판五時敎判'을 제시했다. 말하자면『법화경』을『열반경』과 같이 부처님 최후의 설법으로 자리매김하면서 본격적인 천태교학을 성립시킨 것이다. 그는 모두 28품으로 이루어진『법화경』의 전반 14품을 일승묘법一乘妙法의 적문迹門이라 하고 후반 14품을 구원본불久遠本佛의 본문本門이라고 했는데, 본적불이本迹不

103　『열반경』은 좀 더 갖추어진 이름으로『대반열반경(大般涅槃經)』이라고도 하는데, 크게 보아 소승과 대승의 두 가지 종류가 있다. 다시 말해 소승의『열반경』은 석가모니부처님이 입적을 앞두고 제자들에게 설하는 마지막 설법이 담겨 있어 거의 역사적 사실을 담고 있지만, 대승의『열반경』은 부처님의 대반열반이라는 시점을 배경으로 부처님의 법신(法身)과 관련된 가르침이 전개되고 있다.

二, 즉 부처님의 영원성과 진리의 보편성의 융합 위에서 '방편이 바로 진실'임을 깨닫는 것이 불교의 궁극적인 이상이라고 했다. 그리고 그런 깨달음의 과정을 위해 나머지 다른 모든 불교경전들이 존재의 의의를 갖는다는 것이다. 따라서 위에서 언급한 오시교판 이외에 '화의사교化儀四敎'라고 하여 설법을 듣는 대상의 근기를 중심으로 모든 경전을 돈교頓敎·점교漸敎·비밀교秘密敎·부정교不定敎로 나누었는데, 가장 근기가 높은 사람들만이 이해할 수 있는 부처님의 본회가 담긴 돈교에『화엄경』을 배치하고 중생들의 근기를 차차 높여 가며 가르치는 점교에『아함경』과『반야경』『법화경』등 대부분의 경전을 배치하였다. 비밀교와 부정교란 같은 설법을 하지만 각기 다르게 들어 일부만이 알아듣거나 각각 다르게 아는 가르침이란 뜻이다. 또한 '화법사교化法四敎'라 하여 각 경전들의 사상적인 입장을 중심으로 장교藏敎·통교通敎·별교別敎·원교圓敎로 나누었는데, 장교란 소승불교의 경·율·론『삼장三藏』의 가르침, 통교는 대·소승에 함께 통하는『반야경』, 별교는 나머지 대부분의 대승경전을 의미한다고 하면서 원교에 특별히『법화경』을 배치하였다.

그런데 여기에서 주목할 것은 장교와 통교, 별교는 모두 인도불교의 전통에 따라 스스로의 무지와 미혹을 끊고 깨달음을 이루어 가는 가르침인 것에 비해 원교는 일상의 생존 자체를 열반의 구현으로 보는 것이다. 다시 말해 인도불교에서는 대승불교라 할지라도 중생의 현실은 여전히 무지몽매한 가운데 무의미한 삶을 반복하는 윤회의 세계이고 불·보살의 세계는 온갖 애착과 무지가 끊어진 열반의 세계여서 불자들이 세세생생의 노력을 통해 언젠가는 도달해야 할 이상적인 상태라는 이분법적인 기준이 존재하고 있었다. 그런데 이와 같은 인도의 전통에서 벗어나 중국불교 고유의 사상이 정착하게 되는 원인을 많은 학자들은 염세적이었던 인도인들과 달리 흔히 중국인들의 사유방식에는 깊은 현실 긍정적 측면이 있기 때문이라고 지적한다. 다시 말해 인도인들에게는 모든 것이 공하다는 사실의 적시만으로도 충분했지만, 중국인들은 그에 만족하지 못하고 다시금 그 근저에 대한 또 다른 상상을 하기도 한 것이다. 천태대사가 '실제로는 공하지만 묘하게도 존재한다'는 의미에서 진공묘유眞空妙有라는[104] 표현을 쓴 이유이기도 하다. 또한 그런 사실은 중국 천태종에만 국한된 현상이 아니어서 가장 중국적인 불교라고 하는 선종이 탄생한 것도 같은 맥락에서 이해할 수 있다. 말하자면 중국인들은 치열한 현실의 세계를 살아가면서도 마음 하나 먹기에 따라 그곳이 곧바로 진리가 구현된 살 만한 세상이 되기도 했다.[105]

그렇다면 천태대사가 이야기하는 일상의 생존 자체를 열반의 구현으로 보는 원교란 어떤 것일까. 앞에서는 『법화경』이 원교의 대표적인 경전이라고 했지만, 천태대사에 따르면 『화엄경』에 나오는 '초발심初發心

---

104 『仁王護國般若經疏』권3(大正藏33, p.265c), "問眞空妙有云何. 答動即寂眞空也, 寂即動妙有也. 眞空故非常, 妙有故非斷. 眞空不住生死, 妙有不住涅槃. 妙有故能起大悲, 眞空故能生大慈."
105 조금 더 대중친화적인 예를 들자면 중국 양(梁)나라 때의 유랑승려인 포대화상(布袋和尙)이나 당나라 때 은둔승인 한산(寒山)·습득(拾得)에게서 발견되는 지저분하고 헐벗은 가운데도 보이는 자연법이(自然法爾)의 달관적인 태도가 인도불교에서는 전혀 발견되지 않는 것이다.

때 정각正覺을 이룬다'는[106] 가르침이나 『유마경』에서 불이법문不二法門
에 드는 모습[107] 역시 원교의 가르침이라고 한다. 다만 다른 경전들에는
부분적으로 원교의 가르침이 나타나지만, 『법화경』은 경전 전체의 가
르침이 모두 원교라는 것이다. 그리고 원교의 원圓이란 치우치지 않고
[不偏] 원만하다[圓滿]는 뜻으로, 다른 경전의 가르침들은 부처님의 교설
을 담고 있지만 특정한 가르침에 치우쳐 있는 데 비해 『법화경』만은 교
설의 전체 취지를 치우치지 않고 모두 담고 있으면서도 그 대상을 구분
하지 않는다. 말하자면 『법화경』 안의 모든 가르침은 부처님의 궁극적
인 진리를 남김없이 다 표현하고 있지만, 중생들은 그 근기에 따라 제
각각 그저 그 설법을 듣고 함께 기뻐하거나 뜻을 몰라도 열심히 경전을
독송하거나 그 가르침을 남에게도 가르쳐 주거나 스스로의 생활 속에
조금만 실천해도 궁극적으로 부처님의 길로 이르게 된다는 의미이다.
대조사님은 그와 같은 내용을 이렇게 가르치셨다.

> 석가세존이 설하신 법문法門이란 가공적인 것을 말하는 것이 아
> 니고 우리의 생활 가운데 있는 것, 온 인류가 참되게 살아가는 법
> 을 말씀하신 것이다. 부처님의 설법은 하나도 무리가 없으며 살
> 고 있는 인간이 보다 바르고 안락하고 행복하게 살아가는 길을

---

106 『大方廣佛華嚴經』 권8(大正藏9, p.449c), "初發心時, 便成正覺, 知一切法眞實之性, 具足慧
    身, 不由他悟."
107 『維摩詰所說經』 권中 「入不二法門品 제9」(大正藏14, pp.550b-551c).

밝혀 보인 것이니라.

불교는 십만 리 밖의 먼 곳에 있거나 저 세상의 것이 아니고 이 세상 가운데 있으니, 이 현실의 인간생활 그 자체를 어떻게 하느냐 하는 것에 존재의 의의가 있느니라. 불교의 세계관, 인생관을 현실생활 위에 살리고 남도 이러한 인생관, 세계관을 갖도록 지향志向하지 않으면 안 되느니라.

어디에 처해 있더라도 그곳이 도량道場임을 알아야 하느니라. 가정에 있을 때는 그곳이 수행의 장소며, 직장에 있을 때는 그곳이 도량이니라. 법당이나 절에 있을 때는 진지한 마음이 되어 염불을 하며 합장배례도 하나, 집에 돌아가면 금세 야차가[108] 되어 버리거나 우치의 행위를 하기 쉬운 것이 일반적인 신앙생활인데 불교의 이상은 가정도 직장도 기타 어느 장소도 도량으로 생각해야 하는 것이니라.

천태교학을 통해서는 대단히 어렵게 설명됐지만, 천태종 신도들에게는 대조사님의 이 말씀이 무엇을 의미하는지 쉽게 이해되리라 생각한다. 다시 말해 새 불교운동 삼대지표 중의 하나인 생활불교가 바로 천태교학에서 가르치는 화법사교 중 원교이기 때문이다. 앞에서 방편이 곧 진실이라는 표현을 썼지만, 우리들이 살아가고 있는 생활의 터전이

---

108 야차(夜叉)란 사람을 괴롭히거나 해치는 귀신을 말한다.

바로 부처님의 영원한 생명이 발현되고 있는 현장인 것이다. 그러므로 대조사님은 다시 다음과 같은 가르침을 남기셨다.

> 형체가 있는 것은 반드시 언젠가는 멸하는 것이며 현상으로 나타난 일체의 사물은 반드시 변화하는 것으로서 따라서 그러한 것에 의지하고 있어서는 결코 안심입명을 얻을 수 없는 것이니라. 의지가 되는 것은 영원불멸의 대 생명력이며 영구불변의 대 진리인 부처님뿐이니라. 부처님의 은혜로 살고 있다는 신념에 투철할 수 있다면, 마음이 동요함이 없이 안심입명의 경지에 달할 수가 있느니라.

한편 천태대사는 앞에서 언급한 교판들에 의해 전체 불교사상을 종합·정리했을 뿐 아니라 교관쌍수敎觀雙修의 입장에서 대·소승의 선정 수행도 스스로의 실천체계인 지관止觀으로[109] 통합하면서 공空·가假·중中 삼관三觀을 주된 방식으로 제시하고, 그의 각종 저술에서도 이 삼관을 주된 골격으로 삼았다. 그것은 '모든 인연으로 생겨난 것을 나는 [실체가] 없다고 설하지만, 그것도 거짓된 이름이니 역시 중도中道의 의미'라

---

109 마음을 한곳에 집중하여 산란하지 않고 평온하게 된 상태[止]에서 바른 지혜를 일으켜 대상을 있는 그대로 바라보는[觀] 두 가지 수행법을 말한다. 계(戒)·정(定)·혜(慧)의 삼학(三學)으로 설명하면 지(止)는 정에 해당하고 관(觀)은 혜에 해당한다.

는[110] 『중론中論』의 구절을 근거로 한 것으로, 상식적 사고에서의 실제 존재는 본래 실체가 없다고 보는 공관空觀과 본래 공이지만 연기에 의해 현상하는 현실을 직시하는 가관假觀, 그리고 그 두 가지를 포함하면서 그들에 사로잡히지 않음으로써 진리를 체현하는 중도관中道觀을 말한다. 그리고 그렇게 공·가·중의 세 가지로 드러나는 진리를 삼제三諦라고 하는데, 앞에서 말한 화법사교 중 별교의 삼제는 각기 시간적인 순서를 두고 살펴지기 때문에 격력삼제隔歷三諦라고 하고 원교에서의 삼제는 그 세 가지가 동시에 파악되어 원융삼제圓融三諦라고 한다. 말하자면 『법화경』이 밝히고 있는 모든 존재의 실제 모습은 공과 가와 중이 한꺼번에 나타난다는 것이다. 이와 같은 원융삼제의 가르침은 대조사님께서 천태교학 가운데 가장 깊이 신뢰하신 것으로서, 예를 들면 대조사님이 직접 고안하신 천태종 종기의 세 원이 바로 원융삼제를 의미하는 것이다. 그리고 원융삼제와 비슷한 취지의 말씀을 대조사님은 이렇게 하셨다.

지혜란 차별상과 평등상을 밝게 꿰뚫어 보는 힘이니라.
지혜란 모든 사물을 직관으로 바로 판단하는 것이니라.
인간사회를 행복하게 하는 것은 중도中道와 원융圓融이다. 일반적이고 극단적인 편견을 버리고 진리에 합치되며 그리고 조화가

---

110 『中論』권4(大正藏30, p.33b), "衆因緣生法, 我說即是無, 亦爲是假名, 亦是中道義."

취해진 중도와 모나지 않은 원융이 되어야 하느니라.

또한 천태대사는 일념삼천설—念三千說에 의해 불교의 세계관 내지 인생관을 설명했는데, 가장 짧은 시간의 단위인 일념—念 안에 삼천의 세간世間이[111] 모두 담겨 있다고 한다. 말하자면 극소와 극대가 서로 상즉하고 있다는 것으로, 거기에서는 어느 것 하나도 사소하다고 홀대받지 않으며 누구나가 비교를 초월한 대우주인 것이다. 대조사님은 그와 같은 취지를 이렇게 가르치셨다.

서로 만날 때마다 인사말을 나누며 합장 배례함은 누구나 내심에 지니고 있는 불성을 발굴하고 연마하는 것이 되느니라. 법화경에서 이 세상의 모든 존재가 우주의 대생명을 나타내는 것이므로 어떠한 미세한 것에도 부처님의 생명이 편만하고 있다고 설하고 있는 것인 바, 따라서 아무리 쓸데없는 것같이 보이는 물건에도 부처님의 생명이 깃들어 있는 것이니라. 이 이치를 진심으로 알아서 어떤 사람도 어떤 물건도 존중히 하고 사람과 사람이 서로 공경하고 배례하는 곳에 인화人和가 생기고 조화가 생기고 그

---

111 뒤에서 설명할 십계호구의 백 가지 세계에 『법화경』에서 설하는 모든 법의 실상이라는 이와 같은 모습[如是相], 이와 같은 성질[如是性] 등의 십여시(十如是)가 있고, 그것이 다시 각기 오음세간(五陰世間)·중생세간(衆生世間)·국토세간(國土世間)의 세 가지 세간으로 나타나기 때문에 삼천세간이라는 것이다. 말하자면 전 우주를 상징한다.

곳에 마음의 안락과 세상의 행복이 생기는 것이며 이것이 불법이
목표로 하는 이상의 경지이니라.

특히 천태대사의 설명 중 삼천세간의 성립 근거가 되고 있는 십계호구
十界互具의 가르침은 지옥地獄·아귀餓鬼·축생畜生·인간人間·수라修羅·
천天·성문·연각·보살·불佛의 열 가지 세계에 다시 똑같은 각각의 열
가지 세계가 내재하고 있어 지옥 안에도 부처님의 세계가 있으며 부처
님의 세계에도 지옥이 있다고 하여, 선과 악이 상호대립적인 것만은 아
님을 밝히고 있다. 실제로 천태대사는『법화현의法華玄義』에서 '악의 성
상性相은 곧 선의 성상이다. 악으로 말미암아 선이 있고 악을 떠나 선
은 없다… 악은 선의 자량資糧이다. 악이 없으면 역시 선도 없다'[112] '악
에 즉卽해서 선이다. 역시 악에 즉하지 않으면 선이 아니다… 선에 즉해
서 악이다. 역시 선이 아니면 악이 아니다'라고[113] 했다. 그런데 같은 취
지의 말씀이 대조사님의『법어록』에는 이렇게 기록되어 있다.

불교에서는 자기를 발견하는 방법으로 두 가지 면을 가르치고
있는데 하나는 자기의 본질은 완전 원만한 불성이다라고 관하는
것이고 또 하나의 면은 현상으로서의 자기는 죄업심중罪業深重한

---

112 『妙法蓮華經玄義』권5下(大正藏33, pp.743c-744b), "秖惡性相即善性相, 由惡有善離惡無
善…惡是善資, 無惡亦無善."
113 『妙法蓮華經玄義』권8上(大正藏33, p.778c), "即惡而善, 亦即非惡非善… 即善而惡, 亦非善非惡."

범부다라고 관하는 것이다. 불교의 신앙은 궁극적으로 자아개
현自我開顯에 있으며 자기의 본질의 존엄성과 현실의 자기의 불완
전성의 양면을 사무쳐 봄이 없이는 진정한 인간 향상이나 자아
개현은 있을 수 없는 것이니라.

신앙은 고뇌에서 출발한다고 흔히 말한다. 그래서 자기에게는
고뇌가 없으므로 신앙할 필요가 없다는 등으로 말하는 사람이
있는데 그러한 사람은 고뇌가 없는 것이 아니고 반성이 없기 때
문이니라.

자기 자신의 죄과罪過에 대한 각성을 깊이 하는 것이 진실도眞實
道로 나아가는 첫걸음이니라.

이상의 내용들을 살펴보면 대조사님은 불교의 근본교리에서부터『법
화경』과 그에 기초한 천태교학의 핵심사상에 대해 깊은 통찰을 지니고
계셨고 그것을 어려운 학술용어나 복잡한 문구를 인용하지 않고 쉬운
말씀으로 대중들에게 전달하셨다는 것을 알 수 있다. 그렇다면 대조사
님께서 품고 계셨던 천태종 중창의 대의는 어떤 것이었을까. 역시『법어
록』에는 다음과 같은 가르침이 발견된다.

불교의 광대심원한 교리를 조직화하고 가장 진정한 실천을 통
해서 대자유, 대자재의 이상을 실현하려는 것이 천태의 교지이니
라. 불교의 궁극적 이상은 모든 중생이 다 같이 최상정각을 성취

하게 하는 데 있으며, 이것을 위하여 석가세존은 먼저 3승이 방
편문을 열어서 갖가지 인연과 비유로 중생을 교화 인도하여 최후
에 일승성불의 길로 들게 한 것이니, 이것이 곧 회삼귀일의 교지
며 천태 일승묘법의 진리이니라. 부처님도 묘법연화경의 진리로
화택중생을 구제하신다고 하였거니와, 오늘은 온 세계가 불타는
집과 같이 불안하고, 오탁의 홍수가 범람한 말법시대로서 이 불
타는 집과 홍수 속에서 인류를 건져낼 길은 오직 천태 일승묘법
의 진리임을 확신하는 바이니라.

마치 더러운 흙탕물 속에서 한 송이 연꽃이 미묘하고 아름다운
모양을 보이고 향기를 뿜듯이 우리가 이 오탁악세 속에서 물듦
없이, 스스로 깨끗하고 밝은 자기를 발견하고 밝은 생활을 창조
하며, 나아가 모순과 죄악이 없고 광명과 정복으로 꾸며진 이상
사회를 실현하며 모두가 다 같이 무상정각을 이루고자 하는 것
이 우리의 신앙좌표이니라.

그러므로 앞에서 대조사님께서 천태종을 중창하시며 중국의 천태교
학을 전부 다 수용하신 것은 아니라는 이야기를 했는데, 쓸데없이 어려
운 용어나 나열하며 현학적으로 흐르기 쉬운 지식 위주의[114] 천태교학

---

114   본서 제6장의 제1절에서 대중불교를 설명하면서 등장한 전수불교가 바로 이런 그릇된 불교
      신행의 모습이라고 할 수 있다.

을 경계하신 것이지 결코 회삼귀일이나 원융삼제 등 천태사상의 핵심까지를 부정하신 것은 아니다. 오히려 그와 같은 사상들은 대중불교나 생활불교, 애국불교의 모습으로 천태종 새 불교운동의 사상적 토대로 작용하고 있는 것이다.

「대조사 법어」에 담긴 깨달음의 내용

1969년 12월 18일 대한불교천태종으로 종명이 개정되고 1970년 1월 5일에는 새로운 종헌을 선포하며 『천태종약전』을 발간하여 새로운 종단 건립에 온 힘을 기울이던 무렵인 1971년 5월 1일 상월원각대조사님께서는 「대조사 법어」를 발표하셨다. 이것은 같은 해 8월 10일 『천태종성전』을 간행하고 10월 26일 「대조사 교시문」을 발표하는 등 새로운 종단의 이념을 정립해 나가기 위한 일련의 작업 중 하나로, 새 종단의 실질적 종지宗旨를 분명히 밝히는 일이었다. 이 절에서는 그런 「법어」에 담긴 종교사상적 내용을 엄밀하게 분석하여 그것이 대조사님 대각의 내용이었음을 검증하고 대조사님은 불교의 궁극적 진리를 깨달으신 분이었음을 명백히 증명하는 근거로 제시하고자 한다.

1. '실상은 무상'이란 문구에 대한 해석

오늘날에도 천태종의 각종 법회나 법요 때마다 봉독되는 「대조사 법어」의 전문을 『천태종성전』에 수록되어 있는 대로 표기하면 다음과 같다.

법어法語

「실상實相」은 무상無相이고 「묘법妙法」은 무생無生이며 「연화蓮華」는 무염無染이다. 무상으로 체體를 삼고 무생에 안주安住하여 무염으로 생활하면 그것이 무상보리無上菩提요 무애해탈無礙解脱이며 무한생명無限生命의 자체구현自體具現이다.

일심一心이 상청정常清淨하면 처처處處에 연화개蓮華開니라.

신해년辛亥年 5월 일

대한불교천태종 종정 상월上月 사문

일견 실상·묘법·연화라는 세 가지 주제어를 통해 '제법의 실상을 밝히는 『묘법연화경』'이라는 관념을 중심으로 인생의 도리를 설명한 것으로 보이는데, 전문 85자의 짧은 내용 안에는 과연 어떤 의미가 담겨 있는 것일까. 이 자리에서는 위의 세 주제어 중에 '실상은 무상'이라는 구절에 대한 중점적인 해석을 시도해 보기로 한다. 왜냐하면 「법어」의 문장구조가 두괄식으로 기술된 선언문의 형식을 띠고 있어 첫 번째 문단에 대한 해석이 전체 문장의 해석에 나침반 역할을 하고 있기 때문이다.

우선 '실상은 무상'이라고 할 때의 '실상'이라는 단어는 『법화경』의 큰 주제어 중 하나인 '제법실상諸法實相', 다시 말해 모든 존재의 실제 모습을 가리키는 말인 것이 분명하다. 그런데 『법화경』은 제법의 실상을 밝혀 주는 경전이라고 흔히 얘기하지만, 막상 그와 관련된 대목은 다음과 같아 실상을 정확히 해명하고 있다고 할 수 없다.

> 그만두자, 사리불아. 다시 설할 필요가 없다. 왜냐하면 부처님이 성취한 제일의 희유하고 난해한 법은 오직 부처님이 부처님과 더불어 제법의 실상을 끝까지 궁구할 수 있는 것으로, 이른 바모든 법의 이와 같은 모습[相], 이와 같은 성질[性], 이와 같은 몸체[體], 이와 같은 힘[力], 이와 같은 지음[作], 이와 같은 원인[因], 이와 같은 조건[緣], 이와 같은 결과[果], 이와 같은 과보[報], 이와 같은 본말구경등本末究竟等이다. [115]

「방편품」의 거의 첫 부분에 등장하는 구절로, 앞에서 부처님이 성취한 지혜는 매우 깊고 난해한 것이어서 일체의 성문이나 벽지불이 알 수 없는 것이라는 설명을 하다 말고 다시 이렇게 말하고 있는 것이다. 그리고 제법의 실상은 부처님이 부처님끼리만 끝까지 궁구할 수 있는 것이

---

115 『妙法蓮華經』권1(大正藏9, p.5c), "止, 舍利弗! 不須復說. 所以者何? 佛所成就第一希有難解
之法, 唯佛與佛乃能究盡諸法實相, 所謂諸法如是相, 如是性, 如是體, 如是力, 如是作, 如是
因, 如是緣, 如是果, 如是報, 如是本末究竟等."

라고 한다. 다만 그 제법의 실상을 이와 같은 모습 등 십여시十如是로 부연하고 있지만, 문맥 속의 정확한 의미는 제법실상에 대한 설명이라기보다 그 실상이 어떤 모습, 어떤 성질, 어떤 몸체 등으로 이루어졌는지를 부처님끼리만 주고받을 수 있다는 것이다. 그리고 원로 불교학자인 원의범元義範 박사는[116] 『법화경』의 해당 구절을 산스크리트본을 통해 다음과 같이 직역하고 있다.

> 사리자야, 오직 여래만이 여래의 제법을 안다. 사리자야, 여래만이 일체제법을 설한다. 오직 여래만이 일체제법을 안다. 즉 ① 어떤 것들이 제법인지, ② 어떻게 생겨 난 것들이 제법인지, ③ 어떻게 보이는 것들이 제법인지, ④ 어떤 특징을 가진 것들이 제법인지, ⑤ 어떤 성질을 가진 것들이 제법인지 안다.

다시 말해 한역에서 십여시인 것이 범본에서는 필자가 ①, ②, ③, ④, ⑤로 구분해 놓은 것처럼 다섯 가지로 등장하는 것이다. 그것을 『법화경』의 한역자인 구마라집鳩摩羅什은 번역의 유연성을 위해 열 가지로 나누어 부연한 것인데, 천태대사는 한문경전만으로 제법의 실상을 십여시로 이해했던 것이다. 따라서 십여시를 기반으로 천태대사가 일념삼천

---

116 필자의 「대조사 법어」 해석은 원의범, 「相無相實相」, 천태종전운덕총무원장화갑기념논총간행위원회, 『불교학 논총』(단양:대한불교천태종, 1999, pp.913-941)에 도움 받은 바가 대단히 크다. 관심 있는 이들은 반드시 필독해 보기를 권한다.

설을 제창한 것 역시 오늘날의 근대 불교학이 지적하는 천태교학의 한계이다. 물론 이것이 일념삼천설 안에 들어 있는 십계호구 등 천태대사의 통찰력을 의심하는 근거는 아니지만, 위의 인용구절에서 이야기하는 제법의 실상은 분명히 부처님이 아닌 일반인은 알 수 없는 인식 내지 인지의 대상이다. 그리고 「방편품」의 핵심적인 내용은 오히려 다음의 구절로 나타난다.

> 나는 무수한 방편과 갖가지 인연, 비유의 언사로 모든 법을 베풀어 설했다. 이 법은 사량분별思量分別로 이해할 수 있는 것이 아니며, 오직 모든 부처만이 그것을 알 수 있다… 모든 불세존佛世尊은 오직 일대사인연一大事因緣으로 세상에 출현한다… 모든 불세존은 중생에게 불지견佛知見을 열어[開] 청정을 얻게 하려고 세상에 출현하고, 중생에게 부처의 지견을 보이고자[示] 세상에 출현하며, 중생이 불지견을 깨닫게[悟] 하고자 세상에 출현하고, 중생들이 불지견의 길에 들어오도록[入] 세상에 출현한다… 여래는 단지 일불승一佛乘으로써 중생을 위해 설법하니 둘이니 셋이니 하는 나머지 승乘은 없다. [117]

---

117 『妙法蓮華經』권1(大正藏9, p.7a), "我以無數方便, 種種因緣・譬喩言辭, 演說諸法. 是法非思量分別之所能解, 唯有諸佛乃能知之… 諸佛世尊唯以一大事因緣故出現於世… 諸佛世尊, 欲令衆生開佛知見, 使得淸淨故, 出現於世 ; 欲示衆生佛之知見故, 出現於世 ; 欲令衆生悟佛知見故, 出現於世 ; 欲令衆生入佛知見道故, 出現於世… 如來但以一佛乘故, 爲衆生說法, 無有餘乘, 若二・若三."

부처님이 세상에 출현하는 일대사인연을 이야기하고 있지만, 그 핵심은 모든 중생들을 부처님의 깨달음으로 이끈다는 특유의 회삼귀일 사상으로 보아야 하는 것이다.

그런데 「대조사 법어」에서는 『법화경』의 표현대로라면 부처님이 아닌 일반인은 알 수 없는 인식 내지 인지의 대상인 그 실상에 대해 '무상'이라고 분명히 단정하고 있다. 물론 『법화경』에도 그런 단정은 나오지 않는다. 그러므로 '실상은 무상'이라는 대목이 사실상 「법어」의 핵심적인 내용이면서 대조사님의 독자적인 판단으로 보아야 한다는 것이 필자의 생각이다.

한편 「법어」에서의 무상無相이라는 표현은 한자 그대로 해석하면 모습 내지 형상[相]이 없다[無]고 이해하기 쉬운데, 그런 식의 해석으로는 「법어」의 의미를 올바로 알 수가 없다. 왜냐하면 불교에서 상相이라는 단어가 지니는 어의가 그렇게 단편적이지 않기 때문이다. 예를 들면 원의범 박사는 『금강경金剛經』의 일곱 가지 한역과 산스크리트본을 모두 대조하여 '한문역 경론들에서 상相과 상想이 애매하게 혼용된 데가 적지 않다'고 하고 있다. 말하자면 구마라집 번역의 『금강경』에는 이런 대목이 나온다.

수보리야, 만일 보살에게 아상我相·인상人相·중생상衆生相·수자

상壽者相이 있다면 보살이 아니다.[118]

그런데 구마라집 번역에서 이렇게 4상相으로 등장하는 것이 보리유지菩提流支 역에서도 상相이지만, 보리유지菩提留支 역과 진제眞諦 역·급다笈多 역·현장玄奘 역·의정義淨 역에는 모두 상想으로 번역되어 있고 산스크리트본에서의 원어는 상즈냐samjñā라고 한다. 그리고 구마라집 역의『금강경』에는 이런 대목도 나온다.

신상身相으로 여래如來를 볼 수 있겠느냐… 만일 모든 상相이 상
이 아닌 것을 보면 곧 여래를 본다.[119]

여기에서의 상相은 나머지 여섯 역본에서도 모두 상相이며 산스크리트본의 원어는 락샤나lakṣaṇa라고 하고 있다. 말하자면 모습 혹은 형상을 의미하는 산스크리트어 락샤나는『금강경』의 여러 한역에서 모두 상相으로 번역되고 있는 데 비해 오온에서의 상想을 의미하기도 하는 상즈냐의 번역은 상相이기도 하고 상想이기도 하다는 것이다. 원의범박사는 그 이유를 다음과 같이 설명하고 있다.

---

118 『金剛般若波羅蜜經』(大正藏8, p.749a), "須菩提! 若菩薩有我相·人相·衆生相·壽者相, 即非菩薩."
119 『金剛般若波羅蜜經』(大正藏8, p.749a), "可以身相見如來不… 若見諸相非相, 則見如來."

눈에 보인 색色은 색으로서는 색상色相, 귀에 들린 소리로서는 성
상聲相이고 내지 신身에 닿은 느낌으로서는 촉상觸相인데, 눈이
색상을 보고 안으로 마음에서 생겨난 색상은 색상色相이 아니고
색상色想이다. 성상 내지 촉상도 마찬가지로 안으로 마음에서 생
각난 성상, 촉상 등은 상相이 아니고 상想이다… 상相과 상想이
이렇게 부즉불리不卽不離 불일불이不一不異 견상이분見相二分의 인
과관계에 있다. 여러 경론 등에서 상相과 상想이 혼용되기도 하
고 또 혼용된 것처럼 보이기도 하는 근거가 바로 상相과 상想의
이러한 인식발생 성립과정에서의 필연적 인연관계에 있다.

　말하자면 세상에 드러난 모습으로서 상相은 그대로 상相이고 우리가
보는 것도 상相이지만, 그것을 우리 마음속에 담을 때는 상相이 아니라
상想이 된다는 것이다. 원의범 박사는 『남전대장경』의 5『니까야』와 북
전 한역 4『아함』에 나타나는 상相과 무상無相, 그리고 『반야경』『해심
밀경解深密經』『화엄경』『법화경』에 등장하는 상相, 무상無相, 실상實相에
관한 내용을 추적하여 같은 취지를 설명하고 있는데, 예를 들면 『반야
경』의 경우 다음과 같이 설명하고 있다.

　상相, 무상無相, 상무상相無相이 결국 불가득不可得이어서 공상空
相이 무상無相이다. 불佛은 이 무상無相을 얻었다. 이 무상을 얻

었으므로 일체변지一切遍知이고[120] 이러한 제법상諸法相을 반야바
라밀이라고 한다.

그러면서 그 근거로 다음의 『대지도론』구절을 한문 문장으로 인용
하고 있다.

범부가 아는 바는 모든 상이 각기 다르지만, 부처는 모두가 공
상空相이라고 아니, 공상은 무상無相이어서 부처는 이 무상을 얻
었다. '얻었다'는 것은 아는 것으로, 비할 바 없이 두루 알기 때문
에 '얻었다'고 하는 것이다. 이 제법상은 이제 바꾸어 반야바라밀
般若波羅蜜이라 이름 한다.[121]

말하자면 범부에게는 상相과 상想은 서로 연관되어 있어 각각의 사물
이 모두 다른 모습으로 보이지만, 부처님에게 모든 상은 그것이 본질적
으로 공한 모습이어서 무상無相이라는 것이다. 이렇게 이야기할 때 무
상이란 모습이나 형상이 없는 것이 아니라 특정한 모습으로 차별적으
로 인식되지 않는다는 의미이다. 그런 의미는 대조사님께서도 『법어록』
에서 이렇게 가르치셨다.

---

120   부처님은 일체의 모든 것을 두루 안다는 의미이다.
121   『大智度論』권70(大正藏25, p.549b), "凡夫所知, 諸相各異 ; 佛知皆是空相, 空相即是無相,
      佛得是無相. '得'者是知, 無比遍知故名'得'. 是諸法相, 今轉名般若波羅蜜." ' '는 필자 가필.

인간은 융합하지 않으면 진실한 생활이 아니라고 법화경에서 말하였으니, 그 이유는 사회의 일체 현상은 본디 일체一體로서 이것을 격별隔別하여 나누어 보는 것은 우리들의 미迷이기 때문이니라. 근원이 일체一體인 진리가 연緣에 닿으면 거기에 천차만별의 현상이 나타나는 것이니, 마치 우리 마음이 연에 닿으면 여러 가지로 변화하는 것과 같으니라.

깨달은 이에게는 모든 현상이 함께 얽혀서 돌아가는 한 몸인데, 중생들은 그것을 특정한 모습으로 나누어 보는 것이 근본적인 어리석음이라고 대조사님은 일깨우신 것이다.

아무튼 원의범 박사는『화엄경』의 경우를 이렇게 설명한다.

심불급중생心佛及衆生 시삼무차별是三無差別에서는 삼계三界는 물론 세간 출세간의 두두물물頭頭物物 일미진一微塵에서 온갖 중생 및 일월성진허공에 이르기까지 그것들이 가진 상相이 모두 여래의 상相이 아닌 것이 없다. 중중무진법계에서는 동상이상同相離相 유상무상有相無相이 상의상자相依相資 상즉상입相卽相入하여 상무상실상相無相實相이고 실상무상상實相無相相이다. 이것이 곧 화엄이 해인삼매 상해相海이기도 하다.

『화엄경』의 유명한 문구인 '마음과 부처와 중생이 서로 다르지 않다'

는[122] 구절을 들어 부처님의 세계에서는 온 세상 모든 것이 부처님의 형상 아닌 것이 없어 같은 모습이기도 하고 다른 모습이기도 하며 상이 있기도 하고 상이 없기도 하다는 것이다. 왜냐하면 모든 것이 서로 의지하고 서로 도와주는 연기된 것, 다시 말해 공한 것이기 때문이라고 한다.

그리고 『법화경』의 경우에도 앞에서 인용한 '이와 같은 본말구경등이다' 다음 '그때 세존이 그 뜻을 다시 펴고자 게송으로 설하기를'[123] 사이에 한문에는 번역되지 않았던 산스크리트본의 구절을 '저들 제법諸法에서 여래만이 현량現量이고 비비량非比量이다'라고[124] 우리말로 옮겨서 소개하고 있다. 여기에서 현량이란 인도 논리학에서 말하는 직관지直觀知를 의미하고, 비비량이란 비량比量이 아니란 의미로 추리지推理知가 아니란 뜻이다. 다시 말해 제법의 실상이 부처님에게는 추리를 통해 알려지는 지식이 아니라 직관적으로 알 수 있는 인지 내지 인식의 내용이라는 것이다. 여기에서 한 가지 부연 설명한다면 인도 논리학에서의 현량, 즉 직관지에는 '정중定中의 지각'도 포함된다는[125] 사실이다. 다시 말해 참선을 통한 깊은 삼매에서 통찰되는 것 역시 현량이라는 것인데, 무엇보다 중요한 것은 제법의 실상이 부처님에게만 그렇게 직관을 통해 알

---

122 『大方廣佛華嚴經』권10(大正藏9, 465c), "心佛及衆生, 是三無差別."
123 『妙法蓮華經』권1(大正藏9, p.5c), "爾時世尊欲重宣此義, 而說偈言."
124 원의범, 앞의 글(p.940), "teṣu dharmeṣu tathāgata eva pratyakṣo'parok-ṣah."
125 '定中의 지각'이란 요기프라탁사(yogipratyakṣa)로, 흔히 '요가수행자의 직접지각'이라고 번역되는 말이다.

려진다는 사실이다. 그리고 앞에서도 한번 인용했던 내용이지만, 대조사님은 『법어록』에서 이렇게 가르치시고 있다.

지혜란 모든 사물을 직관으로 바로 판단하는 것이니라.

그러므로 '실상은 무상'이란 「법어」의 구절은 제법의 실상은 중생들이 보듯이 특정한 모습을 띠고 제각각 다르게 인식되는 것이 아닌 깨달은 이에게만 통찰되는 공의 진리이며, 그렇게 단정하신 대조사님은 분명히 그런 사실을 당신의 수행으로 체득하셨다고 추정해 볼 수 있다. 왜냐하면 우리들이 아는 대조사님은 한평생을 주로 주송수행에 집중했고, 관음염송의 방법을 통해 대조사님이 가르치신 것이 다른 모든 것을 배제하고 오직 염송하는 그 사실에만 집중하여 무심無心에 이르도록 하는 것이었음을 상기한다면 대조사님은 분명히 당신의 수행을 통해 매우 깊은 삼매의 상태에서 무상無相이라고 할 만한 어떤 통찰에 도달하셨던 것이 틀림없기 때문이다. 그러므로 대조사님이 성취하신 깨달음은 전통적으로 아라한의 깨달음과 구별되는 부처님의 깨달음인 무상정등정각無上正等正覺이었음이 확실하다고 할 수 있는 것이다.

2. 「법어」의 인식론 · 존재론 · 가치론적 체계

한편 이상에서의 설명과 같이 '실상은 무상'이라는 구절이 대조사님의 어떤 경험을 단정적으로 밝힌 것이라고 한다면, 「법어」의 전체 문장은 서양철학에서 말하는 인식론認識論·존재론存在論·가치론價値論의 체계를 지녔다고 할 수 있다. 말하자면 우리들의 행위는 주로 어떤 것이 가치 있는 것인가에 대한 판단에서 이루어지는데, 그 가치는 그것이 어떤 존재인가에 따라 판명되며, 어떤 존재인가를 단정하기 위해서는 우리가 그것을 올바로 인식하고 있는가 혹은 어떻게 인식해야 하는가의 문제가 선결과제이기 때문이다. 예를 들어 어떤 의자가 좋은 의자인가를 알기 위해서는 의자는 사람이 앉기 위한 가구임을 알아야 하며 그렇다면 의자는 반드시 사람이 앉기 위한 가구인가는 어떻게 알 수 있는지가 밝혀져야 하는 것이다.

그런데 서양철학에서 이와 같이 철학을 인식론·존재론·가치론의 중요한 세 가지 카테고리로 정리하게 된 것은 18세기 칸트(Immanuel Kant, 1724~1804)에 이르러서이다. 다시 말해 계몽주의 사상가 존 로크(John Locke, 1632~1704)가 『인간지성론人間知性論』에서 '인간 지성의 자기반성이 우리들의 최초 연구과제여야 했다'고 인식론 내지 인식비판의 과제를 제기한 이래 칸트가 『순수이성비판純粹理性批判』에서 사람은 눈·귀·코·혀·피부라는 감각기관에 지각되는 빛깔과 형상·소리·냄새·맛·촉감으로 세상을 인식한다는 최초로 인식론다운 인식론을 폈기 때문이다. 그렇지만 앞에서도 언급했던 것처럼 석가모니부처님은 이미 2,500년 전에 인간의 인식에 대한 관찰에서부터 당신의 교설을 시작하셨다. 그 대표적인 것이 눈[眼]과 빛깔[色]·귀[耳]와 소리[聲]·코[鼻]와 냄새[香]·혀[舌]와 맛[味]·몸[身]과 촉감[觸]·마음[意]과 관념[法]의 열두 가지로 세상을 분석한 십이처설이다. 말하자면 이 세상을 어떻게 인식해야 하는가에서부터 진리란 어떤 것인가를 밝힐 수 있기 때문이다. 흔히 '불교는 관법觀法'이라고 하여 진리[法]를 보는[觀] 것이라는 말을 하는데, 사실상 불교의 모든 수행은 이 세계와 인생의 모습을 올바로 관찰하기 위한 것이기 때문이다.

아무튼 「법어」가 인식론·존재론·가치론의 체계를 지녔다고 하는 것은 실상이 인식론의 대상이고 묘법이 존재론의 대상이며 연화가 가치론의 대상이라는 것이다. 다시 말해 '실상은 무상이고 묘법은 무생이며 연화는 무염이다'라는 「법어」의 첫 번째 구절은 실상을 특정의 모습을 지닌 것이 아니라고 인식한다면 묘법이라는 존재는 생겨나지 않는 것이며 연꽃처럼 더럽혀지지 않는 것이 가치 있는 것이라는 의미이다. 그런데 앞에서 실상은 특정의 모습으로 규정되지 않은 것이라는 대조사님의 판단에 대해서는 이미 언급했으므로 이 자리에서는 묘법과 연화에 대한 「법어」의 문구들에 대한 해석으로 전체 문장이 지닌 의미를 살펴보고자 한다.

우선 '묘법'이란 단어는 『묘법연화경』이란 경전의 제목에서 나온 것으로 보기 쉽지만, 사실 '진정한 최고의 진리'라는 의미의 묘법은 비단 『법화경』의 가르침에만 한정시킬 것이 아닌 불교 전체의 가장 핵심적인 진리라고 보아야 할 것이다. 우리들이 수행을 하는 목적이 그 진리를 체득하기 위해서이기 때문이다. 그런데 앞에서도 언급했던 것처럼 불교의 가르침은 모든 것이 덧없다는 사실에서부터 출발하지만, 잘 살펴보면 덧없지 않은 것이 하나 발견된다. 바로 모든 것은 덧없다는 그 사실은 변함이 없는 것이기 때문이다. 이처럼 모든 것이 연기의 법칙에 의해 이루어지고 있으므로 그 실체가 비었다는 공사상도 그 때문에 이 세상이 아무런 법칙 없이 제멋대로 변화한다는 의미가 아니다. 오히려 제법개공이라는 엄밀한 법칙에 의해 정확히 자기 궤도를 지키며 운행하고 있는 것이 우리들이 몸담고 있는 이 우주의 실상이다. 각자가 눈앞에서 목도하는 맑기도 하고 흐리기도 한 하루하루의 날씨처럼 변화무쌍한 것이 인생의 현실인 것 같지만, 길게 보면 계절의 변화처럼 때가 되면 그 결과가 반드시 도래하는 엄연한 법칙 속에서 전개되고 있는 것이 우리의 인생이다. 그리고 묘법이란 그와 같은 법칙을 가리키는 말인데, 「법어」에서는 그 묘법이 무생, 즉 생겨 나는 것이 아니라고 하고 있다. 여기에서 생겨 나는 것이 아니라는 의미는 그냥 있는 것이며 생겨 나지 않는 것이므로 사라질 일도 없는 것이란 뜻이다. 같은 의미가 초기경전 속에도 다음과 같이 등장한다.

연기법은 내가 만든 것도 아니고 다른 사람이 만든 것도 아니다. 그리고 그것은 여래가 세상에 출현하든 출현하지 않든 법계法界에 상주하는 것으로, 여래는 이 법을 스스로 깨닫고 등정각等正覺을 이루었으며 모든 중생을 위하여 분별연설하고 열어서 드러

내 보이는 것이다.[126]

석가모니부처님은 자신이 깨달은 연기법은 자신이 만든 것도 아니고 자신이 세상에 나온 것과 상관없이 본래부터 있는 것이라고 했다. 다시 말해 진리는 영원한 것이고 그것이야말로 이 세상 모든 현상의 본질이라고 보아야 한다. 나, 내 생각, 나의 것은 끊임없이 조건들에 의해 변화하지만 그런 변화는 모두 그럴 만한 진리에 따른 것이기 때문이다. 그러므로 「법어」의 존재론적 판단에 따르면 진리가 우리 인생과 우주의 삼라만상을 이루는 궁극적 존재인 것이다. 앞에서 법신이 진리로서의 부처님을 의미한다는 이야기를 했지만, 이 세상이 그대로 법신부처님의 화현이라는 이야기도 같은 뜻이다. 그런 의미를 대조사님은 『법어록』에 이런 가르침으로 남기셨다.

낙엽이 진 나무를 보고 고목枯木으로 생각하지 말라. 봄이 오면 싹이 트고 꽃을 피우느니라. 또 깊은 산의 얼음도 언제까지나 얼음이 아니고 여름이 되면 녹아 산야를 적시느니라.
달빛이 비치지 않는 마을이 없듯이 부처님의 자비광명은 누구에게나 동일하게 미치고 있는 것으로서 그 광명을 알아차리느냐

---

126 『雜阿含經』 권12(大正藏2, p.85b), "緣起法者, 非我所作, 亦非餘人作. 然彼如來出世及未出世, 法界常住, 彼如來自覺此法, 成等正覺, 爲諸衆生分別演說, 開發顯示."

못하느냐에 의해 참되게 사는가, 못하는가가 구별되는 것이니
라.

또한 '연화는 무염'이라는 구절은 연꽃처럼 비록 흙탕물 속에 처해 있을지라도 주위의 더러움에 오염되지 않는 인생이 진정 가치 있는 삶이라는 의미이다. 앞에서 이 세상의 진정한 실체는 진리뿐이라고 했지만, 사실 우리 인생에는 갖가지 인연으로 별의별 차별이 다 현상하고 있기 때문이다. 대조사님은 그래서 이런 가르침을 펼치셨다.

현실을 직시하면 사회도 인간도 그 밑바닥에 있는 것은 모순임을 알게 된다. 만약 참된 희망이 생겨나게 하기 위해서는 이 모순을 속임 없이 정시正視하지 않으면 안 되느니라.
인생은 존귀한 것이며 또한 덧없는 것임을 자각해야 한다. 존귀한 생명을 얻었지만 명일의 생명 보장은 없다. 그러므로 이 시각이 장소에서 하고 있는 진실한 일에 전심전력을 다해야 하느니라.

따라서 「법어」의 '무상으로 체를 삼고 무생에 안주하여 무염으로 생활하면 그것이 무상보리요 무애해탈이며 무한생명의 자체구현이다'라는 구절은 특정의 모습으로 세상을 판단하는 중생의 버릇에서 벗어나 진정한 진리의 영원성에 몸을 맡기고 주위의 오염과 상관없이 청정하게

생활하면 그것이 최고의 깨달음이고 어디에도 장애받지 않는 해탈이며 부처님의 영원한 생명이 세상에 스스로 구현되는 길이라는 의미로 해석해야 한다. 또한 '일심이 상청정하면 처처에 연화개나라'라는 구절 역시 위에서 이야기한 청정한 생활을 다시 한 번 강조한 것으로, 한 마음이 늘 청정하면 곳곳에 연꽃이 피어난다는 은유로 그 공덕을 밝힌 것이다.

한편 「대조사 법어」에는 삼제원융의 이치가 깊이 내재되어 있음도 발견된다. 말하자면 '실상은 무상'이라는 단언은 제법개공의 이치를 밝힌 공제空諦에 해당하고, '묘법은 무생'이라는 판단은 모든 현상이 진리만을 의지해 변화하고 있는 현실을 설명하는 가제假諦에 해당하며, '연화는 무염'이라는 가르침은 그 양자를 아우르는 더러운 곳에 있어도 항상 깨끗하게 생활하는 중도적中道的 실천을 일깨우는 중제中諦에 해당한다고 볼 수 있는 것이다. 아무튼 『법어록』에서 발견되는 대조사님의 가르침을 인용하여 다시금 「법어」의 의미를 설명하자면 다음과 같다.

사람의 탈을 썼다고 사람이 아니고 인물이 잘났다 하여 사람의 값이 있는 것이 아니며 재주가 있다 하여… 사람의 값이 있는 것이 아니니라. 어떤 것을 일러 값 있는 사람, 인간다운 인간, 인격 있는 인간이라 하는가? 사람이 만물 가운데 가장 값 있고 존귀하다는 것은 사람의 양심을 지니고 사람다운 행동을 하며 사람으로서의 제구실을 하는 것이다. 그 양심을 지니고 사람다운 행동을 한다는 것은 부모가 되면 자식을 사랑할 줄 알고 자식이 되면 부모를 존중하여 공경할 줄 알며, 남녀 간에 예의와 분별이 있어야 하고, 어른은 젊은이를 잘 지도하고 젊은이는 어른을 잘 공경하며, 친구 사이에는 신의를 지키고, 사회와 민족을 사랑하여 이익 된 일을 하며, 국가에 무엇인가 공헌된 일을 하는 것만이 사람다운 사람으로서 값 있는 사람이니라.

믿음이라 하면 대개의 사람들은 이것을 신앙자만이 갖는 특별한 마음과 같이 생각하고 있으나 믿음이란 실은 엄밀히 말해서 사람이 살아가는 데 있어서 일각이라도 결할 수 없는 조건이라 하겠느니라. 현 세상에서 제일 무서운 것은 불황不況도 아니고 물가고도 아니고 자원 부족도 아니고 인간불신人間不信이란 마음의 황폐이니라. 마음만 풍요하고 따뜻하며 사람과 사람이 서로 믿고 있다면 생산이나 분배문제 그리고 노사문제 등도 해결되는 것이나, 사람의 마음이 황폐해 버리면 모든 것이 다 어긋나는 것이니라.

오늘날의 사회현실에서도 결코 잊어서는 안 되는 인생의 참된 도리를 일깨우고 계신 것이 대조사님의 가르침이었음을 명심해야 할 것이다.

3. 실상에 대한 통찰과 처염상정의 인생관

결국 「대조사 법어」의 내용은 당신이 수행을 통해 통찰하신 이 세상의 참된 모습은 중생들의 버릇처럼 특정한 모습으로 제각기 다르게 비춰지지 않는 것이며 진리만이 영원한 우리 존재의 기반이어서 더러운 곳에 있어도 거기에 오염되지 않는 처염상정處染常淨의 생활이 참된 인생의 의미라는 것인데, 그런 내용을 대조사님의 다른 설법을 통해 들어 보자. 대조사님의 마지막 대중법문이었다고 알려져 있는 1973년 음력 11월 28일 구인사 광명당에서의 설법 내용인데, 앞에서 언급했던 것처럼 대조사님은 장차 다가올 당신의 열반을 암시했지만 대중들은 전혀 그런 사실을 알아채지 못했다는 그 말씀이다. 이 설법은『불멸의 등명』에도 전문이 소개되어 있지만, 대조사님의 말씀을 일부 가감했거나 잘못 기재하고 있는 부분이 있어 이 자리에서는 대조사님의 가르침을 귀히 여긴 대중들이 여러 곳의 인터넷 사이트에 올려놓은 것을 인용하고자 한다.

> 만법萬法이 비었으니 나도 장차 가리로다. 한 생각 날 적에 만법이 일어나고 한 생각 멸할 적에 만법이 꺼지는 것이로다.
> 사회의 모든 생각이 탐하여 바라는 부귀와 영화는 한 조각 구름과 같고 물거품과 같고 몽환夢幻과 같으니라. 죽음에 임하여 허망함을 개탄할 것이 아니라 살아 있을 적에 무엇이 가장 존귀한 것인가를 생각하고 영원히 빛나고 보람 있고 길이 남는 일이 어떤 것인가를 마음에 새겨 두어야 하느니라. 불도佛道가 따로 있는 것이 아니라 한 마음이 근본이 되어 맑고 바르고 어질고 봉사

하는 데 있는 것이니, 부처님의 바른 법을 잘 알고 잘 보호하며 실천하여 한없는 세상에 영원한 안락의 생활을 이루도록 하라.

생명이 있는 자는 누구나 죽지 않으면 안 되느니라. 일체의 존재는 생겨서는 멸하는 것이니, 이 도리를 모르고 백 년 동안 사는 것보다는 이 도리를 알고서 하루를 사는 편이 낫다.

농부가 보습과 삽, 괭이를 들고 밭을 갈아 종자를 심고 열심히 가꾸어 수확을 얻듯이 부처님의 가르침에 의해 계율을 지키고 퇴전함이 없이 수행하면 최고의 증과證果를 얻게 될 것이니라.

사람은 누구나 행복하기를 원한다. 그러나 남을 쓰러뜨리는 방법으로서는 행복에 달할 수가 없다. 자비慈悲의 마음, 선업善業에 힘쓰는 것만이 사람의 운명을 진실로 행복으로 나아가게 하는 것이다. 남과 사회를 행복하게 하고자 하는 사람은 스스로도 행복하게 되는 것이다. 이러한 사람이 한 사람이라도 많으면 많을수록 정복淨福의 사회, 평화의 사회가 실현되는 것이다.

사람은 뜻하지 아니한 재난을 만나면 불행에 울고 슬퍼하며 뜻하지 아니한 행운을 만나면 정신없이 기뻐하는데, 두 가지 다 잘못된 것이다. 행운을 만나는 것은 행운을 만날 업業이 과거에 쌓인 것으로서, 즉 선업善業의 저금이 쌓이어서 언제라도 쓰이게 되어 있는 것을 꺼내어 쓴 것과 같은 것이다. 재난을 만나는 것은 재난을 만나게 될 과거의 악업이 쌓인 결과이다.

이 세계는 일심一心의 세계이며, 인생은 업이 짜서 만든 무늬에 지나지 않는다. 그러므로 이 업을 참회하고 업을 맑게 하고자 하는 반성이 있지 않으면 안 된다.

앞으로 나의 설법을 직접 들을 기회가 없을 것인즉, 이번 주간이 특히 중요하다는 것을 명심하라. 또 내가 먼 곳으로 떠나가서 있더라도 퇴굴심을 내지 말고 스스로 항상 반성하여 마음자리를 바로 잡을 것이며, 지금은 말법시대이므로 믿음이 엷은 사람은 좋은 인연을 놓칠 것이요 믿음이 굳고 여일한 사람은 좋은 결실을 볼 것이다.

이 인용문에서 '이 세계는 일심의 세계이며, 인생은 업이 짜서 만든 무늬에 지나지 않는다'는 구절이 눈에 띄는데, 어쩌면 「법어」에서의 '실상은 무상'이라는 구절의 또 다른 표현으로도 여겨진다. 말하자면 중생들은 온갖 경험과 과오, 후회를 되풀이하며 살아가지만 실은 그런 결과를 초래할 수밖에 없는 삶의 방식을 반복하고 있는 것이다. 그러면서도 자기 앞에 놓인 행·불행에 마냥 웃기도 하고 슬퍼하기도 한다. 그러므로 스스로의 업을 참회하고 정화하고자 하는 반성이 있어야 한다는 것이 「대조사 법어」에 깃든 종교사상인 것이다.

■ 소 결 小結

　　상월원각대조사님의 종교사상을 살펴보고자 한 이 장에서는 먼저 대조사님 가르침의 성격에 대해 검토해 보았다. 대조사님은 평소 이론적 지식이나 추구하는 교학 탐구에 큰 흥미가 없었고 오히려 수행을 통한 성취에 깊은 관심이 있었는데, 그런 사실은 무사독행으로 평생 이렇다 할 스승을 모시지 않고 홀로 수행하신 사실에서도 발견된다. 그러므로 오랜 세월 국내외를 드넓게 편력하며 무수한 사람들을 만나 그들 삶의 모습을 관찰하며 당신 안에 축적해 온 인생과 세계에 대한 통찰이 대조사님 사상의 대부분을 형성하게 되었고, 그것을 가르치실 때 구태여 어려운 불교용어나 문구들을 동원할 필요가 없었다. 가르침의 구체적인 내용이 대부분 사람 사는 도리와 수행 및 실천이었고 그때 지녀야 할 마음가짐에 관한 것이기 때문이었다. 그러나 대조사님에게 그 어떤 사상적 체계가 존재하지 않았던 것은 아니다. 불교사상 일반과 법화·천태사상의 핵심에 대해 대조사님은 누구보다도 깊이 통찰하고 계셨던 것이다.

　　그런 사실은 이 장의 제1절 2항과 3항에서 밝혀지는데,『법어록』에서 단편적으로 발견되는 대조사님의 가르침은 불교의 근본교의인 연기와 공사상에 대한 깊은 이해가 바탕을 이루고 있다. 그러나 그것을 표현하는 방식은 주로 생활상의 용어를 자유자재로 사용하여 사람들이 이해하기 쉬운 것이었다. 또한 수행이나 계율, 자비에 관한 가르침도 마찬가지였다. 한편 천태종의 소의경전인 『법화경』 사상과 천태교의에 대해서도 깊이 통찰하고 계셨음을 알 수 있는데, 예를 들면 『법화경』의 회삼귀일의 교의를 실천적으로 펼치신 것이 새 불교운동 삼대지표 중 대중불교와 애국불교였으며 화법사교 중 원교의 정신을 계승한 것이 생활불교의 전개였다.

또한 「대조사 법어」를 통해서는 대조사님의 깨달음을 엿볼 수 있는데, '실상은 무상'이라는 판단은 여러 경전적 근거를 통해서 밝힌 것처럼 부처님만이 인지할 수 있는 공상空相의 발견이 대조사님 수행 중에 있었음을 알 수 있는 단서가 되기 때문이다. 그리고 「법어」의 문장 구조에는 공·가·중의 삼제가 원융한 형식도 발견된다. 따라서 평소 전문용어를 나열하며 교리적 이치를 어렵게 펴시지는 않았지만 대조사님의 가르침 중에는 이미 불교사상 전반에 대한 깊은 통찰이 내재되어 있었음을 부인할 수 없는 것이다.

제 9 장

맺음말

대한불교천태종의 창건조 상월원각대조사님의 생애와 사상을 고찰해 보고자 한 본서는 대조사님의 탄생에서부터 최초의 입산 백일기도와 출가·편력의 일생을 살펴보았으며, 이윽고 구인사 창건과 함께 소백산에 정착하시어 소규모 대중들과 더불어 피나는 수행에 매진하여 대각을 성취하시고 마침내 천태종 중창으로 당신의 염원이던 새 불교운동을 전개하신 과정에 대해서도 고찰해 보았다.

그런 가운데 대조사님께서 늘 대중들이 이해하기 쉬운 생활 속의 언어로 대기설법하신 가르침에는 불교의 근본교리에서부터 법화·천태사상의 진수에 이르기까지의 깊은 통찰이 내재되어 있음을 확인할 수 있었으며, 「대조사 법어」라는 불과 85자의 짧은 문장을 통해서는 대조사님께서 성취하신 깨달음이 무상정등정각無上正等正覺이었다는 사실과 더불어 그 안에 깃들어 있는 깊은 종교성을 추정해 볼 수 있었다.

다시 말해 「법어」는 '실상은 무상'이라는 인식론적 바탕 위에 '묘법은 무생'이라는 존재론적 판단으로 '연화는 무염'이라는 가치론을 피력하신 것으로, 처염상정處染常淨의 인생관이야말로 대조사님께서 피나는 수행을 통해 체득하셨을 뿐 아니라 모든 대중에게 열어 보이려 하신 근본적인 진리였던 것이다.

아무튼 본서를 통해 대조사님의 생애와 더불어 평생을 바쳐 헌신하신 새 불교운동과 그에 깃든 종교사상에 대해 종합적이고 본격적으로 논구해 보고자 했던 필자는 이 자리에서 천태종 중창 내지 대한불교천태종 창건의 불교적·사회적 의의와 더불어 천태종 새 불교운동의 향후과제에 대해 필자 나름의 견해를 피력함으로써 결론에 갈음하려 한다.

천태종 중창의 불교적·사회적 의의

조선시대 초기 왕권에 의해 조계종·총남종과 함께 선종으로 통합되면서 역사 속에서 그 이름이 사라졌던 천태종이 현대에 대한불교천태종으로 중창되었다고 하는 것은 단순히 천태종이라는 이름이 부활하였다는 것 이상의 의미를 지닌다. 먼저 오교五敎·구산九山이라 하여 교종敎宗과 선문禪門이 난립하며 상호비방과 우열논쟁에 더하여 정치세력 간의 암투에도 힘을 보태던 고려 불교계에 천태종을 개립하여 여러 종파를 통섭해 들임으로써 불교사상의 통일을 기도했을 뿐 아니라 교관敎觀의 겸수로써 선종과 교종의 편향적인 수행방식을 비판하고 올바른 승풍의 진작에 힘을 기울였던 대각국사 의천의 빛나는 전통을 계승하여 대조사님은 천태종을 중창하셨다. 그것은 각기 대한불교조계종과 한국불교조계종이라 하여 조계종이라는 이름으로 자신들의 정통성을 표방하며 물리적인 충돌마저 서슴지 않았던 비구·대처 간의 투쟁이 끝을 모르던 시절 오로지 '참되게 믿고 참되게 닦고 참되게 행하는 불교' 를 회복하기 위해 새 불교운동을 전개시키기 위한 방편이었다. 그러나 역사 속에 이미 사라진 종단을 다시 재건한다고 했지만, 사실 아무것 도 없는 바탕 위에서 새로운 종단을 건립한다는 것은 말처럼 쉬운 일이 아니었을 것이다. 거기에는 수많은 사상적·조직적·제도적 결단이 필 요했을 것이고, 당신의 피나는 수행을 통해 대각을 성취하신 대조사님 이었기에 가능한 일이었다고 하지 않을 수 없다. 이 절에서는 그 같은 대조사님의 새 불교운동이 지니는 불교적·사회적 의의에 대해 몇 가지 로 나누어 살펴보고자 한다.

첫 번째 대조사님은 초창기 구인사 대중생활에서도 뚜렷이 그 흔적이 보이듯 올바른 수행과 실천이 불교의 진수임을 확신하셨고 대중들에게 도 그런 사실을 각인시키셨다. 조선시대 이래 피폐해질 대로 피폐해진 재가자들의 불교신행은 관례적으로 기복신앙과 우상숭배에 가까운 개 인적 안심입명으로 전락해 있었고, 출가자들은 산속에 은둔하여 신도 들이 가져다주는 보시에나 의존하는 비생산적 행태를 노정露呈하고 있 었다. 따라서 출·재가를 막론하고 '스스로 기도하고 염불하며 온갖 악한 일을 하지 말고 착한 일을 하라'는 지극히 당연한 대조사님의 가 르침은 정확히 본래적인 불교정신의 회복을 주문하는 것이었다. 2,500 년 전통의 불교를 이야기하지만, 시대마다 부처님의 정신이 올바로 이 해되고 있었던 것은 아니다. 오히려 전통의 굴레에 갇혀서 당연한 사실이 왜곡되기도 하는 일은 비일비재했고 지금도 그런 사실은 여전하다. 결국 어느 시대건 종교는 늘 그 근원을 성찰해 보는 노력이 필요하고, 천태종의 새 불교운동은 그와 같은 부처님 근본정신의 회복이었던 것이다.

두 번째 대조사님의 혁혁한 공로 중 하나는 불교 역사상 최초로 진정한 대승종단을 이룩하셨다는 점이다. 전래의 중국이나 한국불교 전통종단들에서는 대승불교를 표방하면서도 소승계를 수지했던 데 반해 석가모니부처님 이래 십선업의 가르침을 출·재가 공통의 계율로 삼고 재가자들도 종회의원으로 받아들이는 등 재가신자들 역시 수행의 동반자 겸 종단운영의 동반자로 인정하신 것은 일찍이 어떤 시대에도 없었던 일이다. 고려대 철학과 교수 조성택趙性澤은 천태종과의 인터뷰에서 뒤에 조계종 종정을 역임하신 성철性徹 스님이 당시 심각하게 추락해 있던 승려들의 위엄을 드높인 봉암사鳳巖寺 결사結社가[127] 승풍을 개혁하여 한국불교의 위상을 바로잡기 위해서였지만, 그 방식은 대단히 복고적인 것이어서 오늘날에도 조계종 내에 비구와 비구니, 출가자와 재가자 간의 위계가 엄연히 존재하게 되는 원인으로 보고 있다. 반면에 승속불이僧俗不二를 천명한 대조사님의 대중불교는 시대를 크게 앞

---

127 1947년 10월부터 1950년 3월까지 당시 깊은 오지였던 문경 봉암사에 들어가 행한 출가승들의 집단수행을 말한다. 처음 성철 스님을 위시하여 4명으로 시작한 참가 대중이 나중에는 20명 가까이로 늘어났다고 하는데, 수행의 기강이 대단히 엄격했던 것으로 유명하며 그 참여자들은 이후 조계종의 중추적인 역할을 수행했다. 스님들이 재가신자에게 3배를 받기 시작한 것도 이때부터였다고 한다.

선 지도자적 판단으로 평가하고 있다. 실제로 천태종이 짧은 시간 안에 전국적인 조직을 갖추고 비약적인 발전을 거듭해 온 것도 재가신도들이 자발적으로 조직하고 자율적으로 운영해 온 각 지역 신도회의 노력에 의한 것이었음을 상기해 볼 필요가 있다.

세 번째는 시대를 읽고 시대적 요청에 부응하는 여러 방편으로 불교 본연의 정신을 되살리려 한 노력들에 관한 것이다. 예를 들면 아직까지도 수많은 불교의 수행법이 존재하고 수행자 본인의 근기에 맞는 수행법을 제대로 선택하여 정진하는 일은 대단히 중요하지만, 실제로 올바른 스승을 만나 수행의 구체적인 성과를 올린다는 것은 결코 말처럼 쉬운 일이 아니다. 그런데 대조사님께서는 당신의 수행을 발판으로 관음주송이라는 수행법을 가르침으로써 대중들이 비교적 쉽게 수행의 공덕을 성취할 수 있었다. 지금까지도 출가자는 물론이고 무수한 천태종의 재가신자들이 스스로의 자발적인 의지로 저녁마다 장소에 상관없이 여건이 허락하는 한 관음주송 수행으로 밤을 새우는 것은 그들 나름의 구체적인 성취가 있었기 때문이다. 마찬가지로 대조사님께서 시행하신 새로운 제도들은 늘 그 정신을 계승하되 막연히 과거의 관행을 답습하는 것은 아니었다. 재가자도 참여하는 안거安居라든가 비구·비구니의 복색을 현실화하고 부분적으로 육식과 농주農酒를 허용한 것, 신도들의 접근이 쉬운 도심지에 한국 전래의 미학을 계승하되 콘크리트 구조로 대형화한 사찰 건축 등 이루 헤아릴 수 없는 천태종 불교개혁의 지향점에는 근본정신을 추구하면서도 시대적 상황을 감안한 대조사님의 혜안이 깃들어 있는 것이다.

이상이 대한불교천태종 창건의 불교적 의의라고 하겠지만, 마찬가지의 예를 애국불교에서도 찾을 수 있다. 말하자면 1948년 대한민국 정부 수립으로 말미암아 새롭게 도래한 주권재민의 민주사회에서 당연한 시민의 권리이자 의무인 애국 역시 불교종단의 책무임을 천명하셨다. 사실 이제까지 불교의 대사회적 관행들은 주로 전제왕권국가 시절에 성립된 것으로서 현실에 대응하기에 지나치게 복고적인 부분들이 많았다. 물론 대조사님께서 말씀하신 애국도 앞에서 거론했던 것처럼 전체주의나 국가주의로 왜곡될 수 있는 애국이어서는 안 된다. 그렇기 때문에 대조사님도 '정치와 종교가 수레의 두 바퀴와 같은 것이어서 종교인도 정치에 무관심하면 안 된다'고 가르치셨고, 애국불교의 구체적 항목으로 제시하셨던 것 역시 국민도의, 사회정화, 복지사회, 민족중흥 등 모든 국민이 도덕적·문화적으로 윤택한 가운데 정의롭고 평화로운 세상이었다. 다시 말해 불교가 비구·대처 간의 분쟁 등으로 사회적 역할을 못하고 대중들의 외면을 받던 시절 민둥산에 나무를 심고 도로와 생산시설을 확충하며 시가지에서의 제등행렬과 전국 규모의 청년체육대회를 개최하는 등 종단의 적극적인 대사회사업을 표방하신 것이었다. 그리고 그런 가르침은 본서의 제7장 제3절의 3항에서 살펴보았듯 오늘날에도 다양한 방식으로 수행되고 있다. 그러므로 1949년부터 기독탄신일이 공휴일로 제정되어 있었으나 석가탄신일은 1975년에야 용인된 것이나 1950년에 시작되었던 기독교계 군종제도가 불교계는 1968년이 되어서 시행되는 등 국가적인 차원에서도 그 차별이 현저했던 불교의 사회적 위상이 오늘날에는 현격하게 달라져 있는 것을 절감할 수 있다. 이 점은 물론 천태종만의 독자적인 노력으로 이룩된 것은 아니라 할지라도 대조사님의 선견지명을 새삼 깨닫게 되는 그야말로 천태종 중창이 지니는 대표적인 사회적 의의라고 할 수 있는 것이다.

제2절

천태종 새 불교운동의 향후 과제

그러나 대한불교천태종의 새 불교운동이 완료된 것은 아니다. 그것은 잘 알려져 있는 『화엄경』「보현행원품」의 다음 구절처럼 앞으로도 영원히 계속되어야 할 과제일 것이다.

낱낱의 부처님 계신 곳 모두에 미처 다 설할 수 없는 극미진수極微盡數의 몸을 나타내어 낱낱의 몸으로 미처 다 설할 수 없는 극미진수의 부처님께 두루 예배하되, 허공계虛空界가 다하면 나의 예배도 다하겠지만, 허공계가 다하지 않기 때문에 나의 이 예경은 다하지 않을 것이다. 이와 같이 중생계衆生界가 다하고 중생의 업이 다하고 중생의 번뇌가 다하면 나의 예배도 다하겠지만, 중생계 내지 번뇌가 다하지 않기 때문에 나의 예경도 다하지 않는

다.[128]

앞에서 밝힌 대로 대한불교천태종의 창종은 진정한 대승교단의 설립이었고, 따라서 천태종 종도들의 새 불교운동은 한마디로 말해서 세세생생 노력해 나가야 할 보살행菩薩行 그 자체이다. 평소 대조사님께서는 "여느 종단과 같이 기존 불교를 하려고 했다면 결코 새로 종단을 만들지 않았을 것"이라고 누차 강조하셨다. 새 종단 창종에 임하는 불교혁신과 쇄신에 대한 확고한 의지를 엿볼 수 있는 대목이다. 그러므로 이 자리에서는 대조사님께서 의도하셨던 것으로 생각되는 새로운 종단의 모습을 토대로 천태종 새 불교운동이 앞으로도 꾸준히 지속되기 위한 향후 과제들에 대해 논의해 보고자 한다.

먼저 첫째로 들 수 있는 것은 대한불교천태종의 정체성을 확실히 하는 것이다. 대조사님은 천태종 중창을 선언하며 새 불교운동을 천명하였는데, 그것은 새 시대에 걸맞은 실질적인 불교신행의 길이었다. 특별히는 고려 천태종의 전례를 들어 당시의 파종시폐派宗時弊를 시정하고 진정한 불교정신을 회복하여 수행의 전통을 세우고자 한 것이지만, 그것이 천태종이라는 이름으로 지나간 시대 지나치게 철학적이고 이론 중

---

128 이같이 자신들의 법통을 주장할 수 있었던 것도 그나마 사자상승(師資相承)의 법맥이 뚜렷했던 일부 선가(禪家)의 입장이었고, 대부분의 나머지 종파들은 조선시대를 거치면서 이렇다 할 전등(傳燈)의 기록 없이 자연도태되고 있었다.

심적인 중국 천태종의 교학사상과 번잡한 종교의례 모두를 되살리려 한 것은 아니었다. 대조사님의 가르침을 통해 분명히 확인할 수 있는 바는 있는 그대로의 현실 속에서 실사구시實事求是로 실현해 낼 수 있는 자명한 진리였다. 그런 사실은 '바른 마음과 바른 생각을 가지고 생활하면 모두가 다 바로 된다'는 말씀에서도 확인할 수 있다. 필자는 앞에서 「대조사 교시문」에 등장하는 '인간 즉 불타' '생활 즉 불법' '사회 즉 승가'가 천태교의의 화법사교化法四敎 중 원교圓敎의 정신에 의한 것이었다고 지적했지만, 실제 천태대사의 설명에 의한 원교의 해석은 대단히 사변적이고 현학적이기 그지없다. 왜냐하면 흔히 남삼북칠南三北七이라고 해서 수많은 학파가 난립하여 제각각의 교학적 주장들을 설파하던 남북조南北朝 당시 다른 종파들의 여러 학설들을 아우르며 천태종만의 사상적 특장을 명료히 할 필요가 있었기 때문이며, 천태교학의 다른 이론들도 대부분 마찬가지였다. 그러나 지금의 교학적 환경은 다르다. 오히려 근대 불교학에서 밝히는 불교사상의 역사적 발전 과정에도 관심을 기울여야 하며, 무엇보다도 석가모니부처님의 근본정신으로 돌아가는 것이 시급하다. 그러므로 대조사님께서도 『천태종성전』에서 지적하셨던 것처럼 지나치게 이성적으로 이론만을 추구하려는 전수불교專修佛敎의 폐해를 넘어서는 올바른 수행과 교학 연찬의 전통을 바로 세우는 것이 절실하다.

둘째, 전통을 계승하는 태도에 관해서이다. 본서의 여러 부분을 통해서도 드러났듯이 대조사님은 불교와 우리 민족 전통의 계승에 많은 힘을 기울였지만, 그것은 어디까지나 그것에 깃든 참된 정신을 되살리려 했던 것이지 결코 구습을 답습하고자 한 것이 아니었다. 앞으로의 시대에 대조사님의 유지를 잇는 것 역시 마찬가지여야 한다고 생각된다. 대조사님께서 창안하신 것이라 무조건 계승해야 하는 수구적인 태도로만 일관하다가는 제도가 되었든 조직이 되었든 그 자체가 관습화된 구태가 되는 일도 없지 않을 것이다. 이 점이 우리가 대조사님의 행장과 업적, 사상을 앞으로도 더욱 면밀히 연구해야 할 이유로서, 그것이 천태종을 늘 시대에 걸맞은 모습으로 영원히 역사 속에 존속시킬 수 있는 길이 될 것이다. 말하자면 대조사님의 가르침 역시 그 가리키는 곳을 볼 수 있어야지 손가락 끝만 보아서는 안 된다는 것이다. 이 점 역시 천태종도들 모두의 적극적이고 진지한 수행정진의 태도를 꾸준히 요구하고 있다는 사실을 명심해야 한다. 대조사님의 가르침에 따르면 수행만이 우리를 참다운 지혜의 길로 이끌 수 있기 때문이다.

셋째, 천태종 중창의 큰 줄기를 이루는 것은 재가신자들의 자발적이고 자치적인 노력에 있었음을 명심하고, 그 같은 출·재가의 합심과 협력이 오늘날과 같은 전국적 종단을 이룰 수 있었다는 사실을 잊지 말아야 한다. 석가모니부처님 이래 출가자의 사회적 직분은 수행자이지 결코 타 종교에서와 같은 성직자聖職者가 아니다. 성직자란 과거 바라문교의 사제계급처럼 일반 민중을 대신해서 신에게 제사 지내는 특권층을 의미한다. 따라서 천태종의 스님들은 비록 소임에 따라 말사와 신도들을 관장하는 역할을 할지라도 늘 재가신자들을 도반으로 받아들일 수 있어야 하며 결코 그들을 자신의 의지대로 지시하려 해서는 안된다. 사실 종단에서 출가자의 역할이 막중한 것은 물론이고 오늘날 모든 종교지도자들에게 엄격한 윤리적 잣대가 필요하다는 점은 대조사님께서 늘 입버릇처럼 '중이 아니면 지옥이 안 찬다'고 경계하셨던 말씀에서도 확인할 수 있다. 또한 다른 측면에서 대조사님께서는 출·재가를 막론하고 당신의 제자로 받아들여 도첩을 수여하신 사실을 상기할 필요가 있다. 그러므로 유능한 재가신자들을 발굴하고 그들의 자발적인 활동을 적극 지원할 수 있도록 출가자 교육에서도 배려가 있어야 한다. 예를 들면 조직이론이라든가 경영관리, 정치학과 사회학 등의 과목들도 향후 승려교육의 교과과정에 편제할 필요가 있다고 생각되는 것이다.

조선시대 내내 그 기조가 유지된 억불정책의 영향으로 구한말 이후까지 불교의 위상은 실로 피폐하기 이를 데 없었다. 따라서 불교가 본래 지니고 있던 풍부한 사상성과 문화적 우수성에도 불구하고 저변의 신행생활은 민간신앙 중 하나 정도로 크게 위축되어 있는 현실에서, 상월원각대조사님이 창종한 대한불교천태종은 새로운 교단의 모습을 제시하게 된다.

대조사님은 스스로 최초의 백일기도 이후 출가하여 국내외 명산대찰들을 순례하며 무사독행無師獨行으로 수행에 매진하였으며, 종단 중창 이후 관음염송으로 수행법을 통일하고 십선계를 출·재가 모두의 계율로 삼아 재가자도 스스로 수행에 동참하는 안거제도를 마련하는 등 일찍이 한국불교계에 없었던 재가불자들의 신행 모델을 정립하였다. 그 밖에 일련의 천태종에서 일어난 다양한 종교운동의 양상은 모두 기존의 불교계가 승려 중심으로 관습화되어 있었던 구태로부터 탈피하기 위한 혁신적 방편이었다. 이 같은 종교적 대중운동의 목표 내지 원리로서 제시된 '새 불교운동 삼대지표'는 말하자면 당시 불교계에 요청되던 시대적 소명에 대한 부응이었던 것이다. 대조사님은 언제나 전통을 계승하되 그 참된 정신을 시대적 상황에 적합하게 개선하여 적용함으로써 새 불교운동은 시의성을 지니게 된 것이다. 따라서 필자가 세 가지 향후 과제를 들긴 하였으나 천태종도들이 이어 가야 할 새 불교운동이란, 전통을 계승하면서도 구태에 얽매이지 않고, 시대적 요구에 부응하여 유연한 사고력을 발휘할 줄 알아야 하며, 그것이 결과적으로 자리이타를 실천하고 사회와 국가에도 이익이 되는 보살행으로 귀결되어야 한다는 것이다.

이는 결국 수행을 통한 개인의 쇄신이 바탕이 되어야 한다. 상월원각 대조사님은 "이 세계는 일심의 세계이며, 인생은 업이 짜서 만든 무늬에 지나지 않는다"고 말씀하신 바 있다. 이것은 '실상은 무상'이라는 구절의 또 다른 표현으로서, 말하자면 중생들은 온갖 경험과 과오, 후회를 되풀이하며 살아가지만 실은 그런 결과를 초래할 수밖에 없는 삶의 방식을 반복하고 있다. 그러므로 스스로의 업을 참회하고 맑게 하고자 하는 반성이 있어야 한다는 것이다.

대조사님의 삶과 수행, 대한불교천태종 창종의 시대적 배경과 발전 과정을 돌이켜 살펴보는 까닭이 바로 여기에 있다고 할 수 있다. 대조사님의 애민심과 대자비의 발로가 무엇이었는지 이해하고, 불퇴전의 수행정신과 그 가르침을 지남指南으로 하여 나아가 중생을 견성의 길로 이끄는 대지혜인, 대자유인으로 거듭나야 할 불제자의 역할이 대조사님의 삶과 수행의 여정에 고스란히 담겨 있기 때문이다. 이것이 개인으로부터 출발하는 새 불교운동의 첫걸음이요, 천태종지 실현의 커다란 한 걸음이 될 것이다.

참고문헌

참고문헌

원전류

『大般涅槃經』, 大正藏 1.

『長阿含經』, 大正藏 1.

『雜阿含經』, 大正藏 2.

『大乘本生心地觀經』, 大正藏 3.

『摩訶般若波羅蜜經』, 大正藏 8.

『金剛般若波羅蜜經』, 大正藏 8.

『般若波羅蜜多心經』, 大正藏 8.

『妙法蓮華經』, 大正藏 9.

『大方廣佛華嚴經』, 佛馱跋陀羅 譯, 大正藏 9.

『大方廣佛華嚴經』, 般若 譯, 大正藏 10.

『佛說大般泥洹經』, 大正藏 12.

『維摩詰所說經』, 大正藏 14.

『佛說七俱胝佛母准提陀羅尼經』, 大正藏 20.

『四分僧戒本』, 大正藏 22.

『大智度論』, 大正藏 25.

『中論』, 大正藏 30.

『大乘起信論』, 大正藏 32.

『敕修百丈清規』, 大正藏 48.

『禪家龜鑑』, 卍續藏 63.

『太宗實錄』

『世宗實錄』

단행본

- 김경집, 『한국근대불교사』, 서울 : 경서원, 2000.
- 김구, 도진순 주해, 『백범일지』, 파주 : 돌베개, 2002.
- 김의숙, 『구인사의 달』, 서울 : 북스힐, 1999.
- 남대충 말씀, 조명기 쓰심, 『上月圓覺大祖師 悟道記略』, 단양 : 대한불교천태종 총무원, 1987.
- 대한불교천태종 총무원, 『믿음으로피운 연꽃』, 서울 : 도서출판 열린불교, 1997.
- 박형철, 『法門의 理解 - 上月大祖師 法語·敎示文이 지닌 뜻』, 단양 : 대한불교 천태종 총무원, 2000.
- 박형철, 『上月祖師와 天台宗』, 1981.
- 박형철, 『신앙의 바른 길』, 서울 : 선문출판사, 1993.
- 박희승, 『이제 승려의 입성을 許함이 어떨는지요』, 서울 : 들녘, 1999.
- 岸本英夫, 박인재 역, 『종교학』, 서울 : 김영사, 1983.
- 영산 홍파, 『바람 따라 물결 이네』, 서울 : 도서출판 범성, 2013.
- 원각불교사상연구원 편, 『韓國天台宗史』, 서울 : 대한불교천태종출판부, 2010.
- 원각불교사상연구원 편, 『상월대조사』, 서울 : 대한불교천태종출판부, 2013.
- 이봉춘, 『조선시대 불교사 연구』, 서울 : 민족사, 2015.
- 이창숙, 『불교의 여성성불사상』, 고양 : 인북스, 2015.
- 조성택, 『불교와 불교학』, 파주 : 돌베개, 2012.
- 天台 智顗, 김세운 역, 『定本 天台小止觀』, 서울 : 도서출판 대각, 2007.
- 천태종, 『大韓佛敎天台宗宗憲』, 단양 : 대한불교천태종총무원, 1978.
- 천태종교전간행위원회, 『不滅의 燈明 - 천태종중창조 상월원각대조사일대기』, 단양 : 대한불교천태종 총무원, 2000.
- 천태종교전간행위원회, 『法語錄 - 上月圓覺大祖師 말씀』, 단양 : 대한불교천태종 총무원, 2000.
- 천태종 교화원, 『佛敎布敎集』, 단양 : 대한불교천태종, 1982.

- 천태종 총본산 구인사 편저, 『天台宗略典』 재판, 제천 : 신흥출판사, 1975.
- 天台宗大覺佛敎, 『開宗理念과 敎旨要綱』
- 天台宗大覺佛敎, 『信徒會規約憲章』
- 천태종성전편찬회, 『天台宗聖典』, 단양 : 대한불교천태종, 1971.
- 천태학연구회, 『天台宗統紀』, 단양 : 대한불교천태종, 1983.
- 최동순, 『처처에 백련 피우리라』, 서울 : 운주사, 2009.
- 카츠라 쇼류 외, 권서용 역, 『불교 인식론과 논리학』, 서울 : 운주사, 2014.
- DJ. 칼루파하나 저, 김종욱 역, 『불교철학의 역사』, 서울 : 운주사, 2008.
- 폴 윌리엄스 · 앤서니 트라이브, 안성두 역, 『인도불교사상』, 서울 : 도서출판 씨아이알, 2013
- 한용운, 이원섭 역, 『조선불교유신론』, 서울 : 운주사, 2007.
- 한자경, 『명상의 철학적 기초』, 서울 : 이화여자대학교출판부, 2008.
- 生松敬三 · 木田元 · 伊東俊太郎 · 岩田靖夫編, 『西洋哲學史の基礎知識』, 東京 : 有斐閣, 1977.

논문

- 강돈구, 「대한불교천태종의 정체성 형성과정」, 『신종교연구』 제31집, 신종교학회, 2014.
- 강문선慧源, 「근대화에 따른 동아시아 사원규범의 변화 - 선종계를 중심으로」, 『불교학보』 제55집, 동국대 불교학술원, 2010.
- 고병철, 「대한불교천태종의 의례와 신앙」, 『종교연구』 73집, 한국종교학회, 2013.
- 최동순, 「대한불교천태종의 종교 정체성과 수행」, 『정신문화연구』 제37권 4호, 한국학중앙연구원, 2014.
- 고우익, 「천태종 안거제도의 특징과 수행 - 재가 신도 안거 수행을 중심으로」, 『천태학연구』 제15집, 원각불교사상연구원, 2012.

- 최동순, 「상월원각대조사의 신이세계」, 『천태학연구』 제16집, 원각불교사상연구원, 2013.
- 권기종, 「새 불교운동으로서의 대중불교」, 『천태학연구』 제12집, 원각불교사상연구원, 2009.
- 최동순, 「백만 번 관세음보살 칭명수행에 대하여」, 『천태학연구』 제13집, 원각불교사상연구원, 2010.
- 최동순, 「한국불교에 있어서 계율의 문제」, 『천태학연구』 제15집, 원각불교사상연구원, 2012.
- 최동순, 「小白山 救仁寺와 上月大祖師」, 『천태학연구』 제18집, 천태불교문화연구원, 2015.
- 김경집, 「이영재의 불교혁신사상 연구」, 『한국불교학』 제20집, 한국불교학회, 1995.
- 최동순, 「日帝下 寺法에 관한 연구」, 『한국불교학』 제49집, 한국불교학회, 2007.
- 김광식, 「백용성의 불교개혁과 대각교운동」, 『대각사상』 제3호, 대각사상연구원, 2000.
- 최동순, 「한국 현대불교와 정화운동」, 『대각사상』 제7호, 대각사상연구원, 2004.
- 최동순, 「1945~1980년 간의 불교와 국가권력」, 『불교학보』 제58집, 동국대 불교학술원, 2011.
- 김상현, 「애국불교의 이념과 성격 - 호국불교와 구국불교를 비교하면서」, 『천태학연구』 제12집, 원각불교사상연구원, 2009.
- 김상현, 「上月圓覺의 佛敎改革思想」, 원각불교사상연구원 편, 『미래세계와 불교』, 서울 : 대한불교천태종 출판부, 2011.
- 김세운, 「상월 조사의 생애와 교화 방편」, 『한국선학』 제15호, 한국선학회, 2006.
- 최동순, 「한국천태종의 애국불교사상」, 『천태학연구』 제12집, 원각불교사상연구원, 2009.
- 최동순, 「천태종의 사원관리와 운영」, 『천태학연구』 제13집, 원각불교사상연구원,

2010.

- 최동순, 「한국 천태종의 염불수행 전통과 그 계승」, 『한국선학』 제30호, 한국선학회, 2011.
- 최동순, 「불교수행의 새로운 지평」, 원각불교사상연구원 편, 『미래세계와 불교』, 서울 : 대한불교천태종 출판부, 2011.
- 최동순, 「한국 천태종의 교육이념과 교육현황」, 『천태학연구』 제14집, 원각불교사상연구원, 2011.
- 최동순, 「천태종 안거 100회, 수행 전통과 나아갈 길 - 회고와 전망」, 『천태학연구』 제15집, 원각불교사상연구원, 2012.
- 최동순, 「상월원각대조사의 수행관」, 『천태학연구』 제16집, 원각불교사상연구원, 2013.
- 김세운, 「구인사의 수행종풍과 문화」, 『천태학연구』 제18집, 천태불교문화연구원, 2015.
- 김영주세운, 「대한불교천태종 관음염송 수행의 실제」, 『한국선학』 제41호, 한국선학회, 2015.
- 김순석, 「한국 근현대사에서 호국불교의 재검토 - 역사적 사례와 이론」, 『대각사상』 제17호, 대각사상연구원, 2012.
- 김영태, 「근대불교의 종통 종영」, 불교사학회 편, 『근대한국불교사론』, 서울 : 민족사, 1988.
- 김용표, 「대중불교와 염불신앙」, 『천태학연구』 제14집, 원각불교사상연구원, 2011.
- 최동순, 「상월원각대조사의 불교혁신관」, 『천태학연구』 제16집, 원각불교사상연구원, 2013.
- 김응철, 「천태대사와 상월조사의 교화사상 및 방법 비교 연구」, 상월원각대조사 탄신 100주년 기념 불학논총 2, 『믿음과 수행』, 서울 : 대한불교천태종 출판부, 2011.

- 김재영, 「심리적 종교심리학의 회심이론」, 『종교연구』 33집, 한국종교학회, 2003.
- 김학주·임정원, 「불교사회복지의 현황 및 과제 - 조계종과 천태종을 중심으로」, 『한국교수불자연합학회지』 제17권 제2호, 한국교수불자연합회, 2011.
- 김훈, 「대한불교천태종의 종교교육에 대한 고찰」, 『신종교연구』 제24집, 신종교학회, 2011.
- 박경훈, 「근세불교의 연구」, 불교사학회 편, 『근대한국불교사론』, 서울 : 민족사, 1988.
- 서재영, 「승려의 입성금지 해제와 근대불교의 전개」, 『불교학보』 제45집, 동국대 불교학술원, 2006.
- 석길암, 「현대 천태종에 있어서 '신앙과 수행전통'의 형성과 의미」, 상월원각대조사 탄신 100주년 기념 불학논총2, 『믿음과 수행』, 서울 : 대한불교천태종 출판부, 2011.
- 손성필, 「조선시대 승려 賤人身分說의 재검토」, 『보조사상』 제40집, 보조사상연구소, 2013.
- 양은용, 「생명·영성의 문제와 불교」, 『원불교사상과 종교문화』 제39집, 원불교사상연구원, 2008.
- 양은용, 「근대한국의 종교와 역사인식 - 한국 자생 신종교의 개벽사관을 중심으로」, 『신종교연구』 제33집, 신종교학회, 2015.
- 원의범, 「相無相實相」, 천태종전운덕총무원장화갑기념논총간행위원회, 『불교학논총』, 단양 : 대한불교천태종, 1999.
- 윤용복, 「대한불교천태종의 역사와 특성」, 강돈구·윤용복·조현범·송현동·고병철, 『한국 종교교단 연구Ⅱ』, 성남 : 한국학중앙연구원, 2007.
- 이광도, 「上月圓覺大祖師 法語의 體系에 관한 硏究」, 상월원각대조사 탄신 100주년 기념 불학논총 2, 『믿음과 수행』, 서울 : 대한불교천태종 출판부, 2011.
- 이봉춘, 「근세 천태종의 전개와 동향」, 『천태학연구』 제1집, 천태불교문화연구원, 1998.

- 최동순, 「천태종 중창의 역사적 의의」, 『천태학연구』 제5집, 천태불교문화연구원, 2003.
- 최동순, 「미래사회와 한국 천태종」, 원각불교사상연구원 편, 『미래세계와 불교』, 서울 : 대한불교천태종 출판부, 2011.
- 이혜숙, 「불교종단 교역자 수행생활 기초보장에 관한 고찰」, 『선문화연구』 제11집, 한국불교선리연구원, 2011.
- 이효원, 「차안의 구원론과 주문 중심주의 - 천태종 관음신앙의 현대적 종교성」, 『종교연구』 33집, 한국종교학회, 2003.
- 임영창, 「상월화상의 한국불교사의 위상」, 천태종전운덕총무원장화갑기념논총간행위원회, 『불교학 논총』, 단양 : 대한불교천태종, 1999.
- 정병조, 「생활불교의 이념과 실천」, 『천태학연구』 제12집, 원각불교사상연구원, 2009.
- 정원용, 「근대한국불교에 있어서 혁신운동의 이념과 전개 - 일제강점기를 중심으로」, 『한국불교학』 제43집, 한국불교학회, 2005.
- 조용헌, 「楞嚴經 修行法의 韓國的 受容 - 耳根圓通의 性命雙修를 중심으로」, 원광대 대학원 박사학위논문, 2001.
- 지창규, 「불교교의의 천태해석과 원융사상의 구현 - 21세기, 불국정토 실현을 위한 천태종단의 역할」, 『천태학연구』 제11집, 원각불교사상연구원, 2008.
- 최동순, 「천태지관과 관음주송 - 천태지관의 특성으로 모색한 관음주송의 발전방안」, 『천태학연구』 제13집, 원각불교사상연구원, 2010.
- 최기표, 「상월원각 대조사의 생애와 업적」, 『천태학연구』 제5집, 천태불교문화연구원, 2003.
- 최동순, 「천태종의 관음주송과 그 이론적 토대」, 『동아시아불교문화』 제3집, 동아시아불교문화학회, 2009.
- 최동순, 「관음주송의 수행 원리」, 상월원각대조사 탄신 100주년 기념 불학논총 2, 『믿음과 수행』, 서울 : 대한불교천태종 출판부, 2011.

- 최동순, 「상월원각대조사의 계율관」, 『천태학연구』 제16집, 원각불교사상연구원, 2013.
- 최동순, 「上月祖師의 생애에 나타난 수행관」, 『한국선학』 제5호, 한국선학회, 2003.
- 최동순, 「현대 한국 천태종의 수행 구조와 원융삼제의 적용」, 『한국불교학』 제37집, 한국불교학회, 2004.
- 최동순, 「상월조사 행적에 대한 법화사상의 적용」, 『한국선학』 제20호, 한국선학회, 2008.
- 최동순, 「상월조사 행장 발굴과 연보 정정」, 『한국불교학』 제54집, 한국불교학회, 2009.
- 최동순, 「천태종의 관음 칭명 수행 원리 - 요세 비명의 '當處現前'과 그 배경탐구」, 『한국선학 제34호, 한국선학회, 2013.
- 황상준, 「대한불교천태종의 관음신앙 연구」, 『천태학연구』 제16집, 원각불교사상연구원, 2013.
- 한보광, 「念佛禪이란 무엇인가」, 『불교연구』 10권, 한국불교연구원, 1993.
- 한태식, 「念佛의 實踐方法에 關한 硏究」, 『한국불교학』 제11집, 한국불교학회, 1986.

부록

믿음을 일으키는 글

1. 영험靈驗의 원력,
　　교화의 방편方便

　　오늘날 천태종도들에게 있어 불교 수행의 모태는 석가모니부처님의 가르침이요, 방편의 큰 축은 관음신앙이라 할 수 있을 것이다. 그렇다면 수행의 길에서 제일의 이정표는 상월원각대조사님이라고 해도 과언이 아니다. 배불숭유의 조선시대를 지나 질서와 교의를 상실해 간 구한말까지 이어진 어려운 상황 속에서 당신의 수행을 바탕으로 한 깨달음과 선견지명, 높은 법력과 지도력으로 종단을 다시 일으킨 대조사님은 그 자체로 중생 교화의 원동력이 되었다.

　　그러나 발심하여 종교에 귀의하고 일상을 수행처럼 살아가는 근기는 해가 가면 나이가 차듯 자연히 얻어지는 것이 아닐뿐더러, 세속의 풍파와 마주해야 하는 하근기의 중생들에게는 끊임없이 수행을 독려하고 나태를 꼬집는 날카로운 죽비가 필요한 법이다. 혹은 누구나 경험하기를 원하지만 아무나 경험할 수 없는 불보살의 가피를 입는 일이 또한 죽비가 되기도 한다.

불가에서는 육신통六神通이라 하여 수행을 통해 얻어지는 무애자재하고 초월적인 능력을 인정한다. 육신통은 생각하는 곳이면 어디든 갈 수 있는 신족통神足通, 거리와 관계없이 세상의 무엇이든 볼 수 있는 천안통天眼通, 보통사람이 들을 수 없는 세간의 모든 소리를 듣는 천이통天耳通, 타인의 마음을 읽는 타심통他心通, 자신과 다른 사람의 과거와 그 생존의 상태를 모두 아는 숙명통宿命通, 번뇌를 모두 끊어 다시는 미혹의 세계에 태어나지 않는 누진통漏盡通의 여섯 가지를 말한다. 우란분절의 유래가 된 목련존자가 신통력으로 지옥에 떨어진 어머니를 구제한 일화는 너무도 유명하다. 그뿐만 아니라 부처님의 탄생 일화부터 열반에 이르기까지 부처님이 중생을 교화하는 과정에서 일어난 수많은 신비로운 이야기들도 부처님의 신통력을 기반으로 하고 있다.

불교 교단 성립 이래 교단 내에 법력이 높은 이들을 중심으로 신통력을 가진 수행자는 많았으나, 부처님은 불필요한 신통의 사용을 금하였으며, 오늘날까지도 일반적으로 신통력은 수행의 부산물로 여길 뿐, 그것이 수행의 중심이 될 수 없으며 신통을 얻는 데 집착하여 도를 닦으면 삿된 길로 빠지게 된다는 것은 주지하는 사실이다. 자칫 부처님을 지나치게 초월적인 존재로 인식하게 하거나 신비한 주술적인 요소를 가미하여 흥미를 돋우게도 하지만, 자세히 들여다보면 모두 중생구제와 교화의 방편으로서 행해진 일들로, 지극한 신심과 정진이 가져오는 가피 공덕이 어떠한 것인지를 깨닫게 하는 큰 교훈이 담겨 있다.

진나라 서의는 교육인으로 어려서부터 불법을 믿더니 부견상서가 되었다. 어느 날 병난이 일어나 적에게 붙들려 두 발은 땅 속에 파묻고 머리는 풀어 나무에 매어 놓은 채 병사가 명령을 기다리며 서의를 지키고 있었다.

붙잡힌 서의는 달리 방도도 없어 관세음보살을 염창하다가 깜박 잠이 들었는데 꿈에 어떤 거룩한 이가 나타나, "지금이 어느 때라고 잠을 자느냐?"며 호통을 쳤다. 깜짝 놀라 깨어 보니 파수병이 지쳐 졸고 있었다. 몸을 움직여 보니 홀연히 머리가 풀리고 다리도 자유로운지라 급히 수백 보를 달려 수풀 속에 숨었다.

얼마 후 병사가 깨어 횃불을 들고 찾아다녔으나 결국 찾지 못했고, 날이 밝자 적은 달아나고 서의는 그 후 절로 들어가 난을 피했다.

『관음영험록』

중국 오나라 사람 육순은 『법화경』 한 부를 독송하였고, 채식하면서 오랫동안 재계하였다. 대업 2년(신라 진평왕 29, 607) 5월에 병이 들어 위독한 상태에서 10여 일을 지나더니, 그 후부터는 나흘 낮밤을 반듯하게 누워서 천장을 보며 잠시도 눈을 돌리지 않았다.

친구인 예叡 스님이 와서 육순에게 물었다.

"어디를 그렇게 보고 있는가?"

"부처님께서 나에게 염마천에 태어날 것이라고 수기授記하셨으므로, 지금 염마천의 대궐과 전각, 숲과 성벽, 천인들을 보고 있는 중이네. 그곳을 보면 아름다운 음악이 연주되어 싫증을 느낄 수 없다네."

육순은 나흘 후에 세상을 떠났다.

『법화염험전』

불가에는 이와 같은 이적이 일어났다는 셀 수 없이 많은 일화들이 전해 내려온다. 이는 비단 오랜 옛날 있었던 전설과도 같이 여겨지는 일에 불과한 것이 아니라, 가까운 과거에도 실재했고 또 오늘날에도 종종 일어나고, 경험하고, 접하게 되는 일이다. 믿는 대로 이루어지고 기대하는 대로 성취되는 징후가 드러나 보이는 종교적 신비체험을 두고 불보살의 가피가 실현된 영험靈驗이라고 한다. 가피와 영험은 실재實在하는 것으로, 이를 맹목적으로 추구하거나 기대해서는 안 되지만 신심을 증장하고 수행력을 기르는 방편으로서 귀 기울일 필요가 있다. 이 같은 영험은 지금도 수행 정진을 이어 가고 있는 많은 불자들이 적지 않게 경험하는 일이다. 고래로 구전되거나 경전의 형태로 엮여 내려오는 신이한 영험담은 비단 우리나라뿐만 아니라 불교를 받아들인 이웃나라에서도 공통적으로 발견된다.

관음신앙을 주력으로 하는 천태종도들이 관세음보살님의 가피를 경험했다거나 상월원각대조사님의 이적을 경험했다는 일화는 어렵지 않게 전해들을 수 있다. 여러 일화에서 알 수 있듯 상월원각대조사님 또한 수행 끝에 대각을 성취하시고 그 과정에서 얻은 신통력을 중생구제와 교화를 위해 십분 활용하신 바 있다. 당신의 수행이 완성되지 않았다고 판단하여 신이행을 중단하고 산사로 돌아가기까지 필요한 곳에 적절한 이적을 행하셨다. 대조사님의 가피로 역경을 이겨 낸 불자들의 사례는 물론 종단의 앞날과 불교의 미래를 예측하신 일도 일일이 꼽을 수 없을 정도이다. 이는 보살행이요 교화의 실천이었다. 1997년 대한불교천태종 총무원은 천태종도들의 이와 같은 체험담을 엮어 『믿음으로 피운 연꽃』, 『내가 만난 관세음보살』 총 두 권의 신행수기모음집을 출간한 바 있다.

 이 같은 영험담을 불교를 이해하지 못하는 범인들은 그저 신비하고 주술적인 에피소드 정도로 여기거나, 불자이면서도 그 안에 스며 있는 가르침의 깊이를 이해하지 못하고 재밌는 이야기 정도로 듣고 지나가는 경우가 왕왕 있다. 그러나 이는 모두 실제 경험을 기술한 것들이다. 마침 운이 좋아 어떠한 가피가 없어도 잘 해결되었을 일이었다거나, 주위 조력자들의 공력이 완성한 일이었다고 말할 수도 있겠으나, 이들 모두 아무래도 불가능해 보이는 어떤 일들이 말 그대로 기적처럼 전환을 맞이하였다고 한목소리를 내었다. 또한 그 바탕에는 꿈에서든 환각에서든 분명한 수기를 받았으며 불보살의 가피임을 증명하는 징후를 경험했다는 공통점이 발견된다. 누구나 경험하기를 원하지만 모두가 누릴 수 없는 영험한 가피의 체험은 결국, 깊은 신심과 부지런한 정진이 가져온 '그 자신'이 일으킨 이적異蹟이라고도 말할 수 있을 것이다.

순백색의 믿음과 타협하지 않는 정진의 자세가 일으키는 기적 같은 일들은 시간과 공간을 가리지 않고 과거부터 오늘날까지, 지금도 또한 어디에선가 일어나고 있다. 지금의 시간과 이야기들이 흐르고 구전되어 훗날의 불제자들에게 귀감이 되는 또 하나의 영험담이 될 것이다. 환상적인 요소가 가미된 신비로운 이야기에 불과한 것이 아니라 신심을 고취하고 수행에 박차를 가하여, 대자대비한 부처님의 가르침으로 세상을 맑히는 죽비의 탄생이 '지금, 여기'에서 다시 한 번 시작되는 것이다.

이러한 첨언은 결코 신비로운 이야기를 제시하여 호기심을 자극하거나 대조사님의 치적과 신통을 찬탄하여 알리고자 하는 데 있지 않다. 이는 석가모니부처님께서 최초로 설하시고 수많은 역대 고승과 선지식이 이어받았으며 대조사님께서 이 땅에 실현코자 한 불국정토란 무엇인지 알고자 함이요, 한낱 미물에게도 정토실현의 원력이 잠재해 있으며 우리 스스로 중생고를 벗어나 해탈 열반의 세계로 나아가는 지혜와 근기를 갖추고 있음을 알기 위함이다. 나아가 이러한 사실을 마음 깊이 새기고 일상을 수행의 궤도로 끌어올리자는 호소요 권선이다.

세상일은 좋은 일이건 나쁜 일이건 인과의 물길을 절대 거스르지 않는 법이다. 자신이 지은 원인이 무르익어 그 과보果報가 드러날 따름이다.

"실제로 경험했다."고 증언하는 지고지결한 수행자들의 일화를 들여다봄으로써 순수한 신심과 물러섬 없는 정진의 인因이 어떤 과보로써 삶의 형태를 윤택하게 만드는지 짐작할 수 있다. 생각은 믿음이 되고 믿음은 행이 되고 행은 습관이 되어 삶을 이룬다. 무엇을 생각하고 어떻게 믿으며 어떤 행을 하느냐에 따라 삶의 질은 큰 폭으로 달라진다.

모두 성불의 씨앗을 품고 있다고 하였다. 대승의 가르침은 만중생을 모두 극락정토로 이끄는 나침반과도 같다. 순수하게 믿고 행하되, 다만 의심하고 살펴볼 것은 오직 자기 자신뿐이다. 누구나 미래불을 보장받은 일불제자라면 엄혹한 다스림으로 수행 정진하지 않을 이유가 어디 있겠는가.

2. 가피 영험담

● **관음기도로 이룬 서원_** 「관음영험전」

중산의 법교 스님은 지극한 마음으로 부지런히 정진하는 수행자로, 모든 경전을 소리 내어 읽고자 하였으나, 유난히 목소리가 작아서 제대로 소리 내어 읽을 수가 없었다. 어느 날 법교 스님이 사람들을 불러모아 단언하였다.

"관세음보살은 사람들로 하여금 현세에서 소원을 이루게 한다고 하니, 지금 당장 지극한 마음으로 관세음보살에게 기구할 생각이다. 만약에 내 정성에 아무런 감응이 없어서 전생에 지은 죄업을 소멸시키지 못하여 끝내 내 목소리가 효험이 없게 된다면, 이 몸을 버려서 다시 새 몸을 받아 나는 것이 더 나을 것이다."

즉 관세음보살에게 기원해서도 끝내 아무런 효험이 없다면, 훌륭한 목소리를 낼 수 있는 새 사람으로 태어나기 위하여 목숨을 끊겠다는 비장한 뜻이 담긴 말이었다.

그로부터 법교 스님은 식음을 전폐하고 오직 한마음으로 정성껏 기원하였다. 사나흘이 지나자 그의 몸은 매우 수척해지고 얼굴은 핏기 하나 없이 파리해졌다. 그의 제자들이 몹시 걱정하면서 단식을 중지하고 건강을 회복하도록 할 것을 간청하였다.

"목소리란 이미 그렇게 타고난 것이라 어찌할 수가 없는 일입니다. 몸을 아껴서 불도를 행하여야 할 스님께서 어찌 이토록 고생을 사서 하십니까?"

그러나 그는 결코 그 뜻을 꺾지 않았다.

"나의 뜻은 변함이 없다. 제발 나를 어지럽히지 말라."

6일이 지나자 겨우 숨만 내쉴 정도로 기력이 쇠하였다. 법교 스님은 눈을 감고 두 손을 모아 지극한 정성을 쉬지 않았다. 7일째 되는 날 아침이었다. 이레나 굶어 해쓱해진 스님이 번쩍 눈을 뜨자 얼굴에 밝은 기운이 감돌고 기쁨의 빛이 어렸다. 마침내 그가 제자들을 향해 말했다.

"물을 가져오너라."

제자가 떠 온 물로 세수를 하고는 소리 내어 게송을 읊었다. 게송을 읊는 그의 목소리는 마치 커다란 범종이 울리듯 매우 우렁찼으며 그 소리는 20~30리 밖까지 들렸다. 이 소리에 촌락의 사람들이 모두 놀라 절에 모여들었다. 사람들은 법교 스님의 웅장하고 경건한 음성을 타고 흐르는 게송을 듣고는 그가 도를 깨우쳤음을 알게 됐다.

● 관음기도로 아들을 얻다_ 「관음영험전」

진나라 왕인이 아들이 없어 절에 가서 관음기도를 하고 발원했다.

'아들을 하나 주어서 후손을 잇게 하옵소서.'

왕인이 기도를 마치고 돌아오는데 길가에서 한 스님을 만났다. 왕인이 지극히 공경하며 기도한 이야기를 하였더니 "내가 그대의 아들이 될까?" 하고 한번 쳐다보더니 그만 쓰러져 죽었다. 이상하게도 그날로 왕인의 아내는 아이를 품게 됐다.

열 달이 차서 아이를 낳으니 용모가 훤칠하고 안광이 영롱하여 범인과 달랐으며 5세에 경을 통달하고 8세에 범어를 알았으며 10세에 전생 일을 다 알았다.

후에 상서尚書가 되어 나라의 중역을 맡아 하였는데 그의 이름은 왕홍명王洪明이다.

● 관음기도로 치유한 병_ 「관음영험전」

명나라 오군 서명보는 집에 관음대사를 모시고 공양을 올리며 아침저녁으로 온 집안 식구가 모여 예불하는 신실한 불자였다. 어느 날 열 살 난 아들이 돌연 병이 들어 죽을 지경이 되었다. 명보 부부는 관음대사 앞에서 정성껏 기도하였는데 7일이 되던 날 꿈에 보살님이 나타나 말하였다.

"너의 아들은 내일 아침이면 병이 다 나을 것이다. 걱정하지 말라."

그때 갑자기 단 위에 올려놓았던 과일이 쏟아져 굴렀다. 아들이 놀라 일어났다.

"지금 막 보살님께서 저에게 약을 주셔서 먹으니 얼음처럼 차서 배 속이 시원하였습니다. 옆에 따라왔던 동자가 발을 잘못 디뎌 과일 그릇이 넘어 졌는데 제가 놀라 땀을 흘리니 내일 아침이면 병이 다 나을 것이라고 말 하고 갔습니다."

과연 아이의 이마에 땀이 축축이 나 있었다. 그 후 아들의 병이 씻은 듯 이 나아 만력 병진丙辰에 진사에 급제하였다.

● **백의관음주를 염송한 왕경조**_「관음영험전」

왕경조라는 사람이 있었다. 그는 나이 17세 때 눈이 멀었다. 그러나 희 망을 잃지 않고 신심으로 항상 백의관음주를 염송하였다. 어느 날 꿈에 소박한 단장에 흰 옷을 입은 이가 나타나 손가락으로 경조의 왼쪽 눈을 벌리더니 자그마한 집게로 눈에서 한 치가량의 핏줄을 끌어냈다. 그러고 는 또 오른쪽 눈에서도 역시 핏줄을 꺼내어서 중간 부분을 잘라 버렸다. 그리고 그에게 말하였다.

"너의 눈은 다시 볼 수 있게 되었다."

과연 아침에 일어나 눈을 뜨니 사방이 똑똑히 보였다. 다만 오른쪽 눈이 조금 장애를 받았을 뿐이었다. 그의 가족들은 이후로 백의관음주 염송을 게을리하지 않았으며 모두 관세음보살을 공경하게 되었다

● **불 속에서도 타지 않은 경전**_「법화영험전」

당나라 사천성 융주 읍서현령에 사는 호원궤라는 인물은 신심이 깊고 매사 행실이 바르고 진실하였다. 사경 공덕 쌓기를 발원한 호원궤는 『법화경』, 『금강경』, 『열반경』을 한 질씩 따라 쓰고, 한 자라도 잘못 쓸까 염려하며 글을 잘 아는 사람에게 사경문을 교정받기까지 하였다. 마침내 사경이 끝나자 그는 경전을 섬서성 기주岐州에 있는 별장에 모셨다.

하루는 볼일이 있어 외출을 했다가 돌아와 보니 기막힌 일이 벌어져 있었다. 이웃집에서 난 불이 옮아 붙어 별장이 모두 다 타 버린 것이었다. 믿기지 않는 광경에 땅을 치며 한탄을 하다가 사경문을 모셔 둔 것이 생각나 사람을 시켜 잿더미를 헤쳐 보도록 했다. 그러자 신통하게도 불에 타지 않고 고스란히 남아 있는 경전이 발견되었다. 다만 『금강경』의 제목이 불에 타서 검게 그을려 있을 뿐이었다. 그는 문득 깨달아 생각했다.

'처음에 사경을 할 때는 정성을 다해 글씨를 썼는데 나중에는 바쁘다는 핑계로 몸을 정결하게 하지 않고 제목을 쓰는 바람에 이렇게 되었구나.'

이때가 정관貞觀 5년(631)이었다.

● 길에서도 법화경을 외우다_「법화홍찬전」

경성 서남쪽 풍곡향에 앙가담이란 독실한 불자가 살고 있었다. 그는 어려서부터 자비심으로 말이나 소 같은 짐승의 등에 타지 않았고, 허황되고 망령된 행동을 삼갔다. 또 늘 『법화경』을 수지하며 네 가지 안락행을 닦는 데 소홀함이 없었다. 나이가 들자 그는 상서尚書에서 문서를 다루는 영사令史의 벼슬을 얻어 관청에 출근하게 되었다.

그는 관청에서도 『법화경』을 계속 외우고 다녔는데 차츰 일이 익어 가고 아는 얼굴이 많이 생기면서 경을 외우는 시간이 줄어들기 시작했다. 그러자 앙가담은 사람이 덜 다니는 한적하고 좁은 길을 골라 다니며 기쁜 얼굴로 경을 외웠다.

노년에 이르러 임종이 얼마 남지 않은 때에 그 주변에는 묘한 향기가 가득하였다. 또한 임종할 때가 되자 이상한 향기가 가득했다. 앙가담 사후 10년 뒤 그의 아내가 무덤을 파 보았더니 다른 것은 다 썩고 오직 혓바닥만 남아 있었다.

● 선업은 따라다닌다_「법화홍찬전」

명나라 가정嘉靖 때 보은사報恩寺 주지 스님은 말 한 필을 길러, 마을에 볼일이 있으면 그 말을 타고 오고가며 항상 『법화경』을 독송하였다. 하루는 마을의 여인이 아이를 가졌는데 꿈에 큰 말이 방으로 들어오면서, "저는 보은사 주지 스님이 기르시는 말인데, 민간으로 태어나서 불도를 구하고자 합니다." 하였다. 얼마 후 여인은 아들을 낳았다. 전날 꾼 꿈이 묘하여 잊히지 않는 탓에 보은사로 사람을 보내어 알아보았더니, 과연 아이를 낳던 그날 그 시간에 주지 스님이 타고 다니던 말이 죽었다.

아이는 탈 없이 잘 자랐다. 여인은 주지 스님에게 꿈 이야기를 하고 아들을 출가시켜, 스님의 상좌를 삼았다. 그런데 몇 해를 두고 가르쳐도 상좌는 머리가 둔해서 도무지 공부가 늘지 않았다. 스님은 "네가 전생에 축생의 업보를 받아 익힌 것이 없어서 그렇구나. 그럼 전생에 많이 들은 『법화경』을 익히도록 하자." 하고 『법화경』을 가르쳐 주었다. 상좌는 『법화경』 일곱 권을 한 번 듣고 모두 외워 버렸다.

이를 보고 스님은 다음과 같이 『법구경』을 읊었다.

방금 짜낸 소젖이 싱싱하듯
재에 묻은 불씨가 그대로 있듯
지은 업이 당장은 안 나타나지만
그늘에 숨어 있어 그를 따른다.

● 근심 걱정을 없앤 사람_『법화영험전』

보결 스님은 양나라 때 사람으로 속성은 장씨다. 그의 형은 불도에 아주 밝았던 장효수였다. 그는 형의 영향으로 출가해서 광산사에 머물며 『법화경』을 독송해 높은 경지에 이르렀다. 그러나 경의 뜻을 조금 알았다고 거만해져서 겸손치 못했다. 그뿐만 아니라 몸과 입이 단정하지 못해 사람들이 싫어했다. 특히 입은 알아주는 험구여서 남의 심기를 자주 불편하게 했다.

양나라의 소릉왕도 어떤 인연으로 보결 스님의 입에 오르내린 일이 있었다. 그로 인해 왕은 그를 미워했다. 어느 날 왕은 두 사람의 자객을 보내어 스님을 해치려 했다. 이런 일이 있을 거라고는 생각도 못한 스님은 평소처럼 잠자리에 들었는데, 꿈에 어떤 사람들이 나타나 호통쳤다.

"소릉왕이 사람을 보내어 너를 죽이려 하는데 어찌 태평하게 잠을 자고 있는가? 얼른 일어나 도망가지 않고!"

스님이 놀라서 눈을 뜨니 과연 누군가 방문을 열려고 하는 중이었다. 보결 스님은 얼른 뒷문으로 달아났다. 한참을 뛰다 보니 연못이 나타났다. 이 연못은 한 번도 와 본 적이 없어 물이 깊은지 얕은지를 알 수 없었다. 황망해하고 있는 사이에 누군가 달빛에 의지해 노를 저어 스님에게 다가왔다. 스님은 그 배를 얻어 타고 연못 가운데를 가로질러 저쪽 언덕에 닿았다. 한숨을 돌리고 뒤를 돌아보니 소릉왕이 보낸 자객들은 배가 없어 연못을 건너지 못하고 있었다.

스님은 이 일을 겪은 후부터는 조금 아는 것을 자랑하지 않았으며 말과 행동을 조심했다. 그랬더니 이제는 더 이상의 근심과 걱정이 없었다. 사람들이 이런 그를 가리켜 '노산의 살계자殺契者', 즉 '노산에 사는 근심 걱정을 없앤 사람'이라 불렀다.

● 법화경 법문을 들었던 꿩_ 『법화영험전』

계부성에서 5리쯤 가면 『법화경』과 관련된 치산사雉山寺라는 절이 있다.

오래전, 이 절이 들어서기 전에 어떤 스님이 암자를 짓고 살았는데 날마다 『법화경』을 독송하였다. 스님은 공부가 깊어져 나중에는 경을 강설할 정도까지 되었다. 스님이 경을 설하면 마을 사람들이 찾아와 법문을 들곤 했는데 어느 해에는 꿩 한 마리가 날아들어 스님의 법문을 들었다. 이 꿩은 제5권 「안락행품」의 강설이 끝나자 그다음부터 나타나지 않았다. 사람들이 이상하게 여겼으나 아무도 그 이유를 몰랐다.

그로부터 8년이 흘렀다. 그 즈음 산 아래 어떤 신도 집에서 사내아이가 태어났는데 그 아이가 성장해 8살이 되었다. 아이는 그때부터 고기도 먹지 않고 장난도 치지 않고 의젓한 사미승처럼 행동하기 시작했다. 그러더니 마침내 부모에게 출가를 허락해 달라고 청하였다. 부모는 아이의 행동이 범상치 않음을 눈치 채고 스님에게로 보냈다. 스님은 아이를 제자로 받아 가르친 다음 머리를 깎고 가사를 입게 했다.

그런데 아이는 수계를 하고도 가사를 입으려 하지 않았다. 스님이 이상하게 여겨 그 연유를 물었더니 아이는 그제야 사정을 털어놓았다.

"사실 저는 전생에 꿩이었습니다. 스님이 『법화경』을 강설하실 때 그것을 들은 공덕으로 사람으로 태어났습니다. 그러나 공부를 다 마치지 않아 오른쪽 겨드랑이에 꿩의 털이 아직 남아 있습니다. 그래서 가사를 입기가 어렵습니다."

스님이 사미의 말을 듣고 『법화경』을 주니 과연 5권까지는 막힘없이 읽었으나 나머지 두 권은 전혀 몰랐다. 스님은 사미에게 나머지 두 권을 가르쳐 부족한 부분을 채워 주었다. 이 소문이 사방으로 퍼지자 사람들은 그때부터 이 산을 치산雉山이라 하고, 암자에 큰 절을 지어 치산사라 하였다.

3. 신행수기

* 1997년 대한불교천태종 총무원에서 발간한 신행수기 모음집 『믿음으로 피운 연꽃』, 『내가 만난 관세음보살』에 수록된 글이다.

● 기적을 이루신 부처님의 가피력

강일권(부산 삼광사 신도)

제가 구인사를 처음 찾은 것은 1988년 6월 31일로 기억하고 있습니다. 그때 저는 알콜 중독자였습니다. 공직에 있다 나와서 장사를 하다 실패를 하고 나니 자연 술을 많이 먹게 되고 그것이 쌓여 술은 나의 진실한 벗이 되다시피 하였습니다. 그때 저는 건축장의 도배 일을 하고 있었습니다. 술꾼이 되다 보니 술을 한 잔 먹으면 일이 잘되는 것 같았고, 술이 깨면 불안해지고 일이 잘되지 않았습니다. 술을 먹고는 남들과 얘기도 잘하다가 술이 깨면 남 앞에서 얘기도 하기 싫어지고 사람을 만나기도 싫어했습니다. 그래서 저는 매일같이 술에 취한 상태였고 제가 남들에게 아무리

바른 얘길 하여도 술에 취했다며 들으려 하지 않았습니다. 그러면 더욱 술을 많이 마시게 되곤 했습니다.

그러던 중 지금은 그분이 누구였는지 기억이 나지 않지만, 어떤 분이 "충청도 단양에 구인사라는 절이 있는데 그 절에 가서 술을 끊게 해 주십시오 하고 기도를 하면 술을 끊을 수 있다"고 하는 말을 했습니다. 그때 저는 철저한 무신론자였습니다. 저는 '과연 그런 절이 있을까' 반신반의하며 새벽 6시 10분 청량리행 열차를 타고 가다 동래역에서 '그런 일은 절대 없을 것'이라며 하차하여 역 앞 식당에 가서 술을 한 잔 하는데, 그 집에 걸려 있는 달력이 구인사 달력이었습니다. 그래서 주인께 "구인사에 나가느냐"고 물었더니 구인사는 멀어서 자주 찾지 못하고 삼광사를 한 달에 한 번은 꼭 찾는다는 것이었습니다. 제가 술을 끊으려 단양행 열차를 타고 가다 내렸다고 했더니 주인은 술을 끊을 수 있다며 동부터미널에 가면 9시에 제천 가는 버스가 있으니 꼭 찾아가 보라고 하셨습니다.

그 길로 동부터미널에서 차를 타고 구인사를 찾았습니다. 그날 저녁 많은 신도님들과 함께 큰스님을 뵙고 술을 끊으러 왔다고 여쭈니 '술 끊게 해 주세요' 축원하고 열심히 기도하라 하셨습니다. 저는 4박 5일을 있으며 어떻게 하는 것이 절에서의 예절인지도 모른 채 '부처님 한 달만 술을 끊게 해 주십시오' 하며 빌었습니다. 그리고 하산하여 집에 왔는데, 이상하게도 그렇게 좋아하던 술이 보기도 싫었습니다. 그때부터 열 달 열이틀을 술을 끊었다가 사업상 피치 못할 사정으로 술을 먹게는 되었지만 특별한 일이 있을 때나 함께 어울리기 위해서 술을 마시며 저 자신이 자유자재로 절제의 묘미를 터득했습니다. 이때 이후로 일 년에 두 번 내지 세 번은 구인사를 반드시 찾게 됐습니다.

제가 하는 일이 도배사이기 때문에 도배 일은 여름철과 겨울철에는 일이 많지 않은 계절입니다. 여름철과 겨울철이 되면 구인사를 찾아가 큰스님께 '일 좀 잘되게 해 주십시오' 하고 부탁드리면 큰스님께서는 '하는 사업 잘되게 해 주십시오' 하며 기도하라 하십니다. 그리고 나면 부산시내에서 가장 일을 많이 하는 사람으로 주위에 소문이 나 있었습니다.

그런데 그렇게 생활해 오던 중 어떤 분이 도배학원을 차려 놓고 있다기에 가 보니 책걸상만 있고 실습장이 보이지 않았습니다. 저는 생각했습니다. '도배는 이론만으로 되는 것이 아니고 실제로 종이를 바르는 기술이 숙달되어야 하는데, 기술을 숙달시킬 수 있는 실습장이 있어야 하고 실습장은 넓으면 넓을수록 좋다' 저는 마음 같아서는 당장이라도 도배학원을 차리고 싶었지만 제 통장에는 50만 원밖에 없었습니다. 그래서 동업할 사람을 물색하여 동업을 하기로 했습니다. 약속은 했지만 큰스님께 여쭈어 봐야겠기에 집사람과 함께 구인사를 찾았습니다.

그날 저녁 큰스님께 여쭈었습니다. "제가 다른 분과 동업으로 도배학원을 차리려고 합니다" 그러자 "동업은 안 되고 혼자 하면 된다"고 하셨습니다. 저의 앞은 캄캄하기만 하였습니다. 그날 기도만을 충실히 해야겠다는 뜻에서 하루 저녁 열심히 기도를 드리고 내려왔습니다.

그런데 그 미련을 버리지 못하고 아는 사람께 300만 원만 빌려주면 한 달 뒤에 갚겠노라고 하니 그렇게 하라고 하였습니다. 그래서 구인사에서 돌아온 다음 날 우선 나의 통장에 있는 돈을 찾으려고 아침을 먹고 버스를 타고 가던 중 우연히 사무실 임대 광고가 차창 밖에 있는 것을 보았습니다. 순간적으로 내려야겠다고 느껴 차에서 내렸습니다. 임대 광고를 낸 주인을 찾아가 본 결과 사무실이 넓어서 내 힘으로는 도저히 불가능할 것 같은 기분이 들었지만 한번 부딪쳐 봐야겠다는 힘이 생겼습니다. 건물 주인은 좋은 분이셨습니다.

"세를 얼마에 내놓으셨습니까?" 하고 물으니 4,500만 원이라고 하셨습니다. 그래서 보증금을 조금 드리고 월세를 드리면 안 될까요 했더니, 1,000만 원에 65만 원을 내라고 하셨습니다. 그래서 1,000만 원은 없고 300만 원 정도면 2~3일 내로 되겠다고 했더니, 기다렸다는 듯이 그렇게 하라고 하셨습니다. 하나의 기적이 일어난 것입니다.

어느 정도 정리를 하고 학원생 모집 광고를 내고 다시 구인사를 찾아갔습니다. 큰스님께서 부산 삼광사 지관전 낙성식에서 돌아오시던 날이었습니다. 학원을 일단 차린 것은 부처님과 종정 큰스님의 위신력이었으니 '학생이 많이 모이게 해 주십시오' 하며 빌었습니다. 그 학원은 저의 힘으로는 도저히 얻어질 성질의 것이 아니며 오직 부처님의 대위신력과 가피력에 의한 것이라는 생각을 떨쳐버릴 수가 없었습니다.

지금은 부산에서 가장 넓은 공간에 가장 많은 학생이 모인 도배학원이 되어 있습니다. 조용히 지난 시간을 돌이켜 볼 때에 부처님의 위신력은 도저히 나의 좁은 소견으로는 가늠할 수 없는 것이라는 생각이 듭니다. 부처님의 위신력이 아니었던들 어찌 오늘의 제가 있을 수 있을까요. 부처님의 위신력은 구하면 얻어지는 자비 그 자체가 아닌가 싶습니다.

하나의 기적과도 같이 이루어진 저의 학원은 부처님과 관세음보살님, 그리고 상월원각대조사님과 남대충 큰스님 이하 모든 분들의 원력과 가피력에 힘입어 만들어진 것이므로 저는 열심히 학생들을 가르치며 앞으로도 더욱더 불도에 정진할 것을 부처님 전에 서원합니다.

● 상월대조사님의 중생 보살피심

이정하(부산 삼광사 신도)

저는 부산에 사는 이정하입니다. 1988년 2월에 처음으로 구인사와 인연을 맺었습니다. 저의 이웃에 천태종에 다니는 보살님이 계셨는데, 3년 전부터 자꾸만 구인사를 가자고 권유했습니다. 저는 그때 불교에 관심이 없어서 그냥 지나쳤습니다. 그 당시 저의 일가 중 시고모님이 신을 모시고 있었는데, 저도 어려운 일이 있으면 가서 가끔씩 물어보곤 했습니다.

그러다가 남편이 실직을 하여 집에서 노는 형편이라 월세 낼 형편이 못 돼 집을 비워야만 했습니다. 그때 시고모님이 저보고 신을 모시면 좋다고 해서 집안 어른의 말씀이라 집에다 신을 모셨습니다. 그러나 날이 갈수록 어려워지는 생활로 답답하고 괴로운 마음에 저는 결국 구인사에 가 보기로 했습니다.

돌이켜보면 그때 그 보살님의 권유를 받아 구인사를 갔더라면 그 고

생은 안 했을 걸 하는 후회가 듭니다. 돈이 없어서 국민학교 5학년 큰딸의 저금통장에서 2만5천 원을 꺼내어 쌀과 라면을 조금 사 놓고 2만 원을 가지고 완행열차를 타고 구인사로 향했습니다. 아무런 생각 없이 찾은 구인사였지만 도착하고 보니 서러운 마음과 슬픈 마음이 북받쳐 한없이 눈물을 흘렸습니다. 4박 5일 기도를 접수하고 법당과 조사 스님 산소에 참배를 했습니다. 아침부터 서둘러 오느라 물 한 모금 마시지 않았기에 산소에 올라갔다 내려오니 다리가 후들후들 떨리고 온몸에 힘이 하나도 없었습니다.

간신히 저녁 공양을 마치고 큰스님을 친견할 곳으로 갔습니다. 큰스님께 저희 집에는 신을 모시고 있다는 것과 남편이 실직하여 집에서 놀고 있다는 것을 말씀드리고 저의 소원을 말씀드렸습니다. 큰스님께서는 '집에 모셔 놓은 신은 해가 지는 서쪽으로 가져다 버리고, 대주가 속히 직장을 갖게 해 주십시오 하고 축원드리고 열심히 기도하라'는 말씀을 해 주셨습니다.

친견을 마치고 기도실에 자리를 정하고 앉았습니다. 그런데 막상 기도를 하려니까 머리가 터져 나가는 것처럼 아팠습니다. 머리가 아파서 도저히 기도를 할 수 없어서 눈을 뜨고 두리번두리번 옆 사람 기도하는 모습을 살펴보았습니다. 그러자 모든 사람이 열심히 기도하는데 저만 기도를 못하는 것이 부끄러워지기 시작했습니다. 그때 화주방에서 나오신 비구니 스님이 방송으로 시주 공덕을 이야기해 주셨습니다. 방송을 다 듣고 나자 갑자기 시주를 하고 싶었습니다. 저는 망설임 없이 제 앞으로 코끼리등을 접수하고 남편 앞으로 백만 원 하는 조사전 주춧돌을 시주하겠다고 접수했습니다. 지금 생각해도 이해할 수 없을 정도입니다. 아이의 저금통장을 빌리면서까지 구인사를 찾아야 할 어려운 형편이었음에도 어디에서 그런 만용이 나왔는지 저도 놀랐습니다. 그렇지만 그때 제 마음은 시주공덕을 꼭 지어야 한다는 생각만이 간절했습니다.

그 이후로 열심히 기도하여 4박 5일 기도를 마치고는 올 때 가지고 왔던 서러움과 서글픔을 부처님께 다 털어 버리고 부산으로 되돌아왔습니다. 집에 도착하여 용기를 갖고 모셔 놓았던 신을 서쪽에다 갖다 버렸습니다. 유일한 생계수단이 없어지자 집세 또한 낼 수 없었으므로 조그마한 단칸방으로 이사를 했습니다. 이사를 마치고 난 후 실직 중인 남편에게 구인사에 다녀오라고 차비를 마련해 강제로 등을 떠밀다시피 밀어냈습니다.

그때 제 말에 응해 준 남편에게 지금도 저는 한없는 고마움을 느낍니다. 남편이 4박 5일 기도를 하고 와서 입에 침이 마르도록 구인사 자랑을 했습니다. 그런 후 며칠이 지나 남편은 직장을 구했습니다. 저도 직장을 구했습니다. 남편과 저는 열심히 직장을 다니며 비록 좁은 단칸방이었지만 화목하게 열심히 살았습니다.

그런데 일이 생겼습니다. 저희 딸 영주와 현주가 똑같이 갑상선에 이상이 생겨서 수술을 해야 하는데 저희에겐 수술할 돈이 없었습니다. 저는 다시 구인사로 가서 큰스님을 친견하고, 큰스님 말씀에 따라 두 딸에게 약을 복용시키면서 낮에는 직장을 다니고 밤에는 삼광사에 나가서 열심히 기도했습니다. 그 결과 부처님의 가피력으로 두 아이의 갑상선이 씻은

듯이 다 나았습니다. 저는 얼마나 기뻤는지 모릅니다.

그리고는 부처님의 가피력에 감사하면서 열심히 살아온 결과 직장을 3년 간 다닐 수 있었습니다. 또 큰스님의 가르침에 따라 조그마한 종합화장 품 가게를 마련할 수 있었습니다. 가게를 개업하던 날 북받치는 기쁨으 로 하염없이 눈물을 흘렸습니다. 그때부터 저는 가게를 마치면 언제나 삼 광사에 들러 참배를 하고 집에 돌아오곤 했습니다.

하루는 삼광사에 참배를 하기 위하여 들러 보니 부처님의 개금불사를 위하여 법당 출입을 제한해 놓고 대신 마당에서 참배하도록 자리를 깔아 놓았습니다. 참배를 하기 위하여 신발을 벗고 깔아 놓은 자리에 올라서 보니 신도님들이 많아서 매우 복잡했습니다.

저는 속으로 '다 같은 부처님이니까 한 부처님께만 인사드리면 되겠지' 하고 마음속으로 법당의 큰 부처님께 삼배를 올리고 나왔습니다. 참배를 마치고 계단을 내려오는데 여덟 번째 계단을 밟으려 할 때 갑자기 다리가 떨어지지 않았습니다. 아무리 내려가려고 해도 계단 밑으로 내려갈 수가 없었습니다. 다리가 당기고 피가 머리 끝까지 올라오는 것 같았습니다. 순간 머리에 스치는 것이 조사스님 전에 절을 하지 않은 것이 몹시 마음에 걸렸습니다. 그래도 설마 하는 생각에 내려가던 계단을 다시 올라가서 옆 의 도로를 통하여 내려갔습니다. 그런데 조금 가다가 또 걸을 수가 없었 습니다. 이쪽도 안 되는구나 생각하고 다시 올라가서 머릿속에 떠오른 대 로 조사스님을 생각하면서 공손히 삼배를 올리며 참회했습니다. 그리고 '영원히 변치 않는 천태종의 진실한 불자가 되겠습니다' 하고 마음으로 다짐을 했습니다.

저는 그때까지 조사스님의 영험이 삼광사 도량에 그렇게 크게 미치고 계신 줄은 몰랐습니다. 참배를 마치고 저는 집으로 가기 위하여 다시 108계단 쪽으로 내려갔습니다. 조금 전만 해도 다리가 거꾸로 올라오는 것처럼 아파서 내려갈 수 없더니 이상하리만큼 가벼운 발걸음으로 계단을 뛸 듯이 내려갈 수 있음에 신기하기까지 했습니다.

저는 그때 너무나도 기뻤습니다. 상월원각대조사님은 항상 불자들의 가정을 보살피시고 복과 지혜의 영험을 주시는구나 생각하니 기쁜 마음에 눈물이 핑 돌았습니다.

남편은 5년 만에 직장을 그만두고 속기사학원을 다녀서 자격증을 취득하여 속기사로 일하고 있습니다. 저는 이제 저와 남편의 시주금도 모두 바치고 부처님의 위없는 가피력으로 행복한 가정을 꾸리며 살아가고 있습니다.

저는 그동안의 짧은 신앙을 통하여 천태종에는 무한한 위신력과 복덕이 있다는 것을 깨달았습니다. 내년에는 저희 남편이 금강불교대학에 입학하여 조금이라도 더 부처님의 가르침을 배워 이웃에 전하려는 큰 목표를 세우고 있습니다. 두 딸도 건강하며 열심히 공부하는 남부럽지 않은 훌륭한 사람으로 성장하고 있습니다.

이 모든 것이 부처님의 가피력으로 얻어진 것임을 알고 열심히 기도하며 영원히 변치 않는 천태불자가 될 것을 다짐하면서 천태종의 무궁한 발전을 부처님 전에 합장하고 기원합니다.

● 아들의 정신병을 기도로 치유하다

양창범(제주 문강사 신도)

저는 제주도 제주시 도남동 이도지구에 살며, 문강사에 나가고 있는 천태종도 양창범입니다. 현재 1남 1녀와 제 아내 그리고 저 이렇게 네 식구가 부처님의 가호 아래 열심히 살아가고 있습니다.

그동안 저는 신심이 얕아서인지 『금강』지에 실린 다른 분들의 신앙수기를 보면서 정말로 저렇게 될 수 있을까 하는 의문을 제 나름대로 가졌습니다. 그런데 저에게도 기적과 같은 일이 찾아왔습니다.

제 아들이 언제부턴가 시름시름 앓기 시작하더니 마침내 심각한 상태에까지 이르게 됐습니다. 지금에 와서 곰곰이 생각해 보면 아들의 병은 무척 오래 전부터 증세를 나타내기 시작했던 것 같습니다. 그러니까 아들이 중학교 3학년 2학기 들어서면서부터 공부를 열심히 하는 것 같은데도 성적이 자꾸만 떨어지는 것이었습니다. 1학기 때까지만 해도 성적이 상위권에 있어 상급학교 진학에 별 어려움이 없겠구나 생각했는데, 학교에서 시험을 치를 때마다 성적이 곤두박질치는 것이었습니다. 이렇다 보니 자연히 아이의 신경은 극도로 예민해졌습니다. 처음엔 수험생들이라면 누구에게나 흔히 있을 수 있는 입시병이겠지 하고 대수롭지 않게 넘겨 버렸습니다. 그러나 문제는 거기에서 발생했습니다. 그냥 대수롭지 않게 넘겨 버린 아들 녀석의 입시병이 그나마 힘겹게 턱걸이해서 상급학교에 합격하고 난 뒤부터 심해지기 시작했습니다. 아이의 표정이 범상치 않게 일그러지는가

하면 행동도 정상이 아니었습니다. 아들의 병세는 점점 악화됐습니다. 당황한 저는 어쩔 줄 몰랐습니다. 그래서 마음을 굳게 먹고 아이의 3학년 담임선생님을 만나러 학교로 찾아갔습니다.

담임선생님과 긴 시간을 상담했습니다. 선생님과 아내는 상급학교 입학보다는 아들 건강이 염려되니 병원에 한번 데리고 가는 것이 좋겠다는데 의견을 같이 했습니다. 저 역시 그런 얘기에 달리 이의가 없었습니다.

며칠 뒤 아들을 데리고 인근 병원으로 갔습니다. 혹시나 하는 마음으로 의사의 진단 결과를 기다렸습니다. 아니나 다를까, 아이의 병에 대해 담당 의사는 정신분열증이라는 진단을 내렸습니다. 순간 제 눈앞에는 모든 것이 무너져 내리는 것 같았습니다. 어떻게 하면 하나밖에 없는 내 아들을 살려낼 수 있을까 안타까운 생각뿐이었습니다. 기약 없는 치료와 만약 병이 나아도 정상인의 생활을 보장할 수 없다는 의사의 말에 모든 것이 끝났다고 생각했습니다.

모든 일을 내팽개친 채 아들에게 매달렸습니다. 아들을 데리고 용하다는 무당, 절, 한의원, 병원 등을 모두 찾아다녔습니다. 그러나 아들의 병은 차도가 없었습니다. 결국 하는 수 없이 병원에 아들을 입원시켰습니다.

그런데 어느 날 갑자기 담당의사로부터 퇴원하라는 말을 듣게 되었습니다. 저는 그렇게는 할 수 없다고 끝까지 버텼습니다. 그때 그대로 퇴원하면 아이가 죽을 것만 같았습니다. 그러나 담당의사는 병원에서는 더 이상 아들을 치료할 수 없으니 퇴원하라고 거듭 종용했습니다. 그래서 어쩔 수 없이 아들을 데리고 집으로 왔습니다. 의사도 포기한 아들 녀석을 붙

잡고 우리 부부는 하염없이 울었습니다. '이 세상에 하나밖에 없는 내 아들 살려 달라'고 바닷가로 나가 목청껏 소리쳤지만 그 소리는 파도 속으로 매정하게 사라질 뿐이었습니다.

　아들이 퇴원한 지 이틀째 되던 날 혹시나 하는 마음으로 우리 부부는 아들을 데리고 구인사를 찾아갔습니다. 구인사에 들어와 기도하는 사이에도 아들은 발작을 멈추지 않았습니다. 몸을 달달 떨고 혀는 굳어져서 말을 제대로 못하고 체온은 몇 분에 한 번씩 뜨겁게 달아오르다가 얼음같이 차갑게 식어 가고 팔은 마비되어 전혀 움직이지 않고 차마 부모로서 아들의 모습을 쳐다볼 수가 없었습니다. 이러다가 하나밖에 없는 아들 영영 잃어버리는 게 아닌가 하는 생각이 들었지만 더 이상 어떻게 할 방법이 없었습니다. 구인사에 기도하러 왔지만 하루일과가 아이를 감시하고 돌보는 일이었고 기도는 아이가 잠든 몇 시간밖에 할 수 없었습니다. 그러나 그 시간에 우리 부부는 정말로 간절한 마음으로 열심히 기도를 했습니다.

　제주도를 출발할 때부터 일주일간 기도할 계획으로 마음을 단단히 먹고 왔지만 막상 구인사에 들어와 관음기도를 하려고 하니 온갖 잡다한 생각에 사로잡혀 기도가 잘 되지 않았습니다. 하루하루 마음만 급해지고 아이가 당장이라도 나을 것만 같은 황당한 생각뿐이었습니다. 관음기도를 하면서 오직 하나밖에 없는 아들 병만 낫게 해 달라고 눈물 반 울음 반으로 얼굴이 범벅이 된 채 미친 듯이 관세음보살님을 불렀습니다.

　매일 이와 같이 반복된 기도생활 속에 어느덧 약속된 일주일의 관음기도가 끝났습니다. 거의 애원하다시피 관세음보살님과 대조사님께 기원했건만 기도를 끝내는 날까지 아들에게는 별다른 차도가 없었습니다. 여기서도 아들의 병을 고칠 수 없구나 생각하고 아들을 데리고 제주도 집으로 돌아왔습니다.

막상 집에 돌아오긴 했지만 아이를 위해 무엇을 어떻게 해 줘야 할지 몰라 우리 부부는 가슴이 천 갈래 만 갈래 찢어지는 고통 속에 하루하루를 보내는 수밖에 별 도리가 없었습니다. 고통의 시간 속을 헤매면서 아내는 저의 손을 잡고 "여보, 우리 한 마음이 되어 힘껏 기도해 봐요. 여기서 당신마저 좌절하면 모든 것이 산산조각 나요. 여보, 힘내세요" 하며 용기를 북돋아 주었습니다. 아내의 끈질긴 요청으로 저희 부부는 다시 기도에 들어갔습니다. 그렇게 기도를 시작한 지 3일째 되는 날 밤이었습니다. 너무 피곤하여 잠깐 잠이 들었습니다. 꿈을 꿨던 모양입니다. 구름 위에 올라앉은 할아버지 한 분이 제게로 다가와 말씀하셨습니다.

"네 아들 몸에서 잡귀가 빠져나가고 있으니 열심히 기도하거라."

그리곤 할아버지는 구름을 타고 큰절 속으로 사라지시는 것이었습니다.

내 생애 이렇게 생생하고 현장감 있는 꿈은 처음 꾸었습니다. 꿈에서 깨어나서 아들에게 달려가 보니 아들 녀석의 온몸이 목욕탕에서 금방 나온 사람처럼 땀으로 범벅이 되어 있었지만 신기하게도 잠을 자는 숨소리가 그렇게 고를 수가 없었습니다. 저는 아들의 이런 모습을 보고 확신을 얻었습니다. 관세음보살님께서 우리 가족을 저버리지 않고 지켜 주셨고 대조사님께서 아들의 병을 반드시 낫게 해 주실 거라는 믿음이 섰습니다.

지성이면 감천이라는 말이 그제서야 제 마음에 와닿는 것이었습니다. 저희 부부는 더 열심히 기도했습니다. 한 가정의 가장으로서 아들과 가족을 위해 제 자신은 아무 것도 한 일이 없었습니다. 저는 기도를 통해 아들 녀석의 병만 나으면 가족을 위해서 최선을 다할 것을 굳게 다짐했습니다. 처음 구인사에 들어가서 기도할 때보다 기도가 더 잘 됐습니다. 그와 더불어 아이의 병세도 예전과 다르게 차츰 호전되어 가기 시작했습니다. 몸은 혼자 가누기가 힘들 정도로 허약했지만, 말도 정신도 차츰 정상적으로 돌아오고 있었습니다. 아들 녀석의 건강이 호전되자 우리 가족은 기쁨에 넘쳤습니다.

　나이 마흔이 넘게까지 누구의 말도 쉽사리 믿지 않던 제가 기적을 체험한 것입니다. 그제야 저는 부처님의 가피력이 중생들의 상상을 훨씬 초월하는 것임을 절실히 느꼈습니다. 저희 부부는 누가 먼저랄 것도 없이 짐을 꾸렸습니다. 제주도에서 구인사 가는 길이 처음 기도하러 갈 때는 낯설고 멀게만 느껴졌지만, 그때는 그렇지 않았습니다. 어느덧 우리 부부의 마음 속에 구인사는 마음의 고향으로 자리를 잡고 있었기 때문입니다.

　구인사에 도착하여 부처님 전과 삼보당의 대조사님 전에 적은 액수지만 정성껏 아들 이름으로 시주했습니다. 다음 날 아침 일찍 저희 부부는 대조사님 적멸보궁에 나아가 아들의 병을 낫게 해 주신 데 대해 감사를 드렸습니다. 저희 부부는 보궁에 엎드려 하염없이 눈물을 흘리고 다가오는 4월 초파일 헌등과 영산대재에도 동참하겠다고 대조사님 전에 다짐하면서 보궁을 내려왔습니다.

저희 부부는 다시 삼보당에 들러 큰스님께 아들의 복학 문제를 얘기하고 어떻게 하면 좋겠냐고 여쭈었습니다. 큰스님께서는 복학해도 괜찮다고 허락해 주셨습니다. 그제서야 저 자신도 아들의 복학 문제에 자신감을 가지게 됐습니다.

구인사에서 집으로 돌아온 지 이틀째 되는 날이었습니다. 아들이 심심하다며 만화책을 한아름 빌려왔습니다. 그리고 그 책을 한꺼번에 모두 읽더니 다음 날 아침 만화책을 갖다 주고 또 빌려오는 것이었습니다. 만화책을 밤새워 읽고도 피곤한 기색도 없이 일찍 일어나 아침운동도 하고 밥한 그릇을 금세 비우는 것이었습니다. 정말로 놀랄 일이었습니다. 동네에서도 믿기지 않는다고 전부 혀를 내둘렀습니다. 책이라면 겉장만 봐도 과민반응을 보여 발작을 일으키던 아이가 복학을 하겠다고 책상 앞에 앉아서 영어공부를 하고 있으니 누가 믿겠습니까.

복학하기 전 우리 내외는 구인사에 아들을 데리고 가 스님들께 그동안 도와주신 데 대해 감사의 인사를 올리고 적멸보궁에 올라 대조사님 전에도 감사의 인사를 올렸습니다. 그리고 아무래도 아들이 복학하면 시간에 제한을 받을 것 같아 3일기도에 들어가 무사히 마치고 집으로 돌아왔습니다.

지금은 아들이 튼튼한 몸으로 학교에 잘 다니고 있고 우리 가족의 잃었던 웃음도 되찾아 화목하게 하루하루를 살아가고 있습니다. 끝으로 본산 여러 스님들께 다시 한 번 감사의 말씀을 드리며, 천태종도로서 손색없는 보살의 길을 걸을 수 있도록 기도정진하며 살아갈 것을 다짐합니다.

● 시어머님 병구완으로 터득한 불심

권순이(영주 운강사 신도)

제가 겪었던 경험은 아주 조그마한 것이지만, 인생의 막다른 골목 참으로 어쩔 수 없는 한계상황에서 받았던 관세음보살님의 가피력은 저를 새로운 삶으로 인도해 주셨다고 생각됩니다. 지금 쓰고자 하는 이야기는 1989년 겪었던 일입니다.

그 당시 저는 천태종 신도로 이미 신앙생활을 하고 있었지만 구인사를 한 번도 찾지 못했습니다. 그렇지만 마음으로는 항상 구인사를 가 보는 것이 소망이었습니다. 그러던 중 남편이 구인사 간부교육에 간다는 말을 듣고 모든 일을 뒤로하고 따라나선 것입니다. 그렇게 소망하던 구인사 삼일기도를 마치고 돌아오는 저의 마음은 기쁨으로 온몸이 날아갈 듯하였습니다. 이러한 기쁨은 7년이라는 긴 세월을 기다린 끝에 이루어진 것이었기 때문이었습니다.

그러나 구인사 참배의 기쁨도 잠시, 집에 도착하니 시어머님이 쓰러지셨다는 소식이 우리 내외를 기다리고 있었습니다. 시어머님께서는 서울 큰댁에 계셨는데, 답답하시다며 누에를 키우는 봉성의 친구분께 가셨다가 쓰러지셨답니다. 소식을 접한 우리 내외는 짐도 풀지 못한 채 병원으로 달려갔습니다. 어머님은 중풍으로 말도 못하시고 몸은 전신마비가 되어 있었습니다. 의사의 지시에 따라 컴퓨터 단층촬영을 했습니다. 검사 결과 뇌세포의 실핏줄이 터져 머릿속에 피가 고였다고 말씀하시고 출혈이 계속되면 10일을 넘기기 어렵다는 진단을 내렸습니다. 어머님의 눈동자는 다 풀리고 의식도 점점 흐려지는 듯했습니다.

큰댁에 모실 형편도 못 되고 병원에서 입원을 받아 주지도 않는 가운데 어쩔 수 없이 저희 집으로 모셔 왔습니다. 대소변을 가리지 못하시니 쉴 사이 없이 치워 드려야 했습니다. 서울 큰댁과 친척 어른들을 모셔 왔습니다. 어른들은 어머님을 보시더니 3일을 못 넘길 것 같으니 단념하고 장례 치를 준비나 하라고 말씀하셨습니다.

밤이 깊어 혼자 방을 지키고 있을 때 온갖 생각이 머리를 어지럽혔습니다. 그때 한 생각이 언뜻 스쳤습니다. 구인사에서 삼일기도를 하며 소원을 빌면 한 가지 소망을 이룰 수 있다는 스님의 말씀이었습니다. 그때는 이미 우리 내외가 본산을 다녀온 지 10일쯤 지난 뒤였습니다. 구인사에 가서 간절한 마음으로 기도하지 못한 것이 후회스러웠습니다. 그러나 열심히 한 기도정진은 아니었지만 관세음보살님의 도움을 받고 싶었습니다. 남편은 괴로움을 매일 술로 달래고 있었습니다.

저는 어머님 방에서 기도를 하기 시작했습니다. 법회 때마다 스님께서 늘 말씀하시던 마음을 비우라는 그 말씀이 새롭게 가슴속 깊이 아로새겨졌습니다. 그리하여 관세음보살을 열심히 불렀습니다. 시간이 가는 줄도 몰랐습니다. 새벽 3시가 넘은 것 같았습니다. 막내 시동생이 소식을 듣고 달려왔습니다. 어머니를 붙잡고 울며 몸부림을 쳤습니다.

저는 그 모습을 마냥 보고만 있을 만큼 시간이 많지 않은 듯 느껴졌습니다. 빨리 부처님께 구원을 청해야겠다는 생각에 시동생을 데리고 회관을 찾았습니다. 그리고 부처님 전에 기도를 올렸습니다. 시동생에게도 기도를 하도록 시켰습니다. 저는 부처님께 어머님 말문이라도 터져서 자식들과 말씀이라도 나눌 수 있게 해 달라고 기도했습니다. 기도는 날이 훤히 밝을 때까지 계속됐습니다.

기도를 마치고 집에 돌아와 어머님 방에 들어갔습니다. 어머님은 입이 마르신지 혓바닥으로 입술을 적시고 계셨습니다. "어머님 목이 마르세요? 물 좀 드릴까요?" 이렇게 말씀드렸더니 고개짓 대신 "응" 하고 대답하시는 것이었습니다. 이게 어찌된 일입니까. 나는 얼마나 기뻤던지 '부처님, 고맙습니다. 부처님, 고맙습니다'를 몇 번을 반복했는지 모릅니다. 그것은 분명히 부처님의 은혜였습니다.

그 후 저는 시간 나는 대로 어머님을 위해 기도를 드렸습니다. 6개월 후에는 상태가 좋아져 어머님이 손수 목욕도 하시고 다니시는 것도 옛날과 다름없을 정도로 완쾌하셨습니다. 병이 나으신 것입니다. 저는 병든 시어머니를 몇 개월 짧은 기간 동안 간호하며 모셨지만, 이 기간은 부처님께서 저의 기원을 하나하나 들어 주시며 저의 기도에 감응하신 기간이었습니다. 저는 일생 동안 부처님의 은혜를 잊지 않을 것입니다. 저는 지금에 와서야 냄새가 심하게 났던 어머님을 수발하며 관세음보살을 부를 때마다 구역질이나 더럽다는 생각이 없어졌던 기억이 납니다.

중풍 환자를 모셔 보신 분은 아실 것입니다. 얼마나 고치기 힘든 병인지를 말입니다. 그러나 저는 부처님의 가호로 어머님의 병을 고칠 수 있었습니다. 이것은 제 힘이 아닌 부처님의 힘입니다. 언제나 고통을 호소하는 중생들을 가없는 위신력으로 구제해 주시는 부처님. 부처님이 계시기에 중생들에게는 희망이 있습니다. 끝으로 말씀드리고 싶은 것은 아무리 건강을 상하신 분이라도 희망을 버리지 말라는 당부의 말씀입니다. 간호를 하시는 분이나 간호를 받으시는 분 모두 부처님께 의지하십시오. 간절한 마음이 있을 때 부처님은 대자비의 손길을 나투실 것입니다.

● 교통사고로 되돌아본 나의 신심

정태성(대구 대성사 북구지회장)

제가 상월원각대조사님의 무애자비행無礙慈悲行과 천태종의 근본종지인 회삼귀일會三歸一의 가르침과 인연을 맺고 부처님의 가르침에 귀의한 지도 벌써 10년이라는 세월이 흘렀습니다. 그러니까 강산이 한 번 변했다 할 수 있겠습니다.

10년이란 그리 짧지 않은 세월 동안 신앙생활을 하면서 때로는 퇴굴심이 생겨 게으름을 피우기도 하였고 때로는 급히 성취하고 싶은 조바심에 부처님 가르침을 의심하기도 했습니다. 그러나 그때마다 제 스스로가 느끼고 겪은 많은 일들은 저의 신앙을 변치 않게 해 주었고, 그러한 마음에 대한 부끄러움으로 더욱 신앙에 충실하게 하는 디딤돌이 되어 주었던 것이 사실입니다.

그동안 제가 천태종과 인연을 맺고 10년 세월 신앙을 하면서 겪은 많은 일들은 도저히 제 자신도 믿기 어려운 불가사의한 일이었고 모든 주위 사람들이 기적이라고 이야기하는 일들이었지만, 모든 사실을 다 이야기할 수는 없고 얼마 전에 겪은 일 하나만을 정리해 볼까 합니다.

그러니까 불기 2535년 추석을 지낸 3일 후니까 양력 9월 25일로 기억이 됩니다. 고향에 계신 어머님께서 갑자기 중풍으로 자리에 눕게 되셨다는 전화 연락을 받았습니다. 자식 된 도리로 부모님에 대한 이러한 슬픈 소식에 하늘이 무너지고 땅이 꺼지는 것 같았습니다. 저의 고향은 충청북도 보은으로 어머님은 그곳에 계시고 저는 분가하여 대구에서 생활하고 있었습니다. 그러다 보니 생활은 바쁘고 어머님을 자주 찾아뵙지도 못하는 처지라 더욱 죄송스러운 마음에 전화 연락을 받자마자 즉시 고향으로 달려 갔습니다.

거리가 멀어서 오후 2시경에 보은에 도착하여 급히 병원으로 모시고 갔는데, 워낙 고령이시고 또한 어머님의 지병인 당뇨가 심하다는 이유로 병원에서는 응급치료로 주사 몇 대를 놓자마자 돌려보내는 것이었습니다. 할 수 없이 용하다는 한방을 찾아 보은서 상주 쪽으로 28km 지점 위치한 화령이란 조그마한 면소재지에 있는 한의원을 찾아갔습니다. 그곳에서 침을 맞고 약을 지어 드셨습니다.

이렇게 며칠을 치료하다 차도가 없어 어머니를 저희 집으로 모시고 왔습니다. 그런데 대구로 돌아와서 보니 거리가 너무 멀어 일요일에만 화령으로 치료를 받으러 다닐 수밖에 없었습니다. 그러던 중 10월 27일 11시 30분경 상주에서 화령 쪽으로 4km 되는 지점에서 교통사고가 났습니다.

제 자신이 운전을 하고 몸이 불편한 어머니와 옆에서 어머니를 보호하려고 탑승한 저의 아내, 이렇게 3명이 함께 타고 있었는데 왜 사고가 났는지 지금도 그 이유를 알 수가 없습니다.

차가 도로에서 약 3m 정도 낮은 논바닥으로 굴러떨어진 것입니다. 사고 차량은 4개의 바퀴가 하늘을 향해 있었고 차가 심하게 찌그러져서 논바닥에 굴러떨어진 저희들은 문을 열고 나오려고 했지만 문이 열리지 않았습니다. 차 안에 그냥 있는 수밖에 다른 도리가 없었습니다.

다음 날이 되어서야 저는 그곳을 지나는 사람들에게 구원을 청할 수 있었고 그 사람들이 내려와 차를 다시 한 번 굴려서 문을 간신히 열고 나왔습니다. 그런데 이상한 것은 불행 중 다행이랄까 아무도 심하게 다치지 않았다는 사실입니다. 차는 산산조각이 나서 상주에서 도저히 고칠 수가 없어서 폐차시켰습니다. 사고 당시 도로에서 차가 논바닥으로 굴러떨어지는 순간 저의 집사람은 '관세음보살'을 외쳤습니다. 그 뒤 저도 정신을 차려 '관세음보살'을 불렀습니다. 어머니께서는 편찮으셔서 말씀을 잘 못하셔서 '관세음보살'을 부르지 못하였습니다.

그런데 사고 후 우리가 무사한 것이 부처님의 가피력 때문이라는 것을 분명하게 증명해 주는 것이었습니다. 저는 안경을 썼는데 안경도 깨지지 않고 이마에 약간의 상처가 났으나 며칠 후 깨끗이 나았습니다.

평소에도 늘 '관세음보살'을 노래 삼아 부르는 저의 아내는 상처 한 군데 없었고, 어머니는 이마와 다리에 좀 더 심한 타박상을 입으셨습니다. 여기서 사고 당시 '관세음보살'을 빨리 부른 것과 늦게 부른 것이 상처로 차이가 나니 분명한 부처님의 가피력이 아니고 그 무엇이겠습니까.『법화경』「관세음보살보문품」에 관세음보살을 일심으로 칭명하면 어떠한 환란과 고난에서도 다 벗어날 수 있다던 부처님의 말씀을 저는 피부로 느끼면서 다시 한 번 부처님께 감사하는 마음을 갖게 되었습니다. 부처님의 가피력과 관세음보살의 대자대비하신 원력이 없었더라면 저의 가족은 어린 자식들을 고아로 만드는 크나큰 죄를 짓고 말았을 것입니다. 생각만 하여도 마음이 아찔하여 이런 글을 쓰는 것조차 마음이 떨립니다.

그런 교통사고를 당한 후 저는 크게 깨달은 사실이 있습니다. 어머님께서 중풍으로 쓰러지셨다는 소식을 접한 후 정신이 없어서 오로지 빨리 어머님의 병을 고쳐야겠다는 생각만 있었지 올바른 길을 알지 못했던 것입니다. 그러므로 그 교통사고는 저의 그런 어리석음을 깨우쳐 주기 위한 것이 아니었는가 싶습니다.

사고 후 대성사에 들렀더니 주지 세운 스님께서 "다른 생각 마시고 본산에 가서 큰스님 친견 받으시고 기도를 열심히 하세요"라며 저의 어리석음을 깨우쳐 주는 말씀을 하셨습니다. 저는 그 말씀에 지금까지의 저의 어리석음에 대한 자책이라도 하듯 본산에 가서 큰스님을 친견하고 대명을 받았습니다. 그러고는 귀가하여 지극정성으로 가르쳐 주신 약을 복용하시게 한 후 속히 '어머님의 병이 완쾌되게 해 주세요' 하고 축원드리면서 열심히 기도를 하였습니다. 그 결과 어머님께서는 차도가 있으셨습니다. 또한 저희들은 대성사의 개금불사에 시주하기로 한 시주금을 빨리 내는 것이 도리라고 생각하여 모든 시주금을 개금불사 회향식 전에 모두 내는 등 올바른 부처님의 가르침을 실천하는 데 더욱 박차를 가했습니다.

부처님의 가르침에는 세상의 모든 이치가 인연이라 했습니다. 제가 만약 개금불사에 동참하지 않고 시주하여 업장소멸을 하지 않았더라면 그런 큰 사고를 당하면서 어찌 무사할 수 있었겠습니까. 저는 이번 사고를 당하고 나서 지난 10년간의 신앙을 돌이켜보며 부처님과 한번 인연을 맺었으면 영원토록 변치 말아야 한다는 것을 깨달았습니다. 스스로 세운 원이 조속히 이루어지지 않는다 하여 중도에 변하지 말아야 하고 그럴수록 더욱 박차를 가하여 진심으로 불심을 실천할 때에 더욱 큰 원이 이루어진다는 것입니다.

부처님의 원력과 관세음보살의 대자비로서 새 생명을 받은 저희들은 더욱 더 변치 않는 불제자로 열심히 신앙할 것을 약속드리며, 불교를 신앙하는 모든 분들에게 조금이라도 도움이 되기를 간절히 바라면서 어설픈 이 글을 씁니다.

● 영원히 잊지 못할 대조사님의 은덕

윤찬재(서울 삼룡사 신도)

1971년 봄, 그러니까 회사에 입사한 지도 어언 10년째 되던 무렵이었습니다. 전에는 단칸 셋방에 살면서 여러 식구가 고생도 많이 했지만, 입사 후 부지런히 저축하며 생활한 끝에 내 집에서 다섯 식구가 아주 단란하고 행복한 생활을 할 때였습니다. 그때 해마다 해 오던 것과 마찬가지로 금년도 전 사원 신체검사일이 되어 의사 선생님으로부터 검진을 받게 되었습니다.

각자 차례에 따라 한 가지씩 검진을 받았으나 별다른 이상이 없었습니다. 그런데 소변검사에서 문제가 생겼습니다. 시약 테이프를 소변에 담그니 당이 나온다는 것입니다. 의사 선생님 이야기로는 종합병원에 가서 혈당검사를 받아 보라는 것이었습니다. 그래서 다음 날 한일병원에서, 또 그 다음에는 적십자병원에서 정밀한 검사를 받아 보았는데 모두 당뇨병이라는 것입니다. 그리하여 회사 보건관리실장으로 계시는 김 박사에게 의논을 하니 서울대병원에 계시는 우리나라에서 제일 유명하다는 분에게 안내장을 써 주며 가서 검진을 받아 보라고 했습니다.

그래서 다음 날 검사를 하러 갔는데, 마찬가지로 당이 나온다는 것입니다. 앞이 캄캄하였습니다. 그때만 해도 당뇨병에 걸리면 다 죽는 줄 알 때라 어떻게 하면 좋으냐고 하니 자기가 발행한 책자를 두 권 주며 약을 열심히 복용하고 책에 나오는 대로 식이요법을 하라는 것이었습니다. 그때부터는 매 끼니를 꽁보리밥에 반찬은 짜지도 맵지도 않은 채식으로 식사를 했는데 몸은 자꾸만 쇠약해졌습니다. 또한 베트남에 가 있는 친척이 보내 오는 미제 알약과 한약을 계속해서 먹고 그 외에 당뇨에 좋다는 약은 무슨 약이나 먹었으나 별 효과가 없었습니다. 그중에서도 제일 먹기 어려운 것은 지렁이였습니다. 지렁이를 사다가 물에 깨끗이 씻어 대접에 담아놓고 한참 동안 돌리다가 마시기를 몇 번 하였으니, 무슨 약인들 안

먹었겠습니까.

발병 전에 몸무게가 72kg이었는데, 63kg이 되니 얼굴은 완전히 병색이 되고 기력은 약해질 대로 약해져 다리는 후들후들 떨리고 마음마저 약해졌습니다. 회사에서 퇴근하여 저녁을 먹고 텔레비전을 보며 아이들의 재롱을 보다 보면 울음이 북받쳐 3형제를 모두 자기 방으로 보내고 엉엉 울었습니다. '안식구 나이 40세도 안 되니 내가 죽으면 저 아이들을 데리고 어떻게 살아갈 것인가' 생각하면 참으로 기가 막혔습니다. 그러는 사이 벌써 1년이 지났습니다. 한약을 열한 달 먹고 양약도 사다 먹어 보았지만 허사였습니다.

그러던 어느 날 우연히 답십리 우리 동네에서 구인사를 다녀왔다는 사람의 이야기를 전해 들을 길이 있었습니다. 그 사람 말에 의하면 '구인사에 가면 살아 있는 부처님이 계시는데, 그분에게 가서 소원을 말씀드리고 삼일기도를 열심히 드리면 소원이 성취된다'는 것이었습니다. 그 말을 집사람이 듣고 와서 나에게 이야기하는 것이었습니다. 전에는 그런 말을 들으면 부정적으로 생각하는 것이 나의 성미였는데, 이상하게도 그러하지 않고 긍정적이었습니다. 그래서 바로 집사람에게 구인사에 다녀오라고 하였습니다. 그때가 1972년 음력 7월이었습니다. 그때만 해도 제천에서 별방을 거쳐 구인사를 가려면 길도 좁고 비포장으로 길이 아주 험해서 가다가 차를 만나면 어느 쪽 차건 뒤로, 심지어는 몇백 미터씩 뒤로 가야지만 다른 차가 빠져나가는 아주 교통이 불편할 때였습니다.

집사람은 대조사님을 뵙고 "남편이 당뇨병에 걸려서 다 죽어 갑니다"

하고 말씀을 드리니 "피마자기름을 3개월 먹여라" 하셨다는 것이었습니다. 그 후 저는 집사람이 하라는 대로 기름을 앞에 놓고 합장한 다음 부처님을 부르고 '저의 병이 속히 낫게 해 주세요' 하고 기도를 드리고 복용하였습니다. 그렇게 하면서부터는 소변검사를 하루에도 몇 번씩 하던 것도 잊어버리고 식사도 잘하게 되었습니다. 또 그렇게 병도 잊어버리고 명랑한 생활을 해 나가다 보니 어느덧 원기도 회복하여 피마자기름을 3개월 동안 먹은 뒤에는 병이 다 나았습니다.

이렇게 해서 저는 상월원각대조사님의 크나큰 은덕을 입은 사람 중의 한 사람이 되었습니다. 저는 앞으로도 영원히 구인사를 잊지 못하고 살아갈 것입니다. 저는 현재 서울 삼룡사에 소속되어 있으며, 그간에 금강불교대학을 제5기로 나왔고 여름과 겨울 안거에도 빠지지 않고 동참하는 등 천태종의 열렬한 종도가 되었습니다.

다시 한 번 대조사님의 은덕에 감사드리며, 저와 같은 처지에 계신 분들을 위해 한 말씀 드립니다. 하늘이 무너져도 살아날 구멍은 있다고 하였습니다. 부디 절망하지 마시고 불보살님의 가피에 매달려 보십시오. 부처님이나 관세음보살님께서는 반드시 여러분을 행복하고 안락한 길로 인도해 주실 것입니다.

대한불교천태종 창종조
상월원각

초판 1쇄 발행 2021년 1월 22일
초판 2쇄 발행 2021년 2월 10일

저 자 세운 스님

펴낸이 오세룡
펴낸곳 담앤북스
　　　　서울특별시 종로구 새문안로3길 23 경희궁의아침 4단지 805호
　　　　대표전화 02)765-1251　전자우편 damnbooks@hanmail.net
　　　　출판등록 제300-2011-115호
ISBN　979-11-6201-270-3 03220

정가 25,000원

ISBN 979-11-6201-270-3 03220